在宇宙中

ZAI YUZHOU ZHONG YAOGUN

摇滚

肖 辰⊙编著

"宇宙之王" 霍金传

中国华侨出版社
北京

图书在版编目(CIP)数据

在宇宙中摇滚:"宇宙之王"霍金传 / 肖辰编著.—北京:
中国华侨出版社,2012.7 (2021.2重印)

ISBN 978-7-5113-2650-8

Ⅰ.①在… Ⅱ.①肖… Ⅲ.①霍金,S.–传记

Ⅳ.①K835.616.14

中国版本图书馆 CIP 数据核字(2012)第 159269 号

在宇宙中摇滚:"宇宙之王"霍金传

编　著 / 肖　辰

责任编辑 / 尹　影

责任校对 / 吕　宏

经　销 / 新华书店

开　本 / 787×1092 毫米　1/16 开　印张/18　字数/260 千字

印　刷 / 三河市嵩川印刷有限公司

版　次 / 2012年9月第1版　2021年2月第2次印刷

书　号 / ISBN 978-7-5113-2650-8

定　价 / 48.00 元

中国华侨出版社　北京市朝阳区静安里 26 号通成达大厦 3 层　邮编:100028

法律顾问:陈鹰律师事务所

编辑部:(010)64443056　　64443979

发行部:(010)64443051　　传真:(010)64439708

网址:www.oveaschin.com

E-mail:oveaschin@sina.com

序言

轻轻推开一扇窗,昂首望着天宇,试图寻找月亮苍白的寥落,探索宇宙黑洞的神秘。一丝丝,一缕缕,带着撩人魂魄的魅力。风静静吹起,拂过夜色青烟的凝寂,人们似乎又看到了他。

他那样毫无生气地瘫坐在轮椅上,他的手消瘦而苍白,纤细的手指搁在腿上。他穿着黑色西裤,裤线笔直,一看就是细心熨烫过的。他穿着一件白色衬衫,开领的地方露出多筋的喉咙,那里安装了一个直径约2英寸的塑料呼吸装置,试图维持着他看似脆弱,实则坚定的生命。他已经完全不能行动了,枯萎得像被榨干水分的百合,没了风的眷顾、雨的亲昵,却依旧无法掩盖他的高贵与慧智,他的脸孔生动而充满孩子气,梳理整洁的棕发盖过了他的额头,他带着金丝边的眼镜,明澈的蓝眼睛同样望着窗外,似乎在深思,在惋叹,在期盼。

风起云落,当漫天冰雨敲响午夜的门窗,当沉思无处隐藏,倒一杯醇香的红酒,望着壁炉里焰光闪闪,会不由自主地陷入这个让人神往的男人所设的迷雾里,无力挣脱。

他叫斯蒂芬·威廉·霍金,被称为"20世纪末最伟大的天才",他在宇宙学上做出了根本性的突破,是当之无愧的宇宙大师,他对宇宙知识的拓展比当今任何人都多,并且他还获得了几十次科学奖,还有伊丽莎白二世所授予的大英帝国高级勋衔与荣誉勋衔。纵使他瘫坐于轮椅之上,也无法让人忽视那份遗世孤立的影响力。风静静卷起,他依然有着青松傲然的孤立,有着飞雪优雅的宁静,亦有着月亮温柔的距离,抚过漫天云雾,我们不能不叹服他的人格魅力。

斯蒂芬·威廉·霍金是人们心目中最幸福的男人,有两个美丽的女子为他抛舍一切,相伴左右,而忽然刮起的"被虐"风波将他推到风口浪尖,整个世界为之关注,连美国政府都插手,欲起诉他的第二任妻子,霍金沉默着,

1

面对众人的猜忌和关注，只轻轻摇摇头，将狂风巨浪化于无形之中。

斯蒂芬·威廉·霍金瘫痪在轮椅上，靠着3根手指敲打键盘，写了一本科普著作《时间简史》，这本书自1988年出版以来，一直在英国畅销书排行榜上高居不下，至今已经在全世界销售了1000万册以上，是人类科普文化中无法忽视的瑰宝。

这个男人身边围绕着太多太多的迷离，太多太多的故事，宛若雾气里的罂粟花，吸引着你慢慢走近他。当你真正面对他的时候，你又不能不震惊，不能不困惑，这样一个瘫坐在轮椅上，不能说、不能动的生命怎么会创造出如此憾人的奇迹？在他枯瘦的身躯里究竟隐藏着怎样的一个灵魂？

人们说这个尘世繁复迷离，我们都踩着啼哭而来，没有选择，只有宿命。我们的心性在降生时就注定有软弱、有坚强，所以有人注定在生活的洪流中沉沉浮浮，亦有人注定在高高的云端被人关注，被人追捧，成为历史史册中流芳千古的韵香。

月有阴晴圆缺，人有善恶贪性，当上苍掠夺掉霍金生命中最宝贵的一切时，他看到人类丑陋的地方宛若布满墨绿色的苔藓，轻轻踏上去，就带着彻骨的凉，所以他会选择远离，用安静做处世的羽翼，用智慧带动自己狂热的心跳。当漫天冰雨打落残枝零叶，一地凌乱，他会看清生命的脆弱与无奈，懂得在这个凡尘俗世里，万事万物都有自己的宿命与归属，谁都不能帮谁，谁都不能依靠谁过一辈子。你的人生是你的，你所能做的就是看清前方错综复杂的路，要走哪一条？想好，选好，走好，因为世界上什么都有，唯独没有"后悔"的立足之地。

霍金不会后悔，当他被疾病折磨，并被医生宣判死刑的时候，那把残酷的刀已经将他后悔的资格斩断了，望着骄阳当空，霍金清楚地在心底勾画出自己人生的图腾。

他叫霍金，刻在全世界人们心中的名字，让我们慢慢走近他，静静聆听一个"传奇'男子的心声。

目录
CONTENTS

上篇　霍金的人生本来就是奇迹

第一章　天才的诞生与成长

战火中的生命 ……………………………………… 2

残落书香里的狂热 ……………………………… 7

军棋下的诡异布局 ……………………………… 11

学生科学家 ……………………………………… 16

第二章　博士学位与致命疾病

力赴牛津大学 …………………………………… 21

迷茫的物理探究 ………………………………… 25

苦闷中的一缕阳光 ……………………………… 31

进入剑桥 ………………………………………… 36

第三章 双重奇迹——活下来并发现黑洞

可怕的疾病 ···································· 41

人生如初见般美好 ···························· 46

霍金与霍伊尔的对决 ·························· 50

生命的奇迹 ································· 54

第四章 探索,在前进的道路上永不停歇

灰色年代的光明天使 ·························· 59

霍金改变了一切 ···························· 64

黑洞的传说 ································· 69

科学超级巨星 ······························ 73

第五章 生命的馈赠

与众不同的家庭 ···························· 77

你的方向已不是我的彼岸 ······················ 81

婚姻是一艘飘荡的船 ·························· 84

婚姻的黑洞 ································· 90

第六章 著书立说——心系人类的终极关怀

《时间简史》 ······························ 95

惊人的新领域 ······························ 99

成功背后的喜与哀 ···························· 102

下篇 霍金到底知道什么

第一章 宇宙的起源和演化

我们身处的宇宙图像 ……………………………… 108

空间和时间 ……………………………………… 118

宇宙大爆炸理论 ………………………………… 132

正在膨胀的宇宙 ………………………………… 137

第二章 时空的本性

时间之矢的方向 ………………………………… 144

什么是虫洞?时间的旅行 ……………………… 149

黑洞 ……………………………………………… 154

黑洞并不是那么黑 ……………………………… 166

第三章 霍金对相对论的推演与深化

相对论简史 ……………………………………… 177

危机中的科学研究 ……………………………… 179

广义相对论 ……………………………………… 185

第四章 量子理论与其他理论的和谐统一

不确定性原理 …………………………………… 195

基本粒子和自然的力 …………………………… 200

物理学的统一 …………………………………… 209

3

第五章 存在之谜与定律规则

存在之谜 ·· 219

自然定律的概念 ··· 225

第六章 什么是实在?历史、宇宙是单一的吗

什么是实在 ··· 230

可以选择的历史 ··· 236

关于万物的理论 ··· 242

第七章 未来是什么样的

对未来的勾画 ·· 258

黑洞的辐射 ··· 266

上帝发现粒子,霍金愿赌服输 ·················· 270

上篇

霍金的人生本来就是奇迹

第一章　天才的诞生与成长

战火中的生命

花开花落，缘起缘灭，岁月的年轮一天天碾过，当硝烟的战火敲响于耳畔，我们不能不坚信，世界上最残忍的事情就是战争。前一刻还鲜活的生命转眼间化成满地残落的红色花蕾，漫天细雨扫过，哭声唤起世界空洞的抗议，在那一刻，我们知道了什么是无奈。冰冷慢慢浸入灵魂，昂头望着被乌云遮掩的天空，我们仅能试图用深呼吸来宣告自己还活着。

人们说失去的都是美好的，留下的都是遗憾的，我无力反驳，但我唯一能肯定的是，谁也无法阻止光阴一天天流逝。世事无常，每一天都有人死去，每一天都有人降生，生生死死，延延续续，构成了世界历史的篇章。

1942 年，第二次世界大战的战火正蔓延在美国的土地上。冷冷的风、冷冷的雾气，伊泽贝尔·霍金穿着灰色大衣，从布莱克韦尔书店走出来，看着手里那本天文学的图表集，喜悦地微笑着。

自大战爆发以来，牛津市并没有多大的改变。对曾在牛津大学就读，后移居伦敦北郊海格特的伊泽贝尔·霍金来说，此刻从返故地实在是值得欣喜的事情，何况体内蠢蠢欲出的小生命带给了她无尽的遐想和希望。

修长的手指轻轻抚摸隆起的肚子，感觉到它正在用小脚回应着自己，一下一下，对伊泽贝尔来说简直就是生命的奇迹，她忍不住扬起了嘴角，这该是一个调皮的小家伙,伊泽贝尔希望是个男孩,有着和丈夫弗兰克一样深邃的眼睛和帅气的容貌。

望望四周,此时的牛津各处都漆上了不显眼的土黄与灰色伪装漆,军用卡车与运兵车定期碾过麦格代伦大桥并沿着大街前进,两旁建筑的奇形怪状的石饰上亦凝结着冰霜,伊泽贝尔·霍金(以后一概简称伊泽贝尔)都会不由自主地低低叹息。

其实,世界性的战争已经到了转折点。一个月前,即1941年的12月7日,日军偷袭珍珠港而迫使美国参战,东线的苏军在克里米亚击退了希特勒的军队,迈出了最后打败德国与日本的第一步。

父母都希望给孩子创造一个美好的出生和成长的环境,如果战争的烟火将这一切阻断的话,那么起码应该让孩子能平平安安来到这个世界吧,而牛津和剑桥并没有受到德国的大轰炸,有人说希特勒是把这两座历史上有名的大学城当做了他设想中的第三帝国的重点城市给保护下来,也有人说丘吉尔跟纳粹德国达成了协议,使这两座大学城避免遭袭击,其实不管因为什么,伊泽贝尔和丈夫弗兰克都选择在这个地方迎接自己第一个孩子的降临。

弗兰克和伊泽贝尔都是中产阶级出身,也都曾在牛津读过书,弗兰克的祖父曾在约克郡务农相当成功,但是却眼睁睁地看着自己的成就随着第一次世界大战后的农业大萧条而化为乌有,要把遭受了灭顶之灾的家庭拯救过来,唯一的出路就是上学读书,弗兰克的祖母有很强的适应能力,于是她让家人离开了故里,弗兰克的父母在经济上很拮据,尽管如此,他们还是送弗兰克上了牛津大学,他在那里学医,专攻热带病。

1939年,第二次世界大战爆发之时,弗兰克正在东非搞研究。战争爆发后,他站在窗前望着宁静的月色,忽然觉得这一切离自己好远好远,已经被战火的硝烟玷污了,弗兰克决定去当一名军队的志愿者,尽自己微薄的力量改变这一切,于是他艰难地横越非洲大陆,再乘船回到英格兰,打算志愿投军。不过他的想法遭到了拒绝,大家认为他当研究员更有价值,并多次对弗兰克进行劝说,后来弗兰克接受了这种想法,因此他在汉普斯特德的一个医学研究机构谋到了一个职位。

伊泽贝尔则出生在苏格兰的格拉斯哥,在家里 7 个孩子中排行老二,20 世纪 30 年代,她的家人在经济负担很重的情况下送伊泽贝尔上了牛津大学,那个时候,妇女一般都不上大学,而牛津大学也只是在 10 年前才刚刚开始招收女生的,伊泽贝尔在牛津大学学习了经济学、哲学和政治学。

伊泽贝尔上牛津的事情在家族中引起了不小的轰动,有人羡慕,有人忌妒,更有人不解,甚至跑来劝说伊泽贝尔的父母不要浪费这份钱,还不如攒起来给女儿操办嫁妆以备将来之用,但伊泽贝尔的父母摇头拒绝了,在他们看来,知识才是真正的财富。

伊泽贝尔如愿上了牛津大学,毕业之后,曾断断续续做了一些并不十分如意的工作,包括一份查税员的差事,后来她决定接受一家医学研究所的秘书工作,对她而言,这份工作实在是过于大材小用。活泼而善良的伊泽贝尔对自己这个职位仅仅是略感满意,她将希望寄托于更有意义的未来。在这里,她遇到了高大腼腆的研究员弗兰克,他浑身上下都带着奇异的气息,好像刚从奇异的世界探险归来一样,于是他们坠入了爱河。

命运就是这般奇妙的东西,不管你是王侯帝相还是平民百姓,世间都有一盏灯愿为你点亮,都有一个人愿为你守护,像点点丝线,将缘分缠绕起来,不离不弃。当夕阳斜射进庭院,寒风带走燕儿的呢喃,韵光中,人们彼此相依,听着收音机里传来战火的轰鸣,人们不由地会珍视凝望,不管红尘俗世是有情还是无情,此时此刻,人们都有彼此。

1942 年的元月 8 日,他们的第一个孩子斯蒂芬·威廉·霍金降生在全球性战火动荡的世界,这一天也正是意大利科学家伽利略去世 300 周年的纪念日。伽利略永远地改变了人们对于宇宙及其内部活动的认识,所以人们都说斯蒂芬·威廉·霍金(以后一概简称霍金)也注定要像伽利略一样,带给世界传奇,而事实也证明了霍金的确改变了人们对宇宙的认识,但霍金本人却指出,这一天世上大约有20万名婴儿出生,所以不是什么令人惊讶的巧合。

不管是巧合也好,命中注定也罢,1942年1月8号,人们记住了霍金的名字。在岁月的长河里,他会随着星光闪耀,被人们铭记于心。

每个生命的降生都会给人们带来无尽的遐想和希望,当他们张开眼睛凝望四周的时候,那里的宁静与安详都会给人们在终日忙碌或战火硝烟中备感疲惫的灵魂找到一丝温暖的慰藉。轻轻探出手,摸着粉嫩的肌肤,伊泽贝尔会忍不住地笑容满面,如果生命代表的是一种希望的话,那么此刻作为一个母亲,她唯一的希望就是孩子一生能够健康幸福。

可是,在这个凡尘俗世间,上苍安排了两组相当对立的词语,一个是希望,另一个是失望。前者是天使的翅膀,可以带着你的梦想去飞翔,后者无疑是地狱的熔炉,用痛苦和无奈焚烧。而人们对"健康"一词又是众说纷纭,有人认为那是最基本亦最容易满足的根基,也有人说那是用多少金钱也换取不来的财富,是每个人最贪婪的愿望。

岁月无情,在霍金的生命中,上苍唯一没有投注的就是健康这根丝线,它将一个能改变历史的巨人送上了轮椅,掠夺了他言论的自由、书写的能力,纵然岁月无情,人间却不会无情,在大家的协助下,霍金注定要化身空中飘荡的风筝,离开丝线的控制越飞越远、越飞越高,注定要掀起宇宙黑洞的神话,注定要被世人所仰望,而这一切的成就不是"健康"一词所能阻止的。

当然,霍金刚刚出生的时候,每个人都不会看到这一切,他们争先恐后地抱着这个胖乎乎的小男孩,看着他伸出自己的小手在半空中抓来抓去,似乎在争取着什么、抗拒着什么,带给家人的只是无尽的欢乐。

霍金出生 17 个月后,他的妹妹玛丽降生,后来弗兰克夫妇又生了个女儿叫菲利帕,她比霍金小 5 岁。由于霍金与玛丽的年龄相仿,他们自然成了竞争的对手,就像很多家庭发生的情况一样,在同一条起跑线上,谁都不想落到对方的后面,如果说鸟巢中的小鸟为了食物互相争斗的话,那么他们兄妹绝对是为了自己的荣誉而战,而他俩的竞争一直等到他们成年以后,两人在事业上都开辟出了光明的前途才得以缓和。成年后,霍金成了理论物理学家,而玛丽则继承父业,成了一位尽职的医生。

这个世界上有很多职业,有人会为此改变历史、流芳百世,有人亦成为生命洪流中起伏的浪花,消失无痕,其实,不管最终的结局是什么,每个人都要珍惜生命中的每一天,只有珍惜了才懂得,而这种珍惜在霍金很小的时候就已经相当明了了。

那一年,霍金才两岁,伊泽贝尔带着他回到饱受空袭的伦敦,邻家的房子被德国的 V2 火箭击中,瞬间变成了火场,霍金家的房子也炸坏了,还好没有人在家,否则很可能全家都会遇难。

站在灾难的现场,霍金被母亲抱在怀里,他还不清楚人们为什么在高喊和平和正义的同时还要大动干戈地发起战争,他只看到火光烧红的天空和周围人惊心动魄的哭声。两岁的霍金还不懂人事,却已经看到生命的脆弱与世事的无常。

残落书香里的狂热

　　霍金的父亲弗兰克所从事的这项工作，使得他得到第一手热带病调查资料，每年都要到非洲度过冬季的那几个月，所以他跟家人真正生活在一起的时间并不是很多，这对霍金的儿童和青少年时期影响很大，他父亲就好像天际的星辰，闪亮却遥远，而大妹妹玛丽直到十七八岁才意识到他们家生活的特殊，在此之前，她总天真地认为，那些从事热带病研究的父亲们"喜欢候鸟，他们到那儿是去过圣诞节的，所以他们会神秘地离开，要等到天气暖和了才回来"。

　　霍金 8 岁那年，也就是 1950 年，他的父亲弗兰克调到了新组建的全国医学研究院，由于该院位于伦敦北部的米尔希尔，全家也就搬到了圣阿尔班斯。

　　圣阿尔班斯是以一个大教堂为核心的历史名城，公元 303 年，圣奥尔班斯在此殉道，当地人便建立了一座教堂来纪念他，这就是大教堂的前身。然而更早之前，罗马人便认识到了这个地区的战略地位，在此地建立了佛鲁拉明城。而第一座基督教的教堂可能是在罗马帝国开始崩溃，士兵都调回去之后在罗马人留下的废墟中建立起来的。20 世纪 50 年代，圣阿尔班斯是一个原型的、繁荣的、中产阶级的英格兰小城，就像霍金一位同学所说的："圣阿尔班斯是一个非常骄矜的地方，力争上游，但又令人感到可怕的窒息。"

　　一个城市连着无数的家庭，每一个家庭都会亮着温暖的灯光。弗兰克一家人来到圣阿尔班斯买了一栋布局凌乱的 3 层砖房，如今看来，这栋砖房应该被视为待修房。这栋房子太需要加固和修理了,否则会妨碍霍金家孩子们的生活。

这栋房子缺少集中供暖,在怀有战后节俭过日子的心境下,弗兰克力劝家人和他们的来客用衣服来保暖,冬天的时候,每个人都穿得胖嘟嘟的,抱着一杯咖啡,感受暖暖的热气滑过喉咙的甜美。

房子里的墙纸像调皮的树叶,随着冬季的风纷纷脱落了,伊泽贝尔懒懒地看着,没有一丝一毫要换的意思,他们家有的窗户缺了玻璃,就像天际间被乌云遮住的星辰,有的时候,霍金会调皮地将头探出去,傻傻地对着天空微笑,或者望着不远处那个小小的鸟巢出神,那里孕育着神秘的生命,霍金从来都没想过破坏它们的生活,但是他会好奇那个小小的生命又将带给世界怎样的惊奇。

夜色缓缓降临,母亲喊着吃晚饭的声音在耳畔回响,霍金会飞快地奔跑回去,在他的记忆中,这个家庭从来没有过寒冷,就像寒风从敞开的窗子中刮进来,也丝毫无法吹散他们兴致热烈的探究,因为这栋房子里有一种必需品是决不会缺少的,那就是书。

在霍金的记忆中,家里所有的书架上都堆满了两叠厚厚的书,从医学到社科,从科普到励志,从历史到小说,几乎无所不有,就像一个小型的书店,对霍金家来说,书是最显眼的财产,也是最重要的财富。去他们家做客的人说,这户人家似乎从来都没有停止过埋头读书,甚至在餐桌上也会读起书来,这样的一种习惯在霍金家的孩子们的一些朋友看来似乎不是无礼之举,而是奇特之举。

其实,每个人的生活习惯和作风都不尽相同,出了大流就会被人视为古怪,就好像霍金的家一样,他们的到来宛若一股奇异的雾气,轻轻缠绕在圣阿尔班斯宁静的夜空下。

在所有人眼中,霍金全家的确是古怪的一家人,在许多方面,他们是典型的书香世家，但是不落俗套的气质与对社会的关心使他们走在时代的前端。霍金的一位同学称他们家为"名士学者"。

其实霍金家族人口众多，他们的相册中有一张88位霍金家人的合照，霍金的父母做过许多与众不同的事，多年来，他们都开着一辆旧的伦敦计程车，是他们花50英镑买来的，行驶在街道上像一道奇异的风景，后来他们又换成一辆崭新的绿色福特，小霍金经常用脏兮兮的小手在上面摸来摸去，嘴角边挂着神往的微笑。

他们买这辆新车的理由相当充分，因为当时已决定要花上一年的时间远征印度，那辆老计程车绝不可能担此重任，这个消息引起了朋友圈和周围邻居的震惊，因为在当时，这样的举动几乎是不可思议的。

霍金因为不能耽误学业，所以没有参加这次远征活动，这让他郁闷了好久，每天放学回来，望着光亮的街道，他都会觉得自己的心掉进了长满墨绿色苔藓的枯井中，一直沉，一直沉。当全家其他成员驾着绿色福特远征印度回来的时候，那辆车子再也不像原来那样光鲜了，霍金便再也没有了抚摸它的兴趣。

其实，弗兰克十分希望把儿子送进私立学校，他一向相信私立学校是获取成功的必要条件，当时有许多例子能支持这种观点：在20世纪50年代，下议院议员绝大多数都出身于特权教育之家，如英国广播公司之类的机构以及军队与大学中的大多数高级主管也全都读过私立学校。弗兰克当年读的是一所较小的私立学校，他感到即使自己有这种半调子的精英背景，在职位安排上仍会稍受歧视。他又认为由于父母不够富有，所以自己才没能在事业上发展得更好；那些能力比他差但有较好社会条件的人却常常比他升得更快。他不愿意这些事再发生在大儿子身上，便决定将大儿子送进西敏中学，那是当时全国最好的几所大学之一。

霍金10岁那年便报名参加西敏中学的奖学金考试。虽然弗兰克在医学研究上表现得不错，但是科学家的薪水仍然不可能付得起西敏中学的学费，只有船长、政治家或者工业巨子才能负担得起，霍金必须靠自己的优异学业进入该校，这样学费就可以减免，至少部分可以靠奖学金抵付。到了考试那天，霍金却病倒了，根本无法参加这个考试，因此也没有在这所英国头牌学校里争得一席之地。

像一盏细细的纱灯滚落惋惜的光芒，面对人生，很多人都会询问，命运究竟掌握在谁的手里？我无法明确地回答出来，很多时候，我也不得不承认，能够影响它的因素实在太多太多了，比如金钱，比如势力，等等，有人会为此丧失掉以往的斗志，变得很颓废，认为自己没钱没权就无力跻身上层社会，其实这是不对的，在我看来，命运就好像一颗种子，经过漫长的磨炼才能挣脱土壤的捆绑，伸展自己嫩绿弱小的身躯，经历风吹雨打仍旧傲然挺立，这样才有希望长成强壮的大树，其实，只要自己的脚跟屹立不动，谁都无法将你打倒，你终将会站立在世界的舞台之上。

风起云涌，岁月无痕，霍金这次病得很神秘，这种病使他没有办法上学校上课，在病榻上躺了很久，伊泽贝尔后来回忆说：起初根据症状，怀疑他可能患的是'传染性单核细胞增多症'，这种可怕的疾病等到他刚一成年就彻底毁掉了他的身体。

霍金的这次"失败"让弗兰克很是失望，他只好为儿子申请了一所本地的私立学校——圣阿尔班斯中学，这是一所著名且教学优秀的修道学院，据说它与大教堂的关系可以上溯到公元948年。圣阿尔班斯中学坐落在市中心，靠近大教堂，霍金在1952年9月入学时，学校总共有600名男生，每个学年级根据程度分为A、B、C 3个班。每个学生要在普通班读5年，5年之后参加普通班考试，考试科目广泛，较聪明的学生会报考八九科，通过普通班考试的学生通常留在高级班，再读两年之后便可以上大学。

圣阿尔班斯的学生总会有很繁重的家庭作业，通常每天晚上要花3个小时,周末时,功课会更多,霍金完成作业以后都会在自己的房间里弄一些神秘的小制作或者找来感兴趣的书,懒洋洋地靠在沙发上,一页一页,静静读过。

霍金14岁的时候,他的父母又收养了一个儿子,叫爱德华。无论是霍金还是了解他们家的人后来都明确地说过,爱德华从来都没有跟他的哥哥姐姐和谐相处过,也从来都没有对他们家古怪的生活完全适应过。

其实细细想来,这不能责怪任何一个人,在这个世界上,每个人的生命都有完全独立的个性,身边的亲人、朋友都有影响到你的分量,却没有改变你生活状态的能力,所以霍金会认为这个家增加人丁"很可能对我们有利,尽管他是一个不太容易相处的孩子,但大家少不了还是会去亲近他。"这个"他"不是书,不是实验,而是时时刻刻跟你生活在一起的亲人,就像一盏清香菊花茶中薄薄的残叶,不协调,却无法隐没。

军棋下的诡异布局

曾经看过霍金童年的照片,他坐在长条椅子上,面目清秀,目光清澈,若隐若现的酒窝像被春水浸泡过的竹叶,爽朗得让人欢喜,当阳光轻轻洒在他的身上,他沐浴其中,懒洋洋地带着孩子独有的纯真。那时的霍金还没有预知自己身体中隐藏的病毒会掠夺掉自己太多的快乐,他还是跟普通孩子一样过着无忧无虑的生活。

1952年,申请圣阿尔班斯中学的学生平均3名录取1名,它与西敏中学一样,要求每个申请者都必须参加入学考试。这一次,霍金准备得很充分,像个小斗士一般,轻松地过关斩将,于1952年9月23日与其他90名男孩一起入学,学费是每学期 51 基尼(53.55 英镑),这对他们的家庭来说是很容易担负的。

那时的霍金是一个用功的小男生,穿着灰校服,戴着灰帽子,就像《比利·本特》漫画故事与《汤姆·布朗的学校生活》中的滑稽形象。他的校服看上去总是不整洁,说话急促含糊,还从父亲那儿遗传了一点儿口齿不清的毛病。他的朋友们模仿他讲话,称之为"霍金话"。每每这时,大家都会笑成一团,霍金并不在意,或许那时他就已经相当清楚自己的世界与他们不同,他没有改变这些小缺点,而这些也都不是后来那个疾病的早期症状。

奔跑在校园里,霍金像个出轨的小火车一样横冲直撞,引起一片纷乱,童年给霍金留下了太多美好的记忆,虽然他也时常被同学揶揄,有时也会被欺负,但是霍金依旧可以感觉到某些同学暗中敬佩他,因为自己的才能曾经成为同学们斗嘴的题目:当他 12 岁时,一个同学曾与人打赌一袋糖,说他这辈子将一事无成。秋去冬来,花开花落,如今霍金想起这件事情还会谦虚地说:"我不记得这个赌到底打了没有,如果真的赌了,现在应该算谁赢了呢?"

其实不管是谁赢了,霍金都完美地走好了自己人生的路。当他淡然微笑的时候,我们只能在他的气息中感觉到那段难舍的童年时光。我们都有过童年,它宛如手指间的流沙,拥有的时候不曾珍惜,甚至觉得厌烦,恨不得张开双手让其快些零落,而最终失去的时候,我们才恍然知道,曾经的美好,曾经在篱笆墙下嬉戏的光阴成了现实生活中割舍不掉的情怀。

拨开清晨的迷雾,我们看着小霍金,在他很小的时候就已经渐渐感觉到自己会去从事自然科学方面的工作,他被火车模型迷住了,还会拆开钟和收音机,他和很多小孩子一样,都不能熟练地把它们再组装起来,但是他从来没有像他们那样只是心血来潮,他一直热衷着这样的探究,一次又一次地问这些玩意儿该怎么摆弄,最终使他成了物理学家,霍金为此还解释说:"我就是一个永远也长不大的孩子,现在我还会经常使用怎么样和为什么之类的问话语,我偶尔会找到一个答案。"

答案是什么?是经过不断探求最终得到的结果。小霍金在各种零件中奔忙的时候充满了兴趣和兴致,在他眼中,这一切就是一个神秘的世界,他要找到钥匙,轻轻打开门,寻找自己期盼的答案。

他在圣阿尔班斯学校的头一年结束了,那时,他在班里的成绩是倒数第三,尽管如此,依旧不能影响老师和朋友们认为他是个天才的事实,他就像黑夜中耀眼的星辰,让人凝望,班里的同学称他为"爱因斯坦",这样的称呼又一次成了一件件大事的预兆。

圣阿尔班斯中学一向以高超智育标准为傲,霍金一家在他入学后,马上就体会并欣赏到了这一点,宛如清爽的风,将他未能进入西敏大学的那点遗憾也悄悄吹散了,他们一致认为圣阿尔班斯中学才是培养天赋的最佳场所。

命运就是这般奇妙的东西,得与失在未成定局的时候都不能妄下断言,在很多时候,世间的事情都是雾中的樱花,点点碎碎,扑朔迷离,捧到手的或许只是迷离的花瓣,失落一地的亦未尝是艳丽的颜色。

在圣阿尔班斯学校里有一位叫芬莱的老师,他刚拿到硕士学位,最受学生的怀念与好评。在所有学生的眼中,他是思想先进的朋友,经常录下广播节目,拿来作为3A班讨论课的引子,讨论的题目包括核武裁剪与节育,以及介于两者之间的所有议题,总之,他对这些13岁孩子们的智力发展有着深远的影响,很多学生后来成为记者、作家、医生或者科学家,却至今仍然对芬莱老师的课充满美好的回忆。

在霍金读三年级的时候,认识了很多要好的朋友,他们在一起分享着学业与研究的浓厚兴趣。其中有位高个子、长得漂亮的同学名叫贝塞尔·金,看起来是这一群朋友中最聪明的一位,10岁就开始阅读莫泊桑的小说,而且在穿着短裤的年岁就去看歌剧；还有一位名叫约翰·麦克莱纳翰的同学，是个矮个子，有着深褐色的头发与圆圆的脸孔，他算得上是霍金当时最好的朋友，这群同学中还包括长着一头金发的比尔·克莱洪、精力充沛并具有艺术气质的罗杰·费内霍夫，以及三年级才插班进来的迈克尔·丘池，他们形成了3A班聪明学生中最具代表的核心分子。

他们都收听英国广播公司专门播放古典音乐的第3套节目（现在成为第三广播网），他们从不会躲在被子里听美国的早期摇滚或最新的爵士乐，而总是让莫扎特、马勒或者贝多芬的音乐徐徐地从收音机里播送出来，伴随着他们复习第二天的物理考试或赶写明天要交的地理作业，他们阅读金斯莱·阿米斯、约翰·温德翰、C.S.路易斯与威廉·高定的著作，总之就是"聪明"的书。

正是因为此，很早以前，他们身上就充斥了朦胧的学者气质，他们认为通俗音乐有损体面并且俗气，所以只会到奥伯特音乐厅去听音乐会，他们中有几个人会乐器，霍金也曾经下定决心要学会一种，但是他的手永远没有他的脑袋灵光，在朋友们的帮助且偶尔的耻笑声中未曾学会任何一种，其实他很有兴趣，不过演奏出来的音乐像秋风扫过悬崖的空灵，永远处于初阶的程度，为此他还抱憾终生。

他们最热衷的一种嗜好就是发明兵棋游戏来玩，主要成员就是霍金与费内霍夫，霍金的科学家兼逻辑学家的气质在这时已经初现端倪，他总是能想出新的游戏规则，而费内霍夫则负责设计棋盘与棋子。他们一群人踏着假日的清风，带上几杯橘子汁，坐在起居室的地毯上摆出最新的游戏阵容，你来我往，互不相让，一个个宛如战场上厮杀的勇士。

他们最先玩的是根据第二次世界大战发明的战争兵棋，后来是根据中世纪英国社会、军事与政治所设计的封建兵棋，这套棋戏的主要缺点就显现出来——霍金的规则过于错综复杂，以致每一步棋的设定与结果都太曲折,有时甚至要用整整一个下午才能理出头绪。迈克尔·丘吉是霍金的小伙伴,他认为霍金"很喜欢游戏的细节,他先创造出了游戏的世界,然后再制订出统治这个世界的规则"。而面对这样错综复杂的游戏,他们的好奇心、探索欲和征服感都被激发出来,他们常常在山边路 14 号举行棋戏比赛,那是霍金的卧室。

对于他们来说,世界上再也没有比霍金的房间更让人惊奇的地方了,那里简直就是一个有待开发的宝藏,挥舞着魔术师的羽翼,呼唤着心海中尘封的科学家的梦想,在乱糟糟的学生书本中做着自己想象的各种实验,是刺激、是疯狂,是永远吸引你不愿离开的城堡。

他们光临以后,这个小房间变得更加杂乱而神秘,在乱七八糟的沙土碎片中,有做了一半的家庭作业,有一杯杯没喝完的茶,学校的课本、棋盘与棋子、飞机模型外加一大堆古怪的小器具,餐具架子上放着电子装置,它们的用途只能随便猜猜,旁边的架子上放着一些试管,管中被弃置的溶液已经变色,与一段段电线、胶水还有金属片等古怪的东西混成一团,全都是做了一半就抛在脑后的计划。

对很多人来说,这些都是垃圾,但是对于这些对一切充满好奇与聪慧的孩子来讲,它们是世界上最美妙的音乐,当清晨的风吹起薄薄的窗纱,小霍金和伙伴们开始在"实验室"中奔忙,他们从最开始沉迷兵棋游戏到后来疯狂迷恋上做模型飞机与电子装置,飞机很少能飞得好,霍金的手永远无法像用脑袋那样灵巧。他的模型飞机通常是用纸与轻质木材凑成,谈不上任何空气动力学,他制作电子小玩意也是同样受挫,有一次,他想把一台旧电视改装成放大器,却被 500 伏高压电电了一下,他僵硬了半天,最后还是轻轻地、小心翼翼地将那个螺丝拧了下来,并满意地微笑了。那个时候,霍金已经感觉到了这个行业的危险,但是他从来没有顾虑或者放弃过。

学生科学家

　　他们说,每一个生命都是带着使命来到这个纷扰尘世的,像春风终日恣意奔波宣泄,将万事万物在梦想中唤醒,像细雨整夜带着清零柔美,将冰冷的尘世填满一片生机,而我们,踏过春风,走过细雨,在清冷中寻找着自己的方向,注定在凡尘中留下点点足迹,有人被人铭记,有人被人思念,亦有人化成残落樱花,沉入泥土,无处可寻,其实不管最终的结果是什么,活着、忙着、为生计、为理想,都是我们不变的使命。

　　霍金的使命似乎在出生的时刻已经注定下来了,就是要在科学领域中争夺自己的一席之地,那是人类职业中最崇高的舞台,让所有人为之神往的地方,但是在光芒背后是枯燥的数字与理论,是漫长而艰辛的探求。

　　当夜色拥抱大地,当鸟儿悄然回家,他们看见在一盏轻微的灯光下,小霍金还在为自己的实验奔忙,他耳边响着妹妹嬉戏的喧哗,有着弟弟爱德华的哭闹,他跟他们一样还是个孩子,爱玩爱闹是天性,但是他感觉自己早已陷进了科学朦胧的领域里无法自拔,他喜欢这一切已经到了废寝忘食的地步。

　　那时候,霍金还没想到自己会在这个领域取得如此重大的成绩,他一开始只是爱好,就像蜜蜂追逐鲜花、飞雪亲昵红梅,都是心性最本能的反应和选择。

　　1958 年春天,霍金与他的朋友们,包括新加入的巴利·勃勒特与克利斯朵夫·福莱契尔共同制造了一台名叫露丝(LUCE)的电脑,全名是"逻辑单选计算机"。在 20 世纪 50 年代, 英国只有国防部与少数几所大学拥有电脑,霍金等人靠着狄克·泰塔——数学系特别聘来注入新活力的新老师——这位数学硕士的帮助与热诚下，自己设计与制造了这台非常原始的逻辑机。

他们大约花了一个月的时间完工，最大的问题似乎不是设计或理论，而是出在蹩脚的焊接上。这台设备的内部用的是办公室电话交换机上回收的零件,但是要使整个装置能工作,还需要连接大量的电路,然而他们的焊接总是出错,不管怎样,他们最后还是完成了,这在六年级间引起了一阵很高的兴奋情绪,该校数学学会在校刊《阿尔班斯人》中做了详细的报道,就好像他们做出了超时代的大事：

数学家其实知道应该离开他们的象牙塔来履行他们本来的计算者角色,因此巴斯卡在 1641 年发明了差分机——现代电脑的前身,它能够代替计数筹、算盘或计算尺帮助人们做计算。在每个同学都有袖珍计算器的快乐日子来临之前,我们必须使用对数表,然而现在我们已经有了露丝——圣阿尔班斯中学的逻辑单选计算机,这是一个很好的开始。

这台机器能回答一些没有什么用处但是相当复杂的逻辑问题。上学期的学会会议全都花在它的上面,结果出席踊跃并且圆满成功。(设计者们)将用既有的经验再建造一台数位计算机,它目前还未正式命名,但它会“做些加法”。(六年级同学,加油!)

当地的《赫芝广告报》报道了“学生科学家”怎么发明这台新奇机器的故事,使得霍金与朋友们第一次在新闻报刊上露面,正如校刊文章所讲的那样,他们后来又研制了一台复杂的改良型电脑。

很多年之后,现任的圣阿尔班斯中学计算主任奈哲尔·伍德史密斯曾在数学班的一张桌子下面发现了一个箱子,被丢弃在一堆乱七八糟的电线与金属上。对他而言,这个箱子看起来不过是一堆破铜烂铁,里面有些晶体管与继电器,外面有个写着“LUCE”字样的牌子。他想都没想,就把这堆东西丢进了垃圾桶,又过了很多年以后,他才醒悟当时怎么没想到它的潜在历史意义——他竟然丢弃了霍金制造的电脑。

世间的万事万物都有它的归属,花开花落,春去秋来,每一个沉醉的季节给人们带来希望与美好,就是对它最好的回报。人们都说时间是世界上最无情的东西,带走的永远都不会归还,其实,只要我们珍惜地过完每一天,将一切变成美好的回忆,即使青春不在,望着相册里美丽的笑容,我们都会释怀、都会微笑,因为时间可以无情,但我们生活的每一天都面对着阳光。

在这段时间,霍金等人简直就是整个学校的骄傲,成为备受关注的焦点,大家都会对他们窃窃私语,羡慕不已,亦想加入他们的团队,但是最终还是由于"不适应"而不得不离开,在这个团队中,不但希望你有聪慧的头脑、敏锐的洞察力,还要有好奇心与探索欲。

那时霍金14岁,已经知道自己愿意把数学当做未来的事业,也就在这段期间,他的科学天分开始显现出来,他在数学作业上只花很少的时间就能得到满分,正如一位同学回忆道:"他有着不可思议的、直觉性的洞察力,当我还在绞尽脑汁想一个复杂的数学问题时,他已经知道答案了——他简直就不用想。"

记得在六年级的物理课中,老师问道:"假如有一杯很烫的茶,你准备加牛奶喝,要使它早些冷却到可以喝的温度,是在倒茶时就把牛奶加进去,还是等茶凉下来再加牛奶?"当同学们正用混乱的概念争论时,霍金直接抓住了问题的核心,几乎立刻宣布了正确的答案:"哈!当然应该先放牛奶。"然后就为他的理由做了详细的解释。

这样的学生在任何时候都会引人注意,1957年7月,霍金通过了普通班的考试,当时总共考了9科,一年之后又通过了第10科拉丁文的考试。眼看中学生活就要结束了,选定什么样的大学成了霍金家的日常话题。

霍金的父亲是个一心一意搞科研的人,他的行为在霍金的生活中是个很有感染力的榜样,霍金很喜欢在父亲的实验室里使用显微镜。对于霍金来说,搞科研似乎是差不多已经定下来的事情,可是他应该攻自然科学中的哪个分科呢?他觉得生物学"太严谨了、太具有描述性了"(这里的描述性指的是以客观事实为依据进行描述,而不代表感情或判断,也不涉及历史或理论——释注),而物理学是"所有自然科学的基础科学",那时专业也有高低之分,学生物的学生让人觉得缺乏才能,而物理专业则特意留给了那些出类拔萃的智者,霍金偏爱数学,而这一门亦正如父亲所说,将来难以找到雇主。

霍金被这一切搞得心绪不宁,站在院子里,望着挺拔的青树,他竟然都会茫然失措。风,静静吹起他的发,丝丝凉凉,他忽然感觉到人生就是千条万条的路,哪一条都有利,哪一条又都有弊,宛如夜色中的星辰,周围青烟缭绕,扑朔迷离,哪一条路该是自己走的呢?而人生究竟又是什么?

在不同的人眼中,人生有着不同的意味,宋代的青源禅师在讲到自己修佛悟道的历程时说:"老僧30年前来参禅时,见山是山,见水是水;及至后来亲见知识,有个入处,见山不是山,见水不是水;而今得个体歇处,依然见山还是山,见水还是水。"因此,引出了佛教的人生三重界之说。

所谓人生第一重界:看山是山,看水是水,说的是我们涉世之初,怀着对这个世界的好奇与新鲜,对一切事物都用一种童真的眼光来看待,不掺杂任何主观杂念,世间万物在我们的眼里都是那么简单一统,山就是山,水就是水,虽然感觉懵懵懂懂,却固执地相信我们的所见所闻都是最真实的。相信在我们眼里,世界是按美好的规则不断运转,并对这些规则有笃诚的信念。

人生第二重界:看山不是山,看水不是水。当我们在尘世中流连太久,于是感到红尘之中有太多的诱惑;在虚伪的面具背后隐藏着太多的潜规则,所以我们看到的并不一定是真实的,一切如雾里看花,亦真亦幻、似真似假。我们在现实里迷失了方向,随之而来的是迷惑彷徨、痛苦挣扎,我们开始对这个世界、对一切都多了一份怀疑心理以及理性与现实的冷静思考。

人生第三重界:看山还是山,看水还是水。这是一种洞察世事后的返璞归真,但不是每个人都能达到这一境界。人生的经历积累到一定程度,对世事、对自己不断地反省,于是,知道自己追求什么或者该放弃什么,这时,看山还是山,看水水还是水,只是此山此水在我们眼里已经有另一种内涵在里面。正所谓人本是人,不必刻意去做人;世本是世,无须精心去处世,这才是真正的做人与处世了。

其实,大多数的人身处第二重界,往往就走到了人生的终点。这山望了那山高,不停地攀登、争强好胜,与人与己相争,绞尽脑汁、机关算尽,却仍然永无休止和满足。穷其一生,却始终无法达到自己的理想,于是只有抱恨终生。他们至死也没有醒悟,人外有人,天外有天,而人的生命短暂而有限,哪里能够去与永恒无限的世界计较呢?

霍金懂得,就是因为懂得才会取舍很难,他望着脚下长长的路,心里亦明白,不管最终选择的是什么,他都会一步一个脚印地落下去,走好。

第二章　博士学位与致命疾病

力赴牛津大学

究竟什么才算得上是轰轰烈烈?历史文化几千年,老祖宗留下了太多让人铭记于心的事情,如若这一切就叫轰轰烈烈的话,那么1959年一开始就注定掀起世界的波澜:1月2日,年仅32岁的卡斯特罗就夺取了古巴的政权;甘地夫人成为印度执政党国大党的领袖。万世变幻,血雨腥风,在每一朝,每一代,人们似乎都会用权力说话,而在科普界的变幻似乎也激进地演绎着极致,世界上第一艘气垫船在怀特岛开始建造;在众人屏住呼吸的注视中,两只恒河猴成为第一批进入太空的灵长类。

这个世界每一天都在发生着变化,这个繁复红尘的节奏就像摇滚音乐一样,振奋着人心,而此时的霍金坐在那栋宽敞的爱德华式房子中一个大而凌乱的卧室里,抱着一本厚厚的数学资料在学习,那一年他17岁,高中生涯即将结束,他已经准备参加牛津大学的入学考试。

牛津是世界上知名的学校,要想在那里争得一席之地,不是天之骄子,就是聪慧过人的智者。每一年,想要进入牛津的中学生一般有两种选择,一个是在中学六年级时报考,那样便可以在暑假后就直升牛津大学,另一个就是在高级班分数很高的前提下,七年级时再进行同样的考试。这个选择就意味着每个学生必须多等一年才能入学。

对于那些爱子心切的家长与积极进取的学生来说，他们通常都会选择前者，霍金亦是如此，他在圣阿尔班斯中学的最后一年参加了入学考试，目的也相当清楚明了，那就是为了得到奖学金，其实，霍金给大家的印象似乎都贯穿着一条主线，那就是雷厉风行，他不管做任何事情，心里都会有计划，决定了，就勇往直前地冲上去，在他刚刚懂事的时候，他就决定要像父母一样成为牛津的一员，并且要争取到牛津大学所给予的最高级奖学金。

牛津的奖学金提供了许多名义上的特权，其中最为关键的亦是众人为之争取的终极目标，就是学校可以为该生支付部分在校期间的学费。因为读牛津大学的费用可不便宜，如若没有校方的支持，很多家庭是无法承担的，而许多拥有才华的人亦为此被拒之门外。

其实，不管社会如何发展进步，很多东西都是根深蒂固、很难解决的，当社会最底层的人为生活苦苦挣扎的时候，他们只能勉强维系温饱，那么又有什么能力给子女提供更好的教育环境呢？这是无奈，亦是一种社会的悲哀。它就像奔腾的潮水，若不想被吞噬，就只能靠自己的能力拼搏进取，因此霍金不得不好好准备，他在中学的学习成绩不是很好，远低于他的实际能力，凭他的成绩，当然既进不了牛津，更不用说能得到万人争夺的奖学金了。

在这个繁复的红尘里就是充斥着残酷的竞争，从你牙牙学语的时候，便已经避免不了地掉进这个旋涡里面了，上学的时候，想得到优异的成绩，工作的时候，想用出色的表现赢得自己的一席之地，就连死了也妄想进入最好的墓地，人性如此，本无对错之分。

然而上苍似乎就好像要考验霍金一样，在他中学最后一年，父亲弗兰克被分派到印度进行一次长期的交流，家里的其他成员也都跟随着一起到印度生活了，只有霍金独自留在英国，跟沾亲带故的汉弗莱一家一起生活，一场场考试即将来临，而生活上所有的事情又都要靠自己处理，对于一个青少年来说无疑是雪上加霜。

那个时候，霍金留下的资料很少，使得人们看不到他的心绪，他把这些事藏得很深。人们只看到他过人的慧智与日后在科学界取得的卓越成绩，他整个人就像午夜里闪亮的星辰，一点一点，让人温暖神往，然后风华过后，一切尘埃落定，我们会不会责怪自己的肤浅，只看到他的智慧却没有注意到他的落寞？

霍金内心的寥落在午夜里徘徊，风儿知道他的无助，雨儿明白他的恐慌，庭院深深，封锁着他飞扬的心与躁动的灵魂。我们都踏着哭声来到这个尘世，每个人都有每个人必然的归属，你挣扎也好，愤慨也好，当狂歌呐喊过后，一切终归平淡，时光流逝，岁月无情，我们只能悲哀地发觉这一切都只是情绪上徒然地宣泄，谁都无法改变岁月的命轮。

霍金不想改变，他只想掌控自己的命运，尽管面前的路崎岖难走，却不曾阻止他的斗志，其实那个时候，霍金没想要取得多大的成就，他只想选自己喜爱的科目并踏踏实实地走好。

在进牛津的前一年，霍金父子就对大学选修课程展开了一场场无休止的辩论，宛如两只斗志高昂的斗鸡，对视着、争论着，互不相让。那时霍金坚持想学习数学与物理，即当时被称为"自然科学"的课程，父亲弗兰克则不赞成，在他的思想中，学习数学除了教书之外，根本别无他途，他极力劝说霍金跟他从医，但是霍金知道自己想做什么，他坚挺地站在那里，没有退后，他的眼神让弗兰克明白劝阻已经毫无意义了，最终只能放弃了。

医学对霍金来说是毫无吸引力的行业，他曾说过："父亲想要我学医，但是我感到生物学太过叙述性，却不够基本。如果我当时听说过分子生物学的话，想法或许会有不同，但是那时却没有太多人知道这门科学。"

弗兰克虽然同意儿子的选择，但他显然并不是全然相信霍金的能力，决定帮助儿子一把，于是他便在入学考试之前的复活节的假期中带着霍金去大学学院中拜访了未来的导师白曼博士。

那一天的天空很蓝,阳光金灿灿地照射下来,白曼教授看着这位面带腼腆笑容的大男孩,也淡淡地笑了,虽然弗兰克的举动是违反学校规定的,但这并没有影响到白曼教授对霍金的喜爱。而在后面的交谈中,白曼教渐渐感觉到霍金潜伏在呆板外表下的睿智。

牛津大学入学考试的题目相当难,总共要考两天,共有 5 份考卷,每份要考两个半小时。这些考试中最耐人寻味的就是常识考,它一般考学生的是对时事与世界局势的认识,而霍金参考那一年的题目是"讨论卡斯特罗夺取古巴政权后的短期全球性影响"。

当时这个考试遭到了很多人的质疑,所有人都怀疑这对那些十七八岁的青年的意义何在?他们是否能对这样的事有强有力的见解?更有些院方人士甚至质疑这种题目是否恰当,其中之一就是白曼博士。在后来的回忆中,他曾坦言地说过,他宁可听取霍金对英国板球队的知识,而不是霍金对当代政治的见解。

笔试结束后,紧接着的就是口试。待所有考试都进行完毕后,考生便会各自回到自己原本的中学去等待发榜,那时的他们变成了热锅上爬行的蚂蚁,焦躁不安。

人的思想真是个非常奇怪的东西,都习惯往坏的地方想,花开的时候,想着花落;月圆的时候,想着月缺,当夜风静静袭来,焦急等待的学生们总会想出千奇百怪的东西来,一会儿会畅想在牛津校园的悠哉,一会儿又会回到落榜后的凄绝,两种想法,两种思绪,像两条相互交织的丝线,来回拉扯,让他们恻然难眠。

10 天之中,霍金没有收到任何消息,这让他的心从半空中落到了冰冷的枯井里,那里长满了墨绿色的苔藓,冰冷异常,蔓延着失望的气息。然而上苍好像有意戏弄霍金,没几天,他又收到了另一次口试的通知,这代表他很有希望了——学院已经很认真地考虑他的申请，他被录取的可能性很大。

霍金根本不知道自己的两份物理试卷的成绩，都是 95 分左右(百分制)，至于那些他完全没把握的笔试也仅仅略差一点儿而已。霍金参加完第二次口试之后没几天，一封决定性的信件终于来到了霍金家门前，大学学院给了他奖学金，邀请他 10 月到牛津大学注册。

一阵清风吹过，带起满空艳丽的花朵，霍金伸手挡住骄阳，嘴角露出喜悦的微笑，终于等到了牛津大门开启的那刻，他的心像扬起的风帆，随着碧蓝的大海高高涌起，绽开白色的花蕾，恍如做梦。

人在梦中总是可以随心所欲地掠夺一切渴盼已久的东西，犯下的错可以不必承担，闯出的祸亦可不必去弥补，那里是很大的天空，无拘无束，妄自飞翔，而一旦从梦中醒来，飘荡的翅膀便被现实捆锁，动荡的灵魂终究要按世事规则行事，霍金踏着轻松的脚步，在午后阳光下看着自己的影子，对圣阿尔班斯中学的生活做一次彻底的怀想，待明日背起新的行囊，收获更美好、更充实的一切。

迷茫的物理探究

牛津城的历史悠久而辉煌，是一座美丽的城市。它的建筑古色古香，分属于不同历史年代的不同建筑流派。清晨的风轻轻吹起，天际边有一种阳光与砂石互相作用而形成的灵光，一道道，一缕缕，不知激发了几个世纪以来诗人与画家的灵感。轻轻打起一柄油纸伞，在牛津的街道上散步，像回到了历史的洪流之中。那风情万种的建筑，那云飞浪卷的校园，都是几百年积淀的斑斓文化。

牛津大学几乎占据了城市的中心——它有40多所学院以及一座座私人拥有的大楼,像漫天星辰,散落天际,无所不在。与城市融为一体,街道从校园穿过,像崎岖的河流,贯穿始终,大学不仅没有校门和围墙,而且连正式招牌也没有。楼房的尖塔在烟雨蒙蒙中若隐若现,高高的石墙上爬满了老藤,稀疏的绿叶中绽放着红红的花朵,小城显得古朴、素雅。

牛津的学院中有许多中世纪建筑瑰宝,并且群聚在市中心周围。街两旁布满了中世纪的四合院,每个四合院就是一所学院,由于在当时,学术是教会的专利,因此学院都以修道院式建筑来设计,不过四周往往环绕着美丽的庭园。尽管这些年来,大多数的学院多有改变,但是依然融合了许多原有的特色。每所学院均有其辉煌的历史、神话般的建筑遗迹,可以描画出各种有趣的史实。初到牛津的人的共同印象均会觉得每所学院都像是中国各地那些破旧的古庙,一进门就给人一种寂寞与荒凉的感觉。因为每所学院完全是中世纪修道院的模样,这也反映了牛津人强烈的思古情怀。

霍金是10月到达牛津的,正式成为其中的一员,这所大学与他父亲弗兰克就读的年代甚至与过去的两三百年相比,许多方面都变化甚少,它就像平静的水,静静流淌着。

第二次世界大战结束后,牛津大学的纪律也放松了许多,因为当那些军人从战场回到学校成为新生或者继续自己因战事而中断的学业时,他们绝不愿意接受过于严格的限制,物极必反,众所周知,任何事情都要经过一段缓冲的阶段,所以牛津大学的一些规则就逐渐放松下来。

漫步在牛津大学里,微风徐徐,绿意浓浓,霍金从最初的兴奋转变为平淡只用了短短半日的时间,望着空落落的校园,他忽然感觉到一丝难以排解的寂寞,那一年,他17岁,比大多数同学要小几岁,由于年龄的差别,霍金从一开始就与同学们隔离开了,就像小小的松树,再怎么挣扎也追逐不上成年松树的高度，他那么孤单与寂寞地生活在自己的世界里，天空失去了蔚蓝的颜色，落寞的花细细碎碎，一直飘进霍金的心里。

当时进牛津读书的仍然多为男生，其中大部分学生都来自全国各地的私立学校，不管是家庭出身，还是社会背景，都笼罩着一层薄薄的尊贵的光环，这也使得牛津大学中的阶级制度变得更为精细与明显，不同阶级间存在着明确的界限，就好像两条生活在一个圈子里的平行线，没有交接的源点，如果用植物来形容的话，一边是璀璨的牡丹花，由上流精英、贵族子弟与万贯家财的继承人组成，他们是基督教会学院的主要成员，他们把相当可观的零用钱多半花在与好友的娱乐上，每天对着阳光微笑，只为白云驻足，高傲不逊。另一边是郁郁葱葱的迎春花，这很像小说《重访布莱兹海德》中描写的那样，虽然文学总有夸张的倾向，但很多时候也深刻地表现出了世俗的不同，由于出身不够好，靠公费或奖学金过日子，他们没有鹌鹑蛋或香槟，只能享受猪肉馅饼与啤酒，不过他们依旧能真诚地对每个人微笑，对每一天微笑。

人们都说，在这个繁复的尘世中，金钱有着一定的影响力，宛若锋利的大刀，将人类的圈子分出好几个等级，每一个等级都是出身相似、处境相似的人群，他们有共同的爱好、共同的追求、共同的话题，进而逐渐形成了自己的人际圈子，这个圈子可大可小，却跟其他的部落明显地分开来，互斥却又有着惊人的相似之处。

20世纪50年代后期的牛津，空气中飘荡着流行的风，年轻大学生都喜欢宽松的裤子与斜纹软呢外套，不同的是那些特权阶级的少数人，他们的外套出自赛维尔·罗，而宽松长裤出自哈罗德。

其实很多时候，人与人之间的这种阶级区别仅从衣着便能很容易地分辨出来，但是人与人之间的等级区别却要从自身的素质来分辨，就好像君子兰一样，有名贵的"油匠"，也有普通的"大花君子兰"，不是从名称，而是从形态来决定的。正如牛津大学的一位同学一言以蔽之："当我们刚入学时，重要的人物都划船却都不穿牛仔裤；我们毕业时，重要的人物都不划船却都穿牛仔裤。"

霍金被"年龄"隔断着，被"阶级"隔断着，甚至连他所喜爱的物理课也成了与别人隔离的课程。那一年，进牛津学习物理的学生只有 4 个，他们是霍金、戈登·贝里、理查德·布赖恩以及德里克·波内伊，他们在校园中成了奇特的风景，很难走进别人的圈子，所以这几个物理专业的学生像溺水的孩子一样，互相依偎着，无论课堂内外，有很长时间都是一起度过的，而霍金与他的辅导搭档戈登成了密友。

当时的物理课，连他们的导师都很坦率地承认，那不过就是重复中学高级班的课程，对于霍金这种学生用处当然不大，他几乎毫无困难地解答出任何物理或者数学的问题，如此轻易得到的成就感让霍金感觉索然无味，他开始怀念在圣阿尔班斯的生活，整个人都陷入了一种无形的丝网中，没有斗志，没有目标，望着窗外的青天白云，他又会忽然感觉到一种恐慌：难道自己就要这样浪费自己的青春与生命吗？

所以，当导师检查他的作业时，霍金非常恼怒与悲哀，没人做得出来那天的习题，但是霍金完成了，并且做出了一个特别困难的定理证明，导师称赞了他的结果，并将作业交还给他。霍金取回了作业之后，想都不想就直接把它搓成一团，扔到房间角落的字纸篓里，这是他无声的抗议，他不想浪费光阴的抗议。

轻轻的风带着霍金的失落与失望，他发现物理课已经不再具备让他探索的欲望了，后来霍金回忆道："那简直容易得让人发笑，不需要去听任何讲座，只需要每周听一次或两次大学导师的辅导课就能通过考试了，你不需要记住许多细节，只需要记住几个方程式就可以了。"

有人或许会说霍金过于狂妄，但在很多时候，狂妄也要有一点儿的资本,如果没有过人之处,又何来狂妄之说?风有狂妄的资本,因为它以无敌之势横扫千里;雨有狂妄的资本,因为它以傲人之态灌溉天下,霍金也有狂妄的资本,因为这一切对他来说就是太容易了。

我们不能否认的是,在那个时候,只有霍金才学得那么轻松,根据他的同学德里克·波内伊的讲述,我们就能轻易地明白了。他们的导师罗伯特·伯曼曾经给他们4人布置了13道难题,作为课外作业,都是些电学和磁学方面的难题,以他们(除霍金外)当时的能力是很难完成的,所以罗伯特便让他们能解多少就解多少。

这个课外作业布置下去一个星期后,理查德和德里克只解了一道半难题,戈登解了一道,至于霍金,他甚至都没看过,更别说去解答了,等到了第八天,霍金故意没去听讲座,自己在寝室用了短短的时间,独自一个人解完了其中10道难题。德里克不得不承认:"在那一刻,自己与其他的人都对这位与我们在同一个世界里朝夕相处的人刮目相看了。"

进入牛津之后,霍金便养成了很少做笔记的习惯,他只有少数几本教科书,由于当时他在这个领域领先很多,所以变得对很多标准教科书都不是很信任了。他们有一位名叫沈德斯的导师,根据一本书给全班出了一些习题,霍金望着这些题目,嘴角边慢慢涌起了一抹嘲讽的微笑,他没有任何兴趣解答其中任何一道题,这让导师很是恼火,在追问原始时,霍金花了20分钟时间指出了那本教科书中的所有错误,让沈德斯和整个教室的同学都瞠目结舌,而霍金在下课铃声的伴奏下静静地离开了教室。

那个时候,教室里很安静,叫人窒息,霍金不喜欢安静,他期待的是与大家争论的场面,而不是这种让人失望的可笑。尽管霍金对学业抱着懒散的态度,但仍然与导师白曼博士保持着良好的关系。

他记得自己时常会到位于班布里路的白曼家去喝茶,在淡淡的茶香中谈知识、谈文化、谈人生,那时霍金的苦闷才得以释放出来,感觉到快乐与慰藉。夏天到来的时候，白曼博士的家人会在后院草坪上举行聚会，大家一起吃草莓、玩板球。

白曼博士的太太莫琳是个温婉热情的女人，她总是穿着黑色的旗袍，微笑地注视着每一个客人，她很喜欢这位相当古怪的学生，在接触中也慢慢明白了为什么白曼称他为未来优秀物理学家，他的确是个睿智并且充满魅力的大男孩，她总会细心地指导霍金读一些适合知识分子的文学作品，作为他的课外读物。

作为一名公费生，霍金必须在第二年年末参加大学的物理奖竞赛，与他同年的物理系学生也都参加了。当大家都在为此积极准备的时候，霍金则躲到一个阴凉的角落里，迎着清风，读着他刚借来的科幻小说，而比赛的最终结果是，霍金以最少的努力就赢得了第一名，获得了一张50英镑的布莱克韦尔图书礼券。

在别人羡慕的目光中，霍金没有喜悦，日渐增长的厌烦压得他喘不过气来，他越来越感觉到生活的迷茫和苦闷，他昂首望着大，大空清澈无痕，宛若一面大镜子，照出自己的孤苦，他试图微笑，但微笑慢慢僵硬在嘴角边，他那么渴望前行的脚步就这样被无形的黑雾阻拦着，他该何去何从，又该怎么做呢？

人们说光阴如金，而霍金在大学生活里的光阴就像手中的细沙，一点点流逝，这不能不让霍金胆战心惊，他试图更紧地握住手掌，却悲哀地发现沙子的流逝完全不是自己所能控制住的，他的情绪跌入了深幽的谷底。

苦闷中的一缕阳光

曾经看过这样一句话："人只有将寂寞坐断,才可以重拾喧闹;把悲伤过尽,才可以重建欢颜,把苦涩尝遍,就会自然回甘。"生命是一个漫长却亦短暂的过程,每一寸光阴都要自己亲历,每一盏烛灯都要自己亲点,悲也好,喜也罢,光阴都好像骤然而过,还没有好好享受,美好就消逝得无影无踪,而凄苦宛若阳光下的影子,紧紧跟随着自己,淡淡有致,我们会试图微笑,因为只有这样才能觉得自己走得下去。

霍金在牛津开始的生活是一杯苦闷的茶,而到了第二年,他忽然发现了一件非常有趣的事情,就好像月光照进漆黑的小巷,让他整个人都振奋了起来,那就是划船。

今天的牛津依旧没有任何运动能可以跟赛船相比拟,它几乎成了一种传统,而牛津大学每一年都会与剑桥大学进行一场划船比赛,让最佳划船选手大放异彩。

根据资料记载,牛津大学早在 1827 年起就已经把划船队派出去参赛了,赛船运动每年在第三个学期快要结束的时候举行,那个时候正是夏天,举行的地点是伊希斯的泰晤士河,这个比赛简直就是风光无限的一场较量。

为了在比赛中大放异彩,每个划船俱乐部经常都要招收一些体格强壮的男子去做桨手,同时也要挑一些个子比较小、身体比较轻的男子当舵手,舵手坐在船前,面对着桨手,一边操舵一边还要发出命令,当时戈登·贝里和霍金都被招去当了舵手。

在接触中，他们慢慢体会到划船真的是一种很剧烈的活动，参加的人的态度都要非常认真，更需要吃苦耐劳与无私奉献的精神。他们在严冬清晨破冰，在初夏烈日挥汗，若没有坚持的意志是很容易放弃的，那时带来的打击是巨大的，船队无法以最好的阵容参加比赛，很容易与胜利失之交臂。

霍金的划船教练员是诺曼·狄克斯，这位教练在学院划船俱乐部工作了几十年，他回忆起霍金时总会感叹地说："霍金是一个很胜任的舵手。"

狄克斯记得霍金那时还是一个喧闹的小伙子，他总是表现出一种蛮勇的状态，所以在很多时候，他会指挥队友划着一艘被撞伤的船与损坏的桨板回到岸边，一个个像斗败的公鸡，用目光偷偷地瞄着霍金，霍金在注视中勇敢地站出来，告诉教练，因为他企图带领队友穿过简直不可能的狭缝，才造成了这样的结果。

那一天，天真的很蓝，风轻轻吹过耳畔，带着痒痒的惬意，狄克斯凝视着霍金，他的目光深邃而沉静，他认真地听完霍金的解释后，便放他们回去了，其实他心里从来都没有相信过事实真如霍金所言的："有什么东西挡在前面。"

狄克斯曾对人说过："有一半的时间，我得到了一种明确的印象，霍金坐在船尾，但脑子却放在星星上，想着他的数学公式。"狄克斯是个宽容的教练，并未因此除去霍金的舵手资格。

划船队在河上操练得非常努力，学期中，他们几乎每天都踏着朝阳出去划船，为划船大赛加紧练习。划船的比赛包括 2 月举行的春季大赛以及夏季学期与剑桥大学的大赛。

当比赛结束后，大家会聚集到一起痛饮麦酒，气氛十分热烈，那时候，胜者会大肆庆祝，败者则互相安慰，大家再走进学院划船俱乐部的宴会，会上有致辞与敬酒仪式，每个人都会大声说话、大声嬉笑，完全是一个没有分割的大家庭，而这也是霍金参加划船比赛的真实原因。

霍金在牛津的第一年有些不适应，孤独和寂寞充斥着他的胸怀，毫无挑战性的功课更让他厌倦，他需要慰藉，而划船俱乐部的气氛无疑是春季里璀璨的阳光，帮助这个19岁的青年跳出烦恼，他们喝着大量的麦酒，讲述含糊不清的恐怖故事，并且尽可能寻找些无害的乐趣。然而，霍金在找寻这种乐趣的途中却差一点儿招来麻烦。

有一天晚上，他像很多年轻人一样，决定要做出一件引人注目的事，于是便与一位朋友拿了一罐油漆与几把刷子向一座桥走去。清风凉丝丝的吹打在脸上，酒意唤醒了几分，但是年轻人独有的倔强使他们无法回头，他们掀起桥上的几块木板，小心地用绳子绑在桥栏杆下面几尺的地方，两人再带着漆罐与刷子爬过桥栏杆站在木板上开始写字，月光轻轻洒落下来，木板上勉强可以看见沿着桥边出现"支持自由党"几个大字，每个字母有数尺高，天亮以后，每个在河上的人都能看得见。想象着明日的"一鸣惊人"，霍金二人便窃笑不已。

谁知霍金刚刚写完最后一个字母，一束手电筒的光束从桥上照下来，接着一个愤怒的声音大声喝问："你们想干什么？"是一位当地的警察。两个人脑袋"嗡"地一下，呼吸似乎都停止了，在月光的折射下，霍金的朋友仓皇逃离，跑上河岸进城里去了，留下了拿着漆刷的霍金独自面对窘境。

霍金被当地警察局开了一张罚单，而随着时间的流逝，这件事慢慢被人遗忘，但是它产生的威吓效果却让霍金从此之后再也没有向法律挑战过，算来也是一件好事，每个人都年轻过，谁没有冲动过？谁没有犯错过？我们所要学的就是在冲动中寻找冷静，在犯错中汲取教训。

人们都说岁月如流水，春去秋来，花开花落，我们应该懂得珍惜，珍惜时光，珍惜缘分，人与人相识本就不容易，若能相处相伴更是极其珍贵，从日出到辰起，从红颜到白发，流光如电，我们才豁然发现，曾经以为所拥有的缘分已经渐次失去，曾经厌倦的一切亦成了难舍的情怀，我们挽留不住的终究是刹那芳华,在人生的道路上,每个人都在努力寻找适合自己的方式,不至于太过曲折,不至于时刻彷徨在转弯的路口,而流光从来不会多情地将人照料,你想行云流水地过此生,它偏偏要风波四起、恣意戏弄。

不管霍金是喜欢还是厌倦,大学的时光都匆匆滑过,他开始面临毕业考试的压力,这时他忽然发现准备得还不够。

在牛津大学,成绩优异的学生可分为两类:一种是聪明而又用功的学生,另一种是有极高的天分却不花许多时间读书的学生。一般来说,总是前一种学生在笔试时表现得较出色。

考试究竟是什么呢?在很多人眼中,考试就像两条根本不相交的线,每年得奖是一回事,毕业考试是另外一回事。把3年来的全部学业放在一起,最终的结果只有两个,一个是过,它让人通往天空,那里鲜花朵朵、阳光明媚,另一个是不过,它让人通往地狱,森冷失落,未来渺茫。

霍金曾经计算过,过去3年,他大约做了1000个小时的功课,平均是每天1小时,这样的投入是很难应付严格的毕业考试的,所以他决定增加自己的学习量,而这种增加在很多朋友看来是很"有趣"的,有一个同学曾带着笑容回忆说:"到了最后,他大约每天工作3小时。"

霍金为自己定出了一套策略,因为考生对每份考卷中的题目有充分的选择,他决定只选理论物理的考题,而不做那些需要详细记忆知识的题目。他明白利用自己的天分与对本科的直觉,应该可以顺利解决任何理论问题。但还有另一件事使得情况更复杂,那就是他已向剑桥大学提出申请,准备跟随当时英国最杰出的天文学家霍耶攻读宇宙学博士,但是如果想要被剑桥录取,他必须得到牛津所授予的最高荣誉——第一等荣誉学位。

在毕业考试的前一晚,霍金十分紧张,人的一生只有几个重大的选择机会,如果把握好了,就可以实现理想,但是一旦失去,无疑是跌落谷底。

霍金整夜翻来覆去,只睡了一会儿,到了早上,他穿上考生规定穿着的黑袍、白衬衫与蝴蝶领结，睡眼惺忪地离开卧室，像条出征的小鱼，融进了考试的巨浪里。街上，穿着同样制服的几百个学生沿着人行道匆匆地向大楼走去，有的臂下夹着书本，有的在进考场之前还拼命吸着最后一口烟，亦有人在微笑，表现得十分淡然。

昂首望望天，天很蓝，一朵朵淡雅的白云恣意漾洒着自己的美丽，而那些考试大楼非常不识趣地极尽吓人之能事，高高的天花板、巨大的树枝形吊灯、一排一排光溜溜的硬木书桌与硬椅子，无形中散发着窒息的味道，监考者在一排排座位旁走来走去，用锐利的目光扫视着各式各样姿态的考生。

考场是一种另样的人生，有的人牙齿咬着钢笔，充满无奈；有的人眼睛盯着天花板，陷入沉思；有的人翻来覆去地看着卷子，就是不知道在哪里下笔，神情挫败；当然也有人全神贯注地伏在考卷上奋笔疾书，表现得淡定自信。

小小的考场形成了小小的人性展览台，当考卷发到霍金的桌上时，他终于清醒了一点，立刻按照原定的计划开始答题。

工人最怕的是下岗，农民最怕的是天旱，学生最怕的就是考试，当铃声滑过天空，考生们从最后一张卷子上抬头，长出一口气的时候，他们的心情亦宛如天际的白云，恣意流露出兴奋与欢悦。

不管考好了还是没考好，霍金与其他同学一起去庆祝，他们拿着瓶子大喝香槟，加入一大群故意阻塞交通的狂欢学生之中，并把香槟泡沫喷向夏日的天空。

经过一阵短暂的休息，又焦急地期待了一段时间，然后成绩终于公布了，霍金处在第一等与第二等之间，他必须再参加口试来决定自己的命运。其实人的一生，只要关键的几步走好了，就会赢得到很高的舞台，而聪明的霍金当然明白口试的分量，他亦相当清楚自己在学校中的形象：一个邋邋遢遢又好像很懒惰、不好好用功读书而总是喜欢喝酒与玩乐的人。

他很是紧张,并将自己的担忧告诉了白曼博士,当时白曼博士很不以为然,在他看来,霍金参加口试真是得其所哉,那些口试委员只要有一点儿头脑的话,就会看出这个考生比他们还要聪明。而事情亦正如他所想的那样进行着,在口试时,霍金作了一项简单的声明,这个声明完美地呈现了他实事求是的态度,也正因此而拯救了他的前程,霍金将如愿走进剑桥大学。

有人说,霍金是一本书,在宇宙玄幻的光芒中写着生命的赞歌;有人说,霍金是一锅小米粥,用时间的炉火慢慢熬煮,慢慢洋溢着越发醇香的感动。在千万人心中就有千万个霍金,所以对于他的性格、他的心情故事、他的为人处世,都避免不了的有所争议,而如今,站在时代潮流的顶端,霍金依旧挂着一抹微笑,安静地看着众生为其奔波与争执。他很坦然,亦如心更坦然。

进入剑桥

据说剑桥是英格兰唯一真正的大学城,虽然有证据显示剑桥大学是由牛津的背叛者依照巴黎大学创立起来的,但这丝毫不影响学院被世人重视的事实。绿水盈盈,白雾蒙蒙,剑桥注定要比牛津多份让人心醉的古雅,有人说它们是强劲的对手,也是历史性的孪生兄弟,两者相隔仅有80英里之遥,互相凝望,互相竞争,互相朝着太阳的方向奔跑。

1962年10月,荣誉学士霍金顶着毛毛细雨到达剑桥大学,他踏过草地与绿荫,在一个细雨蒙蒙的清晨来到了他的新家,他体会最深的就是心灵被这种诗样的美丽所产生的震撼,他不能不感叹造物主的神奇,可以将自然山水装扮得如此圣洁,然而那种清新和雅致让人无法遗忘身后所隐藏的所有世人都为之关注的阴影,那个时候,世界正处于古巴危机的恐惧之中。世界看来真有可能随时消失于核爆炸的烈焰中,而这些美景亦将不复存在。

平日里,我们总是沉迷于烦琐的名利之争中,而忽略了人生除了浮名,还有太多值得留恋的美好事物,而当灾难将近,我们除了彷徨失措外,亦升起怜悯之心,为那些山水感叹。

在这个纷扰的尘世中,人是最感性,也是最残忍的动物,就是某一些人为了自己的私利而将血腥与灾难带来人间,而那时的霍金跟别人一样,面临自己完全无力控制的事件,除了满心绝望的感触外,已然没有别的办法了,王朝更替,历史变迁,太多太多美好的东西都已经消逝或凋零,而新的英雄则在风雨之后呈现在众人的面前,带领人们寻找光明,这一切都是我们所无力控制的。

尽管霍金在剑桥生活的天空上笼罩着这种迫在眉睫的毁灭与国度恐惧的危机感,但是乌云底下,霍金与其人仍过着相当正常的生活。

而在剑桥开始的日子,霍金则渐渐察觉到自己个人内在的危机,在牛津大学的最后一年,霍金就已经注意到了他的手脚似乎越来越不灵活了,在行走过程中,他无缘无故地会跌倒,他还发现用桨划船的时候挺不自在的。霍金当时没把自己这种令人困惑的症状告诉别人。

然而这样的隐瞒并没有持续多久,在最后一个学期快要结束的时候,他在走一段楼梯时跌倒了,头撞在了楼梯上,他不但暂时失去了知觉,还发生了短时间的失去了记忆的症状。他那几个学物理专业的朋友都大惊失色,手足失措地帮助霍金摆脱痛苦。过了几个小时,他才完全恢复了记忆。

这场经历就像时局的阴云一样笼罩在霍金的心里,他开始意识到自己的身体真的出了毛病,并且将会影响到他此时的生活。那个时候,霍金所能想到的只有这些,他并不能完全意识到这个症状会维系自己一生,甚至越来越严重。如果说霍金发现了黑洞，那么他身体的黑洞是他无力控制的，他就像细小的尘埃，被慢慢吞噬下去，连抗拒都不行。

在剑桥最初的日子里，命运真的没有善待这个优秀的男子。都说人有悲欢离合，月有阴晴圆缺，无情的流光从不会多情地将谁照顾，它给了霍金睿智的头脑，便又赐予了他残障的命运与迷茫的选择，如若换成其他的人，是否还能像霍金这样从容不迫地勇往直前？

人们总说心静则国土静，心动则万象动，人生的道路崎岖不平，每个人所能做的就是努力找寻适合自己的方向，拟定自己的目标，不致时刻彷徨在转角的路口，世事难遂人愿，你想安静地过完此生，却总会有不定的波澜在等待着你。

霍金的一生似乎比我们多了几分选择，当他准备攻读博士时，两种研究领域又摆出了两条不同的道路，一条是基本粒子，研究最小的东西，另一条是宇宙学，研究极大的东西。正如霍金自己所说："我认为基本粒子不大有吸引力，因为虽然他们不断发现许多新的粒子，但是却没有一个适当的基本粒子理论。他们能做的只是像植物那样，把各种粒子加类。而另一方面，宇宙学有着定义明确的理论——爱因斯坦的广义相对论。

然而，不管霍金要选择哪条路，他首先面对的是一个完全出乎他预料之外的问题，他当初之所以选择剑桥，是因为在牛津没有研究宇宙学的条件，而且他想投入霍耶的门下，霍耶是这个领域中最有名的科学家之一，拥有着世界性的声誉，如果说那个时候将霍金比喻成漫天晨星中一颗，霍耶已经绽放起夺目的光环，影响着整个领域了。

但遗憾的是，霍金并没有进到霍耶的门下，而被分配到他过去没听过的一位名叫丹尼斯·萨马的教授门下，这个变化就如一盆冰凉的水，彻头彻尾地淋到了霍金的身上，他失望而沮丧，感觉自己来到剑桥的热忱全部损毁了。就在霍金在此跌倒低谷的时候，命运用它奇妙的手，带给了霍金意想不到的结果,将最初的挫折变成了最好的选择。

霍耶被委派与美国一个天文台搞合作,长时间不在国内,已经无法完全担负起学生的辅导工作,而在接触中,霍金慢慢体会到丹尼斯·萨马是一位非常难得的导师,并且是个优秀的科学家。他是一个很安静并且心胸宽广的男人,总会用很多的时间跟学生一起讨论研究,完全尽到了一个导师的责任。

霍金在剑桥的第一个学期跟刚入牛津一样,都是相当的糟糕。那个时候,他才恍然发现,自己在大学时没有学到足够的高等数学,而步入剑桥,就意味着马上就要与广义相对论中复杂的运算拼搏,他为此感到惊慌。每当夜深人静的时候,他总会徘徊在长廊之下,努力理清自己头脑中那一根根混乱的思路。

在萨马眼中,霍金是一个异常聪明的学生,并且随时可以用丰富的知识精辟地论证自己的观点。然而,这种聪慧并不能掩盖住他本身存在的问题,他就像徘徊在十字路口的醉汉,完全找不到自己的方向,他根本就不知道自己适合研究哪个题目,何况这亦是非常难解决的问题。

萨马建议他可以研究天体物理学,但是霍金比较倾向于宇宙学和广义相对论,那个时候,赫尔曼·邦第在伦敦国王学院开设了一门广义相对论的课程,霍金有时间便跟读研的同学一起到那里听讲座。

霍金竭力地在选择的旋涡中挣扎,他的学业没有明显的柳暗花明,而他的身体却急剧下滑到一个恶性的阴影里,他不但动作笨拙,还出现了轻微的语言障碍,这一切症状在霍金的心里缓缓勾画出危险的字符,已经到了无法置之不理的地步,霍金决定这个假期去医院做个彻底的检查。

流水逝去,一去不返,人总是在脆弱惆怅的时候无法抑制怀念从前,曾经在校园里疯狂地奔跑,热情漾洒的时光已经成了记忆中最美的乐章,人都是凡庸而脆弱的动物,经不起岁月日复一日的煎熬,扛不住命运的蹉跎,曾经恣意浪费的青春在秋水中慢慢发酵,却偏生丢舍不掉,只能轻轻感叹:人生如初般该有多好!

也许霍金就是这样的男人,以前觉得他精致且温文尔雅,如今竟品出淡淡的悲凉,一如窗外静静漾洒的春雨,撩过人的心魂,留下淡淡的凉意,他的眼中多了彷徨,他的嘴角少了微笑。他,一个会成为世人仰望的男人,此时却徘徊在街头,将凉意倾洒。

有一群女生也正好从街头经过,其中有一个穿白色裙子的名叫戴安娜·金的女生大声喊着霍金的名字。霍金僵怔了好久,才认出来这个女孩子是自己同学的妹妹。

而在这群女生中,有一个名叫简·王尔德(后文简称为"简")的人也认出了这位年轻人,她与霍金是小学同学。简是个美丽而开朗的女孩子,她出生于公务员家庭,从小学习就很努力,但是还是没能考上牛津或剑桥,而在韦斯特菲尔德学院学习西班牙语和法语。迎视着霍金惊讶的目光,简微微笑了,他也认出了自己,简的脑子里轻轻地、不着痕迹地闪过"缘分"两个字。

许多时候,我们总是羡慕那些在黄昏韵光中携手漫步的情侣,羡慕那些在柳枝下柔情依偎的恋人,更羡慕那些买菜归来的平凡夫妇,在风烟乱舞的红尘中,客来客往,缘定三生的能有几人?在人海中,能清晰记得的容颜又有几个?凡尘繁复,千年一晃而过,人类其实都在重复着相同的故事,相同的缘起缘落,爱恨情仇,当转身毅然而过,谁都找不到哪一盏灯光是属于自己。

第三章　双重奇迹——活下来并发现黑洞

可怕的疾病

在冬季的雪夜里,围着一炉炭火,静静地为自己倒一杯醇香的红酒,听着收音机里传来的优雅旋律。人们总说相逢是首歌,同行是你和我,在静静的空间里,让人不能不想起远去的青春年华,一幕一幕,在雪色纷飞的夜里缓缓重现,仿佛只在昨天,奈何岁月无情,我们早已更换了容颜。

多少红颜佳丽都随着时光逐渐老去,当你还妄想以为过程是缓慢的时候,回首却亦漫天白发。覆水难收,春去会有春来,花谢还会花开,而人一旦将流光坐尽,剩下的只是孤单的身影与满院萧黄的树叶。

人们总说世间万物皆有情,而我看来,人类是最多情亦是最无情的。他给予温暖的时候,是春季最柔情的阳光,叫人懒洋洋地想陶醉、想飞翔。而风云变幻,他会在转瞬间变成冬季最凄厉的风,痛入骨髓,冷进灵魂。所以人们常会发出叹息,说:"生命早描定它的式样,太薄弱,而人们将它过于美丽的描绘,让人忘了凄苦。"

1962年的圣诞节,学院放假,霍金踏着洁白的飞雪回到了家里,他的身体越来越差了,手脚也越来越不灵活了,为了不让家人担心,霍金总是躲在房间里看书。有一天,母亲伊泽贝尔提议全家去溜冰,大家的兴致都很高,霍金不忍破坏,就穿好衣帽跟着出了门。

小城被雪白的飞雪覆盖着,盈盈的带着一股诗情画意的美。冰场上聚集了很多人,笑语喧哗,十分热闹,毕竟年轻,霍金的兴致一下被带动了起来,他飞快地进入了冰场,然而刚一个旋转,霍金就重重地跌倒了,趴在那里爬不起来,家人吓了一跳,面对追问的目光,霍金知道自己无法再逃避了,他只能说出自己的担忧和事实。

　　在父母的坚决要求下,他们去看了自己的家庭医生,想知道霍金究竟怎么了,但是这位医生无法诊断出病情,只能将霍金介绍给一位专科医生。家人听到这个消息之后都有了一丝不祥的预感,他们没有拖延,立刻带着霍金去了医院,并做了一系列的检查,霍金对此有生动的回忆:

　　他们从我的手臂上取了一片肌肉样品,在我身上插上点击,还在我的脊椎里注射某种阻挡放射的液体,然后他们使病床倾斜,再用 X 光观察液体上下流动,做完这一切以后,他们并没告诉我得了什么病,只是说不是多发性硬化症,我的情况是一种不寻常的病例。然而,他们推断我的预期病情会变坏,他们除了给我维生素外,什么办法也没有。我可以看出他们并不指望维生素有多大效果,但我不想问更多的细节问题,因为它们很明显都不是好消息。

　　从医院回来,家里的气氛变得很沉闷,霍金曾看到母亲在阳台边偷偷流眼泪,风轻轻地吹起她的发丝,她的鬓角依稀染上了少许的白霜,原来不知不觉中,母亲已经老了。霍金感觉一根无情的钢鞭狠狠地在他心口划了过去,留下刻骨的伤痕。他悄悄退开,他不敢面对母亲,因为他同样的害怕。所以他逃到了老朋友巴兹尔·金及其妹妹戴安娜在家里举行的聚会中。

　　那一天对于霍金来说几乎是有纪念意义的,他不但再次遇到了简,亦过了整个假期最美好的一天,望着简清澈明亮的眼睛,霍金竟然感觉到自己的心跳在加快。

　　简也注意到了这位 21 岁的剑桥研究生,他是一个十分有魅力,而且有一点儿古怪性格的男生,在他的眼眸中,简看到一种智慧型的自傲,而自傲底下竟然约隐约现地写着迷茫,是那种他已经明白将要失去了却又毫无挽救能力的迷茫,当他对自己微笑的时候,简会感到一丝牵挂。

人与人的相遇有很多种,可能是萍水相逢,却一见钟情;可能是"在人群中多看了你一眼",从此便成了彼此一生的传奇;亦可能在茫茫人海擦肩而过,再次相逢却不相识。

佛说因果,那么人与人今生的相逢是什么因?什么果?有人说人世间所有的相遇都是久别重逢,亦有人说是因为前世谁欠着谁的情,今生要用眼泪偿还。正如《红楼梦》中所写,贾宝玉原本是青埂峰上的一块灵石,而林黛玉是寄寓石下的绛珠草,因感激他的遮风挡雨而幻化为人形,用一世的眼泪还报,如此想来,即使悲情却也让人觉得凄美。

默默地凝视,无须太多的言语,只叫细雪轻轻打落凡尘的纷扰,聆听相知的心声,轻轻地,有着潺潺春水滑过青石的清澈,有着漫天飞雨激打万物的轻灵,亦有着燕儿呢喃屋檐的亲切,那是人类最美的乐章,更是霍金摆脱不掉的牵挂。

宴会过后不久,霍金的诊断结果就出来了,他被诊断为肌萎缩性(脊髓)侧索硬化症(ALS),在英国,这种病也称为运动神经元病,这是一种肌萎缩性的原因不明的不治之症,患者会不断地衰退下去,慢慢地无法随意控制自己身上的肌肉;运动神经元、大脑神经元以及脊髓会逐渐地失去作用,而把它们与肌肉联系起来的神经纤维也会无法使肌肉运动,或者说也会失去功能。在过去的一年中,霍金已经出现了多种症状,他说话结巴、时常摔倒和手脚不甚灵活,而这些就是该疾病典型的早期症状。

患上这种疾病的人的病情会慢慢加重,随着时间的推移,他们走路会变得越来越困难,需要拐杖、轮椅的帮助,他们的手臂和手会变得越来越没劲,就连吃饭和写字这样简单的动作都会难以操作;说话和吞咽也会变得越来越费力,最后甚至连呼吸都会变成一场搏斗,疾病到了后阶段可能还会用上呼吸器,因而会严重地危及生命。

肌肉不受控制了以后就会致使诸如心脏之类的人体器官处于原始状态,这样的肌体会影响消化和排泄,还有性器官。然而,这种病人最重要的部位——头脑却不会受到影响,这种病人借助于医学技术,还能够继续创造出生命的价值。但是,对这种病人的预后却是残酷的——病人往往在两年之内就会死亡。不过,有的病人在诊断出患上了这种疾病之后又活了几十年。据观察,年轻患者能活得最长,男性患者也活得比较长。霍金的医生明确地认为,他的生命估计很快就要走到尽头了,医生们还给这位已经目瞪口呆的研究生及其家人描述了他严峻的未来。

母亲听到后大声嚷着、哭着,父亲像被抽掉了所有的力气,一下子老了10岁,霍金站在医生的办公室,他完全听懂了医生的话,除了满心苍凉外,他感到震惊与恐惧,他无论如何也不能相信这样的事情会发生在自己的身上。他竟然就要死了?

起风了,天空飘起了纷乱的雪花,霍金昂起脸,感到一股彻骨的冰冷,难道他真的就要死了吗?不!霍金抗拒地甩着头,他不信!他不要!霍金重重地喘息着、挣扎着,接着他疯一样地开始奔跑,他想逃开这一切,他想逃到世界的尽头去,但是他刚刚跑了两步就重重跌倒在地上,随后跟来的父母用力扶起了他,望着母亲满眼的泪水,霍金的嘴角颤抖了,他摇着头,轻轻地说:"我不想死!"

天地无声,母亲的撕心裂肺化成更疯狂的风雪,霍金闭上眼睛,感觉自己整个人都跌入了沮丧消沉的深渊里,他把自己锁在阴暗的房间内借酒浇愁,并将华格纳的音乐调到极高的音调,沉沦于醉乡的自怜之中。

这样的放任让他很快住进了医院,那是一个冰冷的世界,每一天都有人出生,每一天亦都有人死亡。霍金躺在病床上,看着时间一分一分地流逝,他忽然牵动着嘴角笑了,他就要死了吗?时间对他来说的意义就只是躺在这里等死吗?他真的不甘心,他还那么年轻,怎么就要死了呢?

"哥哥,你是不是很痛?给你这个,喝了就不痛了!"临床的小男孩将小小的药瓶丢给他,是维生素,霍金听过男孩的父母欺骗他说是止痛的药。霍金望着他,他好小,也就六七岁吧,然而命运就将"白血病"这一可怕的词语强加到他的身上,他的眼睛清亮平和,他似乎不懂自己将来要面临怎样的命运,他只是珍惜地过着每一天,他的眼神对霍金的触动很大,而那一天,霍金最后一次见到他,因为当天夜里他就发病死掉了。在此后的许多年里,无论什么时候,只要一想起那个男孩,霍金就会陷入一阵自哀的悲伤里。

望着空落落的房间,霍金平静了很多,他似乎做好了死亡的准备,他的医生总是鼓励他把注意力转移到学习上去,但是自己还能等到戴上博士帽的那一天吗?

命运在霍金的生命里雕琢这深浅的烙印,风无情,雨无声,静静传递着冷暖悲欢。人生似乎就是这个样子,有着太多的无奈与悲哀,像漫天的细雨,将人的灵魂一点点打痛,人们不禁会昂天狂问,为什么要让这样一个精致的男人得了这个病?难道真的是天妒英才吗?如果霍金是健康的,他是不是会作出更加惊人的贡献,没有人能回答,因为世间没有"如果"的立足之地。

痛了、伤了,等待霍金的又该是一条怎样的路!

人生如初见般美好

　　缘分真是一个很奇妙的东西，就像午夜的一盏烛火，温暖着人的心、人的魂。而我们这些渺小平凡的人类似乎中了缘分的蛊，才会这样不厌其烦地谈论与诉说，每当提及感情或是谁与谁相遇、谁又与谁相恋，总会不由自主地想到缘分。有缘的人，无论相隔多远，都会像浮萍一样聚到一起，携手今生。

　　而霍金在遭受命运给予其巨大打击的时候，遇到了生命中最重要的女人，那就是简，一个情若莲荷般洁净善良的女子。当简听说霍金遭受了那样的不幸时，她感到震惊。

　　她的心被一种不知名的情感牵绊着，一丝一丝，拉扯得好痛，望着晴空白云，她没了微笑的雅致，变得沉默寡言，她的母亲看出了她的心思，就建议她为霍金祈祷，除此之外，她真的无能为力了。

　　简每一天都会真心诚意地为霍金祈祷，而丘比特似乎看到了少女的真挚情怀，便用力射出了爱情的箭，在火车站的不期而遇，彻底地改变了简的生活。

　　那天，霍金要回剑桥，而简要去上秘书课，于是他们相遇了，风静静地在身边吹过，简望着霍金，怔怔的，一时不知道说些什么，而霍金显得很高兴，他跟平时一样，兴致勃勃地跟简打招呼、聊天，他不愿意谈及自己的疾病。

　　简完全没想到霍金会这样坚强，面对死亡的同时还能谈笑风生，她被这个年轻的男子彻底打动了，宛如春日里的一阵风，轻轻吹进了她的心海，霍金邀请她下个月参加五月舞会。

在此期间,他们就像两个不同轨道的陀螺,为自己的生活奔波了,并没有见面,到了开舞会的时候,简穿着美丽的衣裙被霍金接到了剑桥大学,那时,他的身体显然更糟了,这使得简大为惊叹,心被一丝一丝地打痛。

霍金一如既往地谈笑风生,不管他是多么的悲伤与绝望,他都不想让这个美丽的女子为自己担心,他就像阳光一样,温暖地牵扯着简的微笑与欢乐,他们常常坐在一起相互凝望,有着深情,有着关切,似乎是命中注定一般,只能爱了,但是这种爱似乎注定是短暂的,在命运的洪流中蕴藏着心碎的结果。

人们都说,蝴蝶飞不过沧海,因为生命的本身就充满着无奈,在浩渺无际的沧海面前,蝴蝶那弱小的翅膀终抵挡不了茫茫海域与狂风恶浪,明知道如此无缘却依旧不舍心底那份爱恋,执意赶赴命运的约会。

简挣扎过,她让自己远离霍金,去西班牙旅行,到韦斯特菲尔德学院上课,但是她满脑子都会有霍金的影子,清晨推开一扇窗,她会想他在做什么;夜晚轻轻闭上那盏灯光,她会想他睡了吗?在做什么?她就像一个被罂粟吞噬的女人,无法将自己的脚步在霍金的世界里移开。

然后有一天,他们又相遇了,霍金低低地问她是否愿意跟他一起到伦敦去听华格纳的歌剧《漂泊的荷兰人》。望着他深邃的眼睛,简告诉自己赶快逃开,但是她却控制不住地点点头。她十分明白,他的身体在衰退,他现在步履蹒跚地走不稳当,而且也不能长距离行走。

或许这就是命中注定吧!只能爱了!简亦慢慢放开了自己,她不再深究霍金的病情,她就像个藤枝一样依偎着霍金,照顾着霍金,在她看来,人的生命都是脆弱的,任何人都不能保证可以活得长寿,即使那些认为自己十分健康的人也不例外。

何况,简坚信爱情是可以创造奇迹的,每个人都是上帝的孩子,他不会让每一个生命徘徊在孤苦与绝望里。每当霍金发病或者病情恶化的时候，简就会到学院里的基督教联合教会寻找慰藉，霍金是个公开的无神论者，而简在教会的所作所为也是给霍金的一个答案。她担心会因为他不信仰上帝而毁了他们，无论是什么事，只要能给简带来一丝希望，她都会依附上去，只要能使霍金摆脱困境，她都会虔诚地信仰下去。

简并不是唯一一个担惊受怕地看着霍金的身体急剧衰退的人，弗兰克得知儿子只能活两年了，就来到剑桥，跟霍金的导师萨马说明了情况，并且问他霍金是否能在短于 3 年的时间里完成博士学位，因为他的儿子可能活不了那么长了。

这的确是一个很糟糕的消息，萨马沉默了很久，但是他仍理智地告诉弗兰克，想在 3 年时间里完成博士学位是完全不可能的，何况学校还有规定，纵使生命弹手指间残酷地流逝，也不能改变规定来适应任何人。

人都是脆弱的，相信理论超过相信自己，大多数人都觉得医生的诊断是正确的，霍金已经没有多久的时日活了，他的朋友麦克莱纳还清清楚楚地记得，在他离家前往美国工作一年的前夕，霍金的妹妹玛丽曾满眼热泪地对他说，假如他决定一年之内不回来的话，那么很可能就再也见不到他的朋友了，这种病一旦发作，是相当危险的。换言之，霍金已经是被死亡阴影笼罩的可怜生命了，他像风中的残烛，随时都会被无情的风吹散最后一点儿生命之光。

这样残酷的事实让霍金也十分迷茫，并且缺乏求生的意志，然而简就像清澈的泉水涌进了他的生命，让霍金重新有了面对生活与工作的勇气，他渴望跟这个美丽的女人携手今生，更希望依靠自己的力量使她幸福。一个人只要心里有了追求和渴望，便有了勇往直前的力量，挥动手中的刀剑砍断缠在身上的藤枝，开辟一条全新的路。

他要她幸福。

那一年的 10 月份,也就是秋季刚开学的时候,霍金向简求婚了,她愉快地接受了,也许是因为简年轻幼稚,也许是因为她天性乐观,居然会不顾质疑、不顾障碍,甚至不顾能够预料到的严酷后果,一心只想嫁给霍金。

她美好一如清晨细雾中的莲荷,坚挺地站在那儿,乐意把家庭所有的重担担负起来。其实简也明白,因为要照料霍金,她的生活肯定会很艰难,更甚者,连这样的日子也许也只能过上几个月、几年;而她想得到的回报也仅仅是丈夫对她的爱,以及丈夫的陪伴。

婚约改变了霍金的生活,给了他生活的目标。简后来也回忆过那些充满了理想的单纯的日子,她说:"我们那个时候有很强的意识,无论怎么说,我们这一代人生活在最可怕的核阴云之下,因为随着一声 4 分钟的全球性的警报,这个世界本身也很有可能就到了尽头,这就使我们尤其觉得,我们必须要尽一点儿我们的绵薄之力,我们必须要追求一段理想主义的人生经历。现在看来这样做可能是幼稚的,但是我和霍金在 20 世纪 60 年代恰恰都显示出了这样的精神,无论怎么说,这样的精神是给予我们的最好礼物。"

在人生的路途上,我们背着重重的行囊,一路行走,一路拾捡,忙忙碌碌,奔奔波波,再也没了笑看风云的淡然,日落西沉,我们不禁打开行囊,发现其中竟然苦多过甜,悲伤多过欢乐,失去多过得到,我们茫然失措,低声询问这一切究竟为了什么?是我们过于贪心?还是世事太过残酷?当燕儿飞过林梢,叶儿洒落尘土,我们只能祈祷人生如初见时那般美好。

霍金与霍伊尔的对决

人生是什么?有人说人生是一出戏,有人说人生是一盘棋。不管是戏也好,是棋也罢,在很多时候,我们都不得不承认,人生是完全不可复制的明镜,青春、情感、幸福、健康都是最美好,亦是最容易遗落的财富,它们被浸泡在清酒中慢慢发酵,慢慢丢失,一去不返。

细细想来,这样也未尝不好,既然拥有过,又何惧此刻的丢失?如果说这是人生必须付出的代价,那么在命运与时光面前,是不允许任何人讨价还价的,该散的,终究会不再属于你,该失落的,终究会沉淀于流水,而你该得到的,也必将在不久的将来等待着你。人生是一场很公平的交易,没有人会永远一帆风顺,也绝对没有人一生崎岖坎坷,它就像被春水埋葬过的青春,苦中带着甜,失望中有着希望。

20世纪60年代中期对于霍金来说,是他一生中重要的时期之一。如果以前的霍金还是迷雾中的孩子,那么简的出现就是清晨的阳光,让霍金整个人都豁然明朗了, 他很快就找到了自己感兴趣并且愿意研究的课题,只是他并没有从稳态模型着手研究。

一直以来,在众多物理学家对引力坚持不懈的研究过程中,宇宙学已经不再是他们唯一专注的研究对象了。早在18世纪最初的几年里,约翰·米切尔教士大人就已经准确地推测出了有奇异的恒星,并证明它的引力场很强,甚至连光都无法从这些恒星上逃逸。

随着不断的研究和探索,卡尔·史瓦西在1916年使用爱因斯坦的广义相对论的方程式表示了某一物体的引力场,并用强而有力的证据证明在这个引力场中，所有的物质都被挤压成了一个难以想象的高密度的单点，这就是一个奇点。这样一种神秘的物体被包裹在完全没有回路的边界里，人们看不到从那儿出来的物体，得不到从那儿发出的信息，甚至也测不到能够从那儿逃逸出来的光束，这就是所谓的施瓦氏半径，也就是事件视界，在这里，边界以外的人无法观察到边界以内的事件。

而光本身也被这种物体所俘获的这一事实，给了这种物体一个现代化的名字叫黑洞。20 世纪 30 年代，萨伯莱曼耶·昌德拉塞卡、J.罗伯特·奥本海默及其他人慢慢弄清了这些星骸异乎寻常的性质。

向内拉的叫引力，引力把气体和灰尘(或星云)的初云转变成了恒星；向外流的叫能量，恒星的核心会发生核聚变，能量就是通过这种核聚变而产生的；至于一颗恒星的寿命，是在引力和能量之间精确设计好了的平衡过程，当一颗恒星不再产生能量的时候，引力也随之消失，除非有别的力介入来抵消引力，否则那颗恒星就会无限地坍缩下去。

据了解，在宇宙中还没有什么力能够阻止恒星坍缩到一个奇点。20 世纪 60 年代，对于这些仍属于假定的物体开始了一系列理论上的研究，这些物体在西方称为"坍缩星"，而俄罗斯的物理学家则称之为"冷冻星"。物理学家与数学家试图要解决的一个重要问题必然是奇点。由于自然界中某些特殊规律的出现，把坍缩星无限稠密的心给击穿了，自然界有可能会以某种方式躲过现有的令人讨厌的状态吗？

当时霍伊尔是剑桥大学物理系鼎鼎有名的人物，他是约克郡一位纺织品商人的儿子，依靠奖学金才进了剑桥大学，由于他的出身和外乡的口音，他时常会感觉到社会背景的不足，他像被秋风扫过的果实一样慢慢发生着改变，整个人都变得极为顽强。身为剑桥大学的教授，每天忙着和校方或同事进行激烈的争论。他在剑桥建立了自己的研究所，利用应用数学及理论物理系的智囊团与其他帮助。

在很多人眼中，这是一种很可笑的行为，但是在霍伊尔看来却是保护自尊的战役，像流沙反抗狂风一样，不过在很多时候，我们必须承认霍伊尔的确也是一个智者，他在稳态理论上花了很大的心血，与伦敦国王学院的数学家邦第以及天文学家勾德一起发展过这样的理论。在当时，这个似乎比大爆炸还要有科学根据，而霍伊尔也成了"大爆炸"这个名词的创造者。

霍伊尔以关于宇宙起源的思想而著称，他自我宣传的积习已经很深，并且非常善于操纵媒体，有时也会公开讲诉没有查证或尚未证实的理论，他这样做的理由也很简单——为了争取国际知名度、获得研究的经费。其实这若放在现在，就是我们俗称的包装，跟现在的商业竞争很相似，大家都在忙碌着宣传、炒作，而忽略了自身的提高，慢慢地便会成为一个危险的信号，隐藏的时候似乎还安全，但如若爆发，便会毁灭掉辛辛苦苦积累起来的一切。

霍金与霍伊尔的第一次交锋就是在这个根基上豁然发生了，宛如狂烈的风暴掀起了科学界的浪潮。

霍伊尔除了发展宇宙起源的理论之外，还带领着一组精挑细选的学生，他的门下有一位名叫杰杨特·拿里加的研究生，是数学系的高才生，霍伊尔便指派他为自己的理论做些数学工作，亦作为他博士研究工作的一部分。

当时拿里加与霍金也算是朋友，他的办公室正好在霍金的隔壁。几次接触后，霍金开始对拿里加处理的方程式有了浓厚的兴趣，拿里加也发现了这一点，所以主动向霍金公布了自己正在从事的研究资料。

霍金便依照自己的思路开始进一步发展了这个理论，他感觉就像走进了一个妙不可言的迷宫，充满了探索的欲望。那个时候，霍金就像一个纯净的孩子，对霍伊尔或拿里加真的完全没有恶意，他仅仅是对那些问题非常好奇，它就像一阵清风，将霍金从自己当时研究的一团糟的状态里拯救了出来一样，探索着拿里加研究的那些方程式，霍金感觉到一种从未有过的吸引力,他想走进去,他也没想到这样会对某些人造成不便,何况系里的整体工作方法,就是要大家分担目标和理想的。

结果霍伊尔还没有等到考虑得很成熟,就决定在皇家学会的一次会议上公布他的理论。这种事情对他来说并不是没有先例,但是一些同事还是认为他对此表现得过于狂热,因为那个结果还未被他人审查过,在这样的状态下发表跟欺骗没有什么区别,但是霍伊尔还是执意这样做了。

他像一颗闪亮的星辰,在会议中向大约 100 名听众演讲,掌声雷动,霍伊尔微笑着、兴奋着。霍金不但参加了这次会议,还全神贯注地完全都听懂了,他一直沉默地看着霍伊尔,当他询问众人是否有问题要问的时候,他才拄着手杖慢慢站起身来,会议厅里顿时安静下来。

"你所谈的那个量是发散的(即无限大)。"

霍金的话宛若狂雷一样,炸响在会议室里,死样的寂静,接着压低了的私语声立刻传遍了听众席,大家都明白如果霍金说的是正确的话,那么霍伊尔的最新成果就是错的, 所有的目光都聚集在霍伊尔与霍金的身上,他们一个是科学界享有盛誉的科学家,一个是默默无闻的学者,霍伊尔显得底气十足,他看着霍金,大声地回答出来:"它当然不发散。"

"它是发散的。"霍金大胆地抗议。

霍伊尔暂停了一下来,并向全场巡视了片刻,听众鸦雀无声,在霍伊尔看来,所有人都在质疑,毕竟只有自己知道,他宣布的还没有论证出来,这让他恼羞成怒,他高声吼道:"你怎么知道呢?"

霍金看着霍伊尔,慢慢地回答:"因为我把它算出来了。"

霍伊尔最不想听到的笑声传遍了全场,他尴尬而羞愤,对这个傲慢的年轻人感到非常恼怒,他认为霍金的行动是相当不道德的,在他看来,霍金就是想利用这样的场合来做自我宣传、建立声誉。然而,霍金与其他人却指出,霍伊尔不应该公布尚未证实的结果,所以是他不道德在先。

在这场科学界的风波中，唯一的无辜受害者就是夹在中间的拿里加，毫无疑问，他首当其冲地承担了霍伊尔的怒火，这让霍金愧疚了好长一段时间。

虽然在智力上，霍伊尔与霍金是完全相当的，但是这次，这位年轻人的结果绝对正确。霍伊尔所谈的那个量确实是发散的，这就意味着他的理论最新部分有错误。后来霍金写了一篇论文，概述了导致这个结论的数学结果。

这篇论文被同辈们完全接受了，因此也奠定了霍金这位青年研究者的地位，就像晨曦中慢慢升起的太阳，虽然被乌云遮掩，他还是奋力地从地平线上跳了出来，而医生的诊断就是这片乌云，霍金的乐观和积极的态度就是那股冲力，无人能挡，无人可敌。

生命的奇迹

人活在世上，很多东西是我们不能割舍的，哪怕是一个万念俱灰的人，在临终前还会有存活的意念，会留恋一方净空，会珍视一丝情意。每天清晨，当我们轻轻推开一扇窗，听着燕儿在耳边呢喃，感受淡雅的清茶滑过唇畔，我们都会微笑着感叹生命的美好，忘却那些曾经占满心魂的欲望。

很多时候，不能说拥有欲望是错的，但是我们必须要承认，因为欲望让我们失去了太多美好的东西，每天，我们都在奔波忙碌，每天，我们都在挣扎撕扯，日复一日，少了笑看风云的雅致，少了狂风细雨的广阔，当日落西沉，我们再在心田种上青绿的篱笆，我们才会与久违的宁和重逢，那一刻，你是否会感觉自己真的活着?感叹于生命的意义?

在人们的眼里，霍金是将世俗与超然相结合的人，他一边为生活拼搏，一边又会享受一切美好的事物，他坚强、乐观，每天看到一缕和煦的阳光都会微笑，看到一只闲庭漫步的蚂蚁都会驻足，看到一株风中摇摆的枝丫都会出神，他早已经明白生命的可贵与可喜。

其实霍金在剑桥的最初两年，其运动神经元症的病状就开始恶化了。他感到自己走路越来越困难，两条腿就像被沉重的铅铁压迫着似的，他挣扎，他努力，但是脚始终抬不高，看着不过短短的几尺路，他也被迫要用手杖。朋友们尽可能地帮助他，但是他却尽量避开任何帮助，总是想办法利用墙壁与其他东西再加上手杖，缓慢而痛苦地走过房间，来到室外，有的时候他会感到沮丧，当面对简的微笑和清澈的蓝天，他都告诉自己要坚持下去。

他受伤便成了家常便饭，萨马和同学们总会看到他缠着纱布来上课，他们都会惊怔一下，便假装若无其事地进行一天的工作，其实，不管霍金表现得多么顽强，在别人眼中，他都是需要人照顾的，何况这个时候，他的语言能力也受到疾病的严重影响，讲话的声音开始变得非常模糊，即使与他接近的同事们，有时也很难明白他在说些什么。

运动神经元症是一种相当可怕的绝症，连医生都宣告霍金活不了多久，然而这一切并没有将霍金击垮，在遭遇了尴尬、痛苦和煎熬后，霍金更加摆正了自己的心态，他宛如雨后的小草一样，顽强地冲出泥土，他这种积极向上的态度让家人安心，亦叫人心酸，望着他蹒跚的身影，简的心会慢慢地痛，越来越痛，她告诉自己要陪伴着他，不管什么时候、什么地方，都要如此。

这就是爱，因为爱，所以慈悲，因为爱，所以宽容。回首望望现在的社会，到处充满了虚伪与浮躁，每个人都戴上了精致的面具，笑得璀璨，哭得卑怜，但眼神中却少了简的那种真挚与清澈。

不知道从什么时候开始，"高富帅"逐渐成了现在择偶的标准，霍金高吗?霍金帅吗?霍金富有吗?想必所有人都知道,他跟简在一起的时候,是一个博士生,没钱,没资本,连起码的健康也没有,可是简就是愿意跟他共谱红尘。为什么?因为她有一颗洁净善良的心。她是真的爱着霍金,一个才华横溢却身患绝症的青年,他的世界尚没有辉煌顶级的事业,亦没有被万人关注,他就是人海中普通的、很有魅力的男人。

当我们踏着哭声来到这个尘世,我们都必须要为自己的理想奋斗,就算你没有理想,也要为生活而战。女娲造人时,给了人脆弱的心怀和坚强的意志,而有的人会被脆弱掌控,挣扎于生命的道路上,而有的人就像松柏一样,纵使经历风吹雨打也毅然挺立,拥有无限的狂傲资本。

无疑,霍金就是青松般的人物,那些与他一起工作的人以及世界上许多极为推崇他的物理学家,都没有把霍金看成与他们不同,如今,他不能说话、没有指尖便无法行动的这个事实完全不重要,对他们来说,他是一位朋友,是一个同事,而最重要的是,霍金是一位伟大的、让人不能不佩服的科学家。

霍金的工作越做越好,萨马的研究小组开始对年轻的应用数学家彭罗斯的工作很感兴趣。

彭罗斯于 1931 年出生于英国埃塞克斯州的一个医生家庭,他的爸爸是著名的人类遗传学家莱昂内尔,彭罗斯在 1957 年被授予剑桥大学博士学位,与他爸爸一起合作,设计出常人难以做出的几何图形,从 20 世纪 50 年代早期转到剑桥,到美国做了一段时间研究以后,与应用数学及理论物理系的一些想法有着完美的交集。

剑桥的小组开始参加了伦敦国王学院举行的讨论,萨马把卡特、艾里斯、瑞斯与霍金都带去了,希望能经过这次讨论激发起他们对自己研究工作的灵感。这是一个千载难逢的机会,霍金很是珍惜,然而有几次,他差点儿就没能到达伦敦。

同事卡特还清晰地记得,有一次,他们到达火车站的时间稍稍晚了一点儿,火车已经缓缓地进站了,所有人都快速地奔向火车,当他们进入车厢以后,才注意到霍金没有跟上来,卡特向窗外一看,见到一个可怜的身影正沿着月台奋力走来,风冷飕飕地包裹着他单薄的身躯,他僵持的动作让卡特感到心酸,那一刻,他不能不抱怨上苍的不公平,如果给予霍金一个健康的身体,或许他会创造出无人能及的成就。而此时,以霍金的速度,在火车开车以前是很难赶上了。卡特与另一位同事想都没有想,立刻跳出火车,帮助他沿着月台走到了车厢。

霍金坐到位子上重重喘息着,在自己与病魔作斗争的时候,他必须要忍受所有残障人士所要面临的屈辱与不便,这对他来说是最大的挑战,众所周知,霍金是极为自尊和高傲的,他尽量不把自己身体的残障表现出来,而是集中精力创造科学成就,因为他心里清楚地明白,这一切对他而言才是最重要的。他像风中傲然挺立的青松一样,带着简的柔情,带着家人的期盼,带着朋友的祝福,坚强地过好每一天。

命运真是一个很奇妙的东西,它就像一双巧妙的手,将人生之路都给安排好了,它给予了霍金可怕的疾病,又恩赐了他乐观的心态与顺利的事业。那一次伦敦的讨论会对于霍金来说就是人生的一个转折,将他整个事业推向了另外一个高度,而这也就是人们所说的机遇,它像空气一样无处不在,又像调皮的孩子般无法寻觅,只有真正的智者才能将之握在手心里。

彭罗斯在国王学院所作的报告中向大家介绍了黑洞中心时空奇点的想法,这让所有人都大为振奋。

在回来的路上,剑桥的全体成员都坐在一节二等车厢里,开始热烈地讨论彭罗斯一些较细致的数论点,而霍金却表现得异常沉默,他安静地注视着窗外。天色已经暗淡下来了,飞速后移的万事万物成了一道道美丽的、充满遐想的风景,时间一分一分,静静地流逝着,霍金的心中突然产生了一个想法,他把脸从面向窗外转回来,对坐在对面的萨马说:"不知道如果把彭罗斯的奇点理论运用到整个宇宙会得到怎么样的结果?"

就是这样一个简单的想法挽救了霍金的博士学位,并且把他置于通向科学超级巨星的路上。

把奇点理论运用于宇宙绝非一个简单的问题,接下来的几个月,霍金都在忙碌这件特殊的事情,对他而言,这是他第一次真正专心地去做一件事,正如他以后所说的那样:

"我——生平第一次真正努力工作,令我惊讶的是,我发现自己喜欢现在,称它为工作也许是不公平的。有人曾经说过:'科学家与妓女都是做他们喜欢的事来赚钱。'"

当霍金对自己算出的结论感到满意时,他便开始动手写自己的学位论文,其中最后一章是极有才气的成果,霍金也因此顺利获得了博士学位。从那时候起,这位 23 岁的物理学家就可以自称为霍金博士了。

第四章　探索,在前进的道路上永不停歇

灰色年代的光明天使

人活着都有一份信念在支撑,心里有了寄托,才会有追求和激情的欲望,才可以牢牢握紧自己前行的方向,才能维系那些深刻的思想和感情,否则这个风烟乱舞的红尘早晚会让人迷失方向,让原本的淡泊不再淡泊,清雅不再清雅,美好不再美好。当有一天,我们面对镜中自己花白的头发,是否会感叹,时光竟在手指间如此毫不留情地流逝掉了!不管你曾如何努力地挽留青春的纯真,都无法忽视明镜里凋落的容颜。

花开花谢,岁月无情,世事山河都会易主,何况是我们渺小的人类?我们无须不辞辛劳地追寻永远、贪恋永恒,只要在活着的时候做每一件自己想做的事,解每一道能解的方程式,在时光的长廊中轻轻留下几点墨香,让后人有迹可循。

叫人铭记是一件很难的事情,在这个繁复的红尘中,谁才能真正地流芳千古、叫人敬仰?而在这个光环下又隐藏着多少艰辛和努力?我们踏着英雄的足迹缓缓前行,看到的是血与泪,听闻的是悲歌与呐喊,他们就像在崎岖道路上只为理想奋斗的明灯,风吹不灭他们的烛火,雨打不湿他们的意识,他们就那样艰难地、执著地前行着,如果你是一个细心的人,你会注意到一个单薄的身影,他没有健康的身体,没有流畅的言语,他依靠呼吸器生

59

存,用 3 个手指轻微地颤抖来书写他的论文,证明他的理论,他叫霍金,一个被千万人铭记的名字,他注定要在英雄的行列中大放异彩,撰写自己独特的凯歌。

1966 年,霍金以题为《奇点与几何结构》的论文获得亚当斯奖,彭罗斯也因为发表了一篇论文与他分享了这一最高荣誉。掌声响起来,霍金看着台下的妻子,这是自己给她的礼物,因为霍金心里比谁都清楚,自己不可能像其他人那样担负太多的家庭责任,他知道简为自己所做的牺牲,他不能让她失望,亦不能让自己失望。

轻轻握住彼此的手,没有太多的言语,没有太多华丽的誓言,他们就这样静静地相守在一起,风悄悄地吹起他们的发丝,在空气中细心地打起永不背弃的结,在感情的长廊里,这是最美的誓言。

那年 3 月,霍金正式毕业,简也从韦斯特菲尔学院毕业。她守护在霍金的身边,一步都未曾离开,开始专职照顾起霍金的生活,次年,他们的第一个孩子罗伯特·霍金出生,给这个特殊的家庭带了巨大的希望与欢悦,霍金也发现了自己身上的一个特质,就是不管做什么事情都会不由自主地笑起来,他笑了,一起合作研究奇点定理的彭罗斯也笑了,同事们就更笑了,那一刻,笑声传满了整个实验室、整个校园。

世界上最美的语言是微笑,世界上最枯燥的事情就是实验,霍金与彭罗斯在研究的道路上首先面对的最主要的困难就是必须想出一些新的数学技巧来方便进行证明理论的必要计算,使理论不再只是一种单纯的想法。早在 50 年以前,爱因斯坦研究广义相对论时也经历过这种相类似的情况,其实严格来说,霍金与爱因斯坦都不是杰出的数学家,或许就是为了弥补这份不足,上苍安排了霍金结识了彭罗斯这样出色的数学家,并与之长久合作,创造了物理理论上的一个又一个奇迹。

两个人,两种工作方法,为的是一个共同的目标。霍金的工作方式主要是凭直觉，任何人都无法否认他对物理有着惊人的直觉，这有点像音乐家仅凭音感来演奏一样。而彭罗斯是依靠思考来工作，他在霍金面前成了遵循乐普的职业钢琴家。他们配合得十分完美，很快就产生了早期宇宙本质的重要结果。

1968 年，霍金已被聘为理论天文研究所的成员，这个研究所设在剑桥城外一座新式大楼内，原来是由霍伊尔主持，并且也创造了不少成就。霍伊尔顽固而狂傲，在 1972 年与剑桥当权派发生了一场十分激烈的争吵，他愤然提出辞职，就此离开了研究所。最后这个研究所与剑桥天文台合并，由唐纳德·林登内尔教授主持。同一年，年轻的射电天文学家密顿被任命为研究所的行政负责人，并与霍金有过相当密切的合作，成为一生的朋友。

作为都与霍金合作过的人，密顿与彭罗斯对他的评价却是截然不同，在密顿的印象中，霍金真的算不上是一个很容易共事的人，更很少领略到霍金著名的机智与幽默，在密顿眼中，霍金是一个心口放着一座火山的人，他易怒而没有耐性，总是用他并不清晰的语言责骂助理。

密顿望着门口，若有所思，果不其然，新来的助理含着眼泪来见自己，抱怨霍金过分的工作要求，他总是要求事情提前完成，却忽略了重要的一点，那就是并不是所有人都跟他一样，那些课题在他眼中很简单，在别人手里就成了千缕丝线，解答不易。

这个时候，密顿本能地提醒自己与霍金的助理，这一切可能是他的残疾所引起的一种症状，必须多给予理解，但是他的解释却让彭罗斯全盘否决了，他则指出，霍金在面对灾难与不幸的时候会表现出一种不寻常的欢乐与幽默感，至于他责骂助理，是因为他没有按时完成交代的任务。

其实在这里，我们都不能妄自评论究竟是谁对谁错，很多时候，我们也不能不承认，人类是一种相当复杂、矛盾的动物，他们的思想、看法、为人处世等都不尽相同。有人认为对的，在别人眼中未必是对的，有人说是错了，有人则认为那是最为正确的路,更会执著地走下去。所以我们只要真挚地对待每一个人,做个善良的、别故意伤害别人的人就好了,又何必刻意去剖析他究竟是一个什么样的人呢?

霍金每周要到研究所工作3个上午。霍金和简自从结婚以后,一直在霍金工作较近的地方租房子住,这栋小圣玛莉的小房子是霍金和简贷款买来的,离霍金工作的地方较远,因此他设法借到一辆伤残者专用的三轮汽车,可以开上大路直到郊区。

霍金到了研究所后,密顿会帮助他从这辆蓝色的小车子出来,再进到研究所里,霍金有自己的办公室,随着他的声望日益增长,许多有名的天文学家与物理理论学家都会前来与霍金讨论问题。

这样时间久了,研究所也慢慢体会到了霍金的价值,于是有关当局尽量努力协助他的工作,并开始照顾他的残障,他们在霍金的办公室里装有一台自动电话机,里面有预先设计好的程序,他只要轻轻按一个钮,便可接通所里其他成员的电话,这在当时那个远在数字技术以前的设备简直就像一个神奇的魔术箱,里面充满了无数的接线与接头,并与屋子一角的接线箱连接在一起,邮局的工程师花了整整一个星期的时间,才将这个大工程完成好。当他们站起身,长长地松了一口气的时候,就看到霍金脸上绽放了宛如孩子般的笑容,正在那开始按动他的自动电话机了,这个按钮会通到哪个房间?这个按钮会与谁接话?

风轻轻吹过研究所,淡淡地、不着痕迹地将神秘的力量漾洒,霍金渐渐被人们所认识,他身上有着一种吸引人的灵气,这是他在宇宙学领域成名以前就已经形成了的,研究生们对霍金的名字有了崇拜的气氛,他就是天际最耀眼的星辰,虽然残障,但是丝毫不影响他所放射的光芒。

随着他事业的发展,随着他每一个新的成就,"新的爱因斯坦"这个名号逐渐响亮了起来,可是霍金却很讨厌这个名字,他曾经说过:"这样评论的人,既不了解我的研究,也不了解爱因斯坦的研究。"

一个庸常的人渴望的是这样的高度,惧怕的也是这样的高度,因为平庸与这些高度注定无缘,而那些习惯了在云端的人,早已可以泰然自若、俯看众生了。

那个时候,霍金的语言能力已经相当衰退了,朋友们必须要非常专心地倾听,才能弄懂他的意思。后来密顿曾开玩笑似地说过,与霍金沟通的最好方法,就是问他问题时,最好是只需要回答"是"或者"不是",所以他从来都不会问霍金:"你什么时候想去吃午饭?"而是以更简单的方式说:"我们将在 12 点 30 分去吃午饭,你说好吗?"

不过,密顿的话被编导过最早一部霍金电视纪录片的费谢尔·迪尔克给予拒绝了,他说霍金最讨厌的莫过于别人问他这样的问题,因为对他而言,这代表与他谈话的人并未将他视为一个正常人,这迫使他不得不只回答"是"或"不是",他希望能与人进行正常的交谈。

霍金残疾的事实是清晰明确的,有的人看到他取得成绩的同时,也注意到霍金还是一个残疾人,而有的人将霍金放在与自己同等的地位上,同样都是正常的人。霍金期望所有人给予他的是后者,他亦用积极的态度在争取着这些。

而在这里不能不问,那些看似正常的人,你们拥有了霍金的乐观与积极进取的人生态度了吗?当你们花天酒地、恣意浪费青春的时候,你们可曾想过作为一个人,要为自己与这个社会做点儿什么?没有!所以我们没有任何资格去评论霍金。他做的比我们都多!所以他注定会流芳千古。

20 世纪 70 年代,在所有人眼中几乎都是一个被染上灰色的时光,在60 年代的乐观主义与希望之后,西方世界可能除了西德(前联邦德国)以外,都陷入了经济不景气的"黑洞"里。英国的经济被一连串损失重大的罢工洗礼,政治动荡、人心惶恐,几乎已经到了濒临崩溃的边缘。

世界笼罩在灰色的雾气里面，而对于霍金家来说，那扇清亮的窗正悄然打开。霍金的女儿露西·霍金在 1970 年降生，这是一个备受霍金重视的孩子。霍金的身体已经衰退到永远要坐轮椅的程度了。每天清晨，他第一件事就是来到摇篮床前望着女儿粉嘟嘟的小脸，他的心会被阳光攻占，那一刻，他感到幸福与满足。

从医生判处他死刑到今日顽强地生活，霍金付出了巨大的努力，同时亦明白妻子简为自己付出的一切，他的心因为他们的存在而备感温暖。

也许很多人会说，他们两个人都是相当极致的人物，而人们一直坚信，简是清新如莲荷般的女子，纵使是爱到深处，亦无法绽放玫瑰的妖娆，她用最清澈、最柔美的心守护在霍金的身旁，让人不能不感动，让霍金不能不心痛。

是的！他心痛，从结婚开始他就明白简的牺牲，而身为一个男人，霍金唯一能够给予的就是努力让她过上幸福富裕的生活。他是青松，必须担起一个家庭的重担，同时他亦是一株藤枝，柔情地依靠在简的身边。她的微笑是他最大的欣慰，而她的辛劳是霍金最大的心痛。纵使在后来，他们无缘相守，霍金给予简的还是最美好的祝福，他知道这个女人值得他一生仰望。

霍金改变了一切

阅读一个人，或许只需三五日，而深入地了解一个人，需要多久？一个月？一年？十年？还是一生？当叶落残花，我们是否敢坦言真的了解了这个人？如若看霍金的经历，我们脑海中浮现的则是一个艰难的生命，挣扎行走在满是青刺的道路上，他的手在流血，绽放惊人心魂的红色花蕾，在漫天风雪中,我们依旧无法忽略掉他眼中的锋芒与睿智。

　　这个好强的男人拖着伤残的身体钻研宇宙学,每天废寝忘食,极度消耗体力。以他的个性决不会轻易让自己倒下,就算叫他预支将来的年光,减去寿命,亦在所不惜。这样的他就像一朵沉稳的白云,在落日的河岸上散发出迷离耀眼的光彩,所有人都会为此折服感叹。

　　此时,霍金的病情已经使他既不能用纸笔,也不能使用打字机,他不得不设计一些技巧,把这些数学记到脑中,并且设法在无法写下方程式的情况下以心算来处理这些方程式,这种技艺曾被霍金的朋友兼同事伊斯雷描述为:

　　(他的)成果就好比莫扎特在头脑中作曲并记住一整曲交响乐——任何人在最近的讨论会上,只要看到满黑板乐谱似的复杂数学式子,就一定能体会这样的比喻。

　　这样的技能说起来容易,做起来是相当费力的,必须要拥有极好的记忆力,波思劳在他的《史蒂芬·霍金的宇宙》一书中记下了这样一件小事,足以说明霍金详记信息的能力:

　　霍金的一个学生告诉我,他有一次驾车载着霍金到伦敦参加物理学会议,霍金记起了几年前看过的一本书中一个小错误的页码。

　　或许我们任何人都惋叹过上苍的不公平,但是看到这里,我们不能不说,世间的一切都是公平的,它给了霍金残障的身体却赐予了他超人的智慧,让他依旧能张开自己的羽翼,去高飞、去翱翔,去实现自己的理想。那一刻,没有人会说霍金是个残障人士,他安静地坐在轮椅上,穿着干净,裤线笔直,他的嘴角始终挂着一抹充满魅力的微笑。霍金,一个叫人着迷的男人,他怎么可能叫人忽视?

　　施拉姆是霍金最早亦是最亲近的朋友之一,目前在芝加哥大学工作,他知道很多霍金的事,他发现霍金是个自得其乐的高手,有一次,在纽约开完会以后，施拉姆便带他与简去参加一位朋友举行的宴会。霍金兴致很高，他竟与简跳舞，一时间在房间里到处都转着他的轮椅，在别人艳羡与关注中玩得十分尽兴。施拉姆的妻子裘蒂第一次见到霍金时，就坦然地承认自己被霍金吸引了，他是一个相当有魅力的男人。

由于霍金在物理学术界的地位的提高，他常常会到国外参加一些演讲会学术会议，并且利用自己的空余时间与艾里斯合写了一本名为《时空大尺度结构》的书。

起草这本书的动机早在1965年就有了，那时，霍金正在为博士论文奋战，艾里斯记得他们两人列出将来的计划，其中共同的就是"结婚"与"写一本书"。由于两个人都忙于别的工作，原稿进行得非常缓慢，为时6年才完成。

他们分担不同的部分，各自独立工作，当能碰面的时候，便互相讨论各自所写的内容，并做适当的修改，1973年，该书出版，在学术界引起了相当大的回响。

编写这本书的艰深程度已经到了难以置信的地步，除了在宇宙学中的专家外，其他人完全不知道如何下手，于是便流传了这样一个有趣的故事：霍金与密顿从皇家天文学会开完会回来，正好与射电天文学家约翰·夏克谢夫乘坐同一节车厢，夏克谢夫当时弯下身子说："你写的书我也有一本。"

"哦，你喜欢吗？"霍金问道。

"我以为我能看到第10页，但我只读到第4页就放弃了，真是抱歉。"夏克谢夫说。

一个射电天文学家都无法看懂的书，着实有点儿艰深，但是这本书却刷新了最新的销售纪录，自从出版以来，共计售出了3500本精装本以及超过13000本平装本，这是剑桥大学出版社历年来最畅销的研究专著之一。

霍金就像徐徐升起的太阳，将光彩散布了世间每一个角落，而此时，在黑洞的领域里,研究工作正以惊人的速度向前发展,那个时候,量子物理与广义相对论是 20 世纪物理学的一对支柱,但是它们却又处于物理学范围的两个极端,没有人能成功地把这两个理论结合起来,而这正好成了霍金的着眼之处。

找到问题容易,但是实际解决却要困难得多,何况霍金是在头脑里研究方程式,更是极为困难的一件事情。在几个月的密集工作之后,根据方程式所做的推理,黑洞似乎会放出辐射,这对当时来说简直就是荒谬的理论。霍金也困惑过,但是直觉告诉他,这个想法正确。

为了准确地证明这个荒谬的理论是正确的,霍金在头脑中一遍又一遍地演算这方程式,圣诞节的烟火响彻耳畔,他却好像听不到一样,迫使自己用更复杂的方法来根除恼人的反常结论。数学推理的威力终于使霍金做出了毋庸置疑的结论,那就是微小的黑洞不仅会放出辐射,而且在某种条件下,它可能会爆炸。

虽然得到了惊人的结论,霍金还是很忧虑。最后,他决定冒险向萨马透露这个消息,使霍金感到意外的是,萨马不但没有认为荒谬,反而感到很兴奋,他完全相信了霍金所导出的最新理论,并且劝霍金,可以在他正在组织的学术会议上公布这个结果,会议预定在 2 月份举行,地点将在牛津城外的卢瑟福-阿波顿实验室。

那天,由一位研究生驾车送霍金去会议地点。望着窗外纷飞的白雪,是否上苍也在悄悄地告诉霍金,今天将是个不平静的日子,霍金不是没有担忧,他清楚地知道自己公布了这个结论后,会掀起怎样的波澜,但是他能退缩吗?在科学的领域中,在他的思想中,没有"退缩"的立足之地。

会议上,霍金一直耐心地坐在一侧,倾听其他学者宣布他们的最新研究成果,并且照例提出一些深入透彻的问题。最后,他坐着轮椅来到演讲厅前面,用同事们已经习惯的、几乎含糊不清的声音进行演讲,同时,他做的图解也投影在背后的墙上,时间一分一分地流逝,全场鸦雀无声,等到他叙述完毕后,所有的人都目瞪口呆,时间似乎在这一刻被窗外纷飞的雪色给并冰结了、凝固了,会议大厅里一片静寂,所有的科学家努力想要消化这个令人吃惊的新发现,然而风暴在转瞬间便爆发了。

会议主持人是英国理论物理学家泰勒,他从座位上跳了起来,指着鼻子说霍金所讲的都是胡说八道,泰勒从演讲厅怒气冲冲地走出去,并着手写一篇文章抨击霍金的理论,霍金早已预料到会有反应,但是没有想到竟然会这么激烈。

霍金开始保持沉默,其实他心里亦明白,每个人都是以独立个体生存在世界上,就好比一条奔腾的河流,有人随波逐流,亦有人桀骜不驯,非要激起浪花点点,然而风雪无情,它们封锁了河水的宣泄,晶莹的水珠沉浸在冰凝中,费力地呼吸、挣扎,寻找到稍稍薄弱的地方,用力冲击,用力拍打,终于化了冰、融了雪。探出骄傲的头颅,微笑地环视着世界。

泰勒将批评霍金的原稿寄给《自然》,编辑们转寄给了霍金,想征求一下他的意见,霍金沉默地看完后立刻回信表示赞成发表,在他看来,泰勒尚未对问题仔细研究,就急着想要否定自己的工作,那么自己何必费力去阻止这种鲁莽的行为?他只会用事实这把更有力的武器给予还击。

牛津城的会议结束一个月后,霍金在《自然》上发表了关于这个新发现的论文,接下来的日子,几乎全世界的物理学家都在讨论他的工作,有些物理学家甚至说,这个新发现是近年来理论物理最有意义的发展,萨马把霍金的论文描述为"物理学史上最优美的论文之一"。从那时候起,霍金所发现的黑洞辐射就被人统称为"霍金辐射"。

然而,当时并不是每个人都信服,全世界的许多研究小组花了很长一段时间,才逐渐向这个黑洞物理的革命妥协。大众对科学的意识开始复兴,一个可以把整体太阳系吃掉的黑洞引发了大众的想象力。霍金的成就引起了科学界权威的注意,1974 年 3 月, 他得到了科学家最高荣誉之一——当选为皇家学会的会员, 年仅 32 岁的霍金是这个学会漫长的历史中接受这个荣誉最年轻的科学家之一。

这就是霍金,像枫叶染红了秋季的单薄,我们不能不承认,是我们过于平凡,所以才会一次次以仰望的姿态看他,而霍金所做的一切努力丝毫没有为了名誉,他只希望有一天细数一生的历程,走过的都是无悔。

黑洞的传说

命运是什么?是捉不着、摸不到,却时时刻刻能颠覆人生的东西。当清风扫过落叶,当飞雪打过红梅,轻轻捻来一片红颜,无耻地认为,亦可掌握梅花之命运,清风会嘲弄,飞雪会宣泄。

人们说世事无常,弱肉强食,这个凡尘俗世没有公平可言。那么究竟什么是强者?什么又是弱者呢?强者挣扎于尘世,挑战于自我,用血汗谱写生命的乐章,那里有鸟儿的清鸣,有百花的芬芳,而在他们积极努力的时候,弱者又在做什么?他们一劳永逸、贪图享乐,不知不觉中被时代淘汰,这不是强者的错,不是命运的不公平,而是你自身的悲哀,没有人会同情弱者,可怜之人必有可恨之处。在这个繁复尘世间,谁最终又能帮得了谁呢?

一寸光阴一寸金,世界上什么都可以浪费,只有时间不能,何况对一个曾被医生宣判死刑的人来说,霍金比任何人都清楚时间的珍贵,他把所有注意力转移到黑洞的奇特天体,并再次与数学家彭罗斯合作。

他们最感兴趣的始终是研究坍缩星的奇点和宇宙的开端以及大爆炸的奇点,等他们合作完成了最后一篇论文之后,霍金就把注意力转移到黑洞中渐渐增强的磁场上面了。这些问题与奇点之间是有很大区别的，不管奇点处发生了什么，都不可能由观测来检验，因为奇点（时间起始处的大爆炸奇点例外）都是隐藏在黑洞内部的。

黑洞就像一个神奇的磁场，吸引着霍金不断前行。一年中，他就这些有引力的巨物，从 3 个不同的方面写了 3 篇文章，在科学研究上影响很大，人们关注着霍金，这也是他第一次在黑洞方面表现出来的极高天赋。他在文章中深刻地提出："与其说比太阳大几倍的恒星在渐渐灭亡的过程中是因为强烈的坍缩而产生了这样的东西，还不如说这些原始的黑洞只不过是一座山的质量，一个质子的大小，大爆炸发生之后，它们应该在早期的某些时刻就被巨大的压强与能量挤入了万物之中了。"

所有人都认为，霍金研究的另一条途径是唯一性定理，那个时候，科学界中已经有了相当充分的证据来证明，黑洞虽然具有强大的引力，但是它同时也是一些简单化的东西。据猜测，黑洞是死亡恒星的剩余物，是在特殊的大质量超巨星坍缩时产生的。另外，黑洞必须是一颗质量大于钱德拉塞卡极限的恒星演化到末期而形成的，质量小于钱德拉塞卡极限的恒星是无法形成黑洞的，而黑洞完全被 3 种性质所描述，那就是质量、总电荷（如果有的话）和转动。

黑洞的边界通常称作事件视界，霍金建议彭罗斯给黑洞的边界下一个新的定义。霍金的定义挺简单："它是介乎于不能把信号送到外星系去的时空区与能把信号送到外星系去的时空区之间的边界，不能跟外星系通信的区域应该在黑洞内，跟外星系通信的区域应该在黑洞外。"

现今，这成了一条广泛使用的定义。霍金思索着他的视界新定义的内涵（这里指的是一个绝对视界）。他意识到，这种视界所产生的只不过是被黑洞的引力场俘获的光线，这些光线试图逃逸，然而实际上却从来也没有跑远过，也没有被拉回到黑洞里，他进一步知道，这些被俘获的光线不会互相接近,因为一旦接近,就意味着它们会碰撞,碰撞后就会掉进黑洞,掉进去的话就没有了这样的视界,接着,内奇点就会暴露在宇宙上,里面就会裸露出来。

彭罗斯已经提出了所谓的宇宙监督猜想,这种猜想说明了每一个奇点都隐蔽在一个视界的里面,或者说都被覆盖在一个视界的里面。如果光线移开的话,就意味着视界的大小(表面积)会不断地增加,无论这个黑洞发生什么情况都必然会不断增加,这就类似于箭猪的刺毛,当箭猪身体膨胀的时候,它的刺毛似乎就蓬散了开来。

在视界的大小上,这一限制的结果会是什么呢?霍金意识到,当某个黑洞吃任何材料的时候,或者说当两个黑洞碰撞或以任何方式互相作用的时候,其结果必然是所有受影响的黑洞的视界总表面积必定会增大,因此这种表面积与克里斯托道鲁的不可约质量有关,所以霍金从这位研究生的发现中找到了一种更普通、更有力的说法。霍金意识到他的发现的重要性,所以当天夜里,他激动得都没睡好,而第二天清晨,他所要做的第一件事情就是要与彭罗斯一起分享他的发现。干他们这一行的科学家很快就于当年12月份在德克萨斯相对论对天体物理学讨论会上得到了这一突破性的进展。

霍金是一个很严谨的人,他强调说,尽管表面积的增大肯定类似于熵的增大,但是这只是一个类比,而且它并没有超过熵的增大。

在过去,霍金每年都会以"黑洞"为题写一篇文章,他这样做,为的是在1月份赢得一年一度的引力研究基金奖,然而这一次,他拿着自己的研究成果,选择的是顶尖的奖项,然后他获得了许多奖金。

霍金对黑洞着了迷,他的研究当然是引人注目的,雅各布·贝肯斯坦是普林斯顿大学的研究生,他在约翰·阿切博尔德·惠勒的手下工作,他也是关注霍金的那些人中的一位,他饶有兴趣地观察着霍金对于黑洞的研究。黑洞没有毛这一定理的结果出来以后,贝肯斯坦跟他的导师一起承受着该结果的困扰。黑洞是由什么裁量组成的？我们只知道黑洞有质量、有电荷，还有角动量，除此之外，我们一无所知，因为我们没有得到其他的详细信息。

当然，任何材料后来都掉进了黑洞里又会怎么样呢？那么就会显现出宇宙的熵会减少，黑洞的熵会增加，但是没有办法确切地知道，因为存在着这么一条无毛定理。

贝肯斯坦认为，要解决这一问题就得运用霍金的热力学类比，只有这样才能把研究推进一步。他不仅在论文里，而且在面对面的辩论中都断言，黑洞的表面积是其熵的一个量度，这样的话就允许把热力学的第二律运用到黑洞上去了。如果黑洞有熵的话，那么贝肯斯坦的论据就存在着严重的缺陷，那就是必须要有一个温度。不过，除了绝对零度之外，任何一个带有温度的物体必然会有辐射，例如，尽管用肉眼肯定看不出人体是会散热的，但是侧红外波长的夜视镜就能清楚地看到我们人体是有辐射的。黑洞是一个有引力的物体，这一点已经很明确了，而问题在于它的引力太大了，大得连光都无法逃逸，这样一种物体的辐射有多大呢？显然这是不可能知道的，对于这一点，贝肯斯坦本人也认同了。

贝肯斯坦的提议把霍金激怒了，霍金公开表示，这个提议"滥用了我在事件视界面积扩大方面的发现"。1972年8月，在法国阿尔卑斯山脉，就黑洞问题举办了莱苏什暑期班，霍金与贝肯斯坦都参加了，那一次，霍金用一种规定的方式表达了自己的不悦。

詹姆斯·巴丁来自耶鲁大学，布兰登·卡特是霍金在剑桥大学天文研究所的同事，霍金跟他俩合作过，对黑洞的技术性细节进行过研究，他们写了一篇时间方面的权威性论文，共同来演讲。

他们最终就黑洞的技术性细节推论出4条定律，人们惊奇地看到，"如果有人仅以'熵'来取代'视界面积'这句短语，而以'温度'来取代'视界表面引力'这句短话(这个表面引力，粗略地讲，是正好在这个视界上休息的人感觉得到的牵引力)"，那么与这4条权威性的热力学定律几乎就一致了。这3个人合在一块儿很用心地做成了这件事，他们强调自己用的正好是类比，就在第二年，他们的最后一篇论文发表了，他们坚定地认为，黑洞在技术性细节上的这4条定律"是相似的，但是这4条热力学定律又是有区别的"。尽管在这期暑假班上，贝肯斯坦受到了告诫，但是他比以往任何时候都更加确信存在着一个真连接；尽管他不可能产生多大的信心，但是他还是断言黑洞有一个真温度，因此也有辐射。他的导师鼓励他说，他能够成为最好的科学家，他的导师说："黑洞热力学是令人着迷的，也许要很着迷地去研究。"

科学超级巨星

在红尘的道路上究竟有多少人能做到流芳千古、被万人敬仰，这些鲜活的人物又有几个能像霍金这样，在如此惨烈的环境中创造出震撼人心的成就?风儿悄声地告诉人们，只有他可以。那一刻，人们不能不感叹，这个优雅的男人注定要用他奇特的方式告诉别人，他是科学界的超级巨星。

1978年，在华盛顿的一次节目盛典中，霍金接受了施特劳斯纪念基金会所颁发的爱因斯坦奖，这是物理学中最有声望的奖项之一。当奖项与证书轻轻摆在轮椅上的时候，全场掌声雷动，霍金微笑着，面部表情平和而安静，仿佛这一切都在自己预料之中一般，这个奖项就是为他的存在而大放异彩。

那个时候，有人开始好奇霍金什么时候能获得诺贝尔奖，甚至新闻记者开始讨论这位36岁的物理学家获得斯德哥尔摩皇家科学院的邀请的可能性。其实,不管大家怎样的好奇与揣测,霍金都用自己独特的舞步装扮着科学界绚丽的天空,让风不再宁和,雨不再安然,其实霍金是想获得诺贝尔奖的,但有人说他不太可能得到这个奖项。

从1901年第一届诺贝尔奖以来的得奖者名单中,我们便会发现很少有天文学家获奖,这其中有一个传言性的故事:创立这个奖的化学家诺贝尔曾经宣布过天文学家没有资格得奖,只因为他的妻子与某位天文学家有过一段外遇,使他后来对这一行分外仇视。73年后,莱尔与赫维希第一个获得诺贝尔物理学奖,但仍是由于他们在射电天文物理方面的工作而得奖的;昌德拉塞卡则因为他的恒星起源于演化理论,获得了1983年的诺贝尔物理学奖。

由此可见,诺贝尔奖不是那么容易得到的,何况瑞典皇家科学院的规则之一,就是任何诺贝尔奖的候选人,他的发现必须有实验证实或观察证据,而霍金没有,这是相当遗憾的事实。

在悲喜难测的日子里,在繁复迷离的红尘中,世事又怎么可能尽善尽美呢?霍金总会微笑视之,他从不勉强自己去计较浮名的得失,更不贪恋不属于自己的风景。

在霍金获得爱因斯坦奖的一年以后,剑桥大学出版社出版了霍金的第二本书——爱因斯坦诞辰(1879年3月14日)百年纪念论文集,其中包括16篇论文。这本书由霍金与他的同事伊斯雷合编,书名为《广义相对论:爱因斯坦的世纪纵览》。这本书的销售非常好,于是霍金的名声更加传开了。

同年,霍金被任命为卢卡斯教授,就职典礼一直保留了一些传统习俗,就任者要在现场发表就职演讲,霍金的演讲是由他的一名学生代读的,他似乎习惯在科学界中丢放炸弹,就连就职这样的场合也没放过。

他所演讲的稿子题目为《理论物理的终结是否在望》,充满挑衅的意味与危险性,他明确地坦述,量子力学与广义相对论之间完全统一的事业将在 20 世纪末得到完成，并且预言，在理论物理的研究上，电脑的能力将会超出人脑，因而"对于理论物理的研究也许即将结束了，要是不再需要研究理论物理了，那该有多好啊"。当时全场安静了足有 3 秒钟，才响起热烈的掌声。

每一位担任剑桥大学高级教职的人都要在一个本子上签上字，然而霍金在卢卡斯数学教授这个位置上待了一年多以后才签字，那是霍金最后一次签下自己的名字。

起风了，霍金来到窗外，望着外面纷飞的落叶，感觉到久违的宁静又回到了自己的身体里，当人们在世俗挣扎疲惫的时候就会想回到这份宁静中，身为一个男人，他必须担负起自己的责任，而作为一个人，他愿意享受上帝赐予给他的一些美好。严格地说，霍金并不是一个很有野心的人，他喜欢在黄昏中散步，喜欢一家人在花园中嬉戏，喜欢细雨扫过窗棂的轻灵。人只有在宁静中，才能更好地运用自己的智慧，这无须置疑，也不容置疑。

接任剑桥大学的卢卡斯数学教授，是霍金学术生涯中最重要的一件事，同时至少有 4 所大学授予霍金荣誉博士学位，包括英国的列斯特大学、纽约大学、普林斯顿大学与圣母大学。

1979 年复活节，霍金和简的第 3 个孩子诞生了，这次又是一个男孩，他们为他取名提莫西，这是霍金全家最快乐的一刻。

霍金就像一个落入人间的精灵，被众多美好包围着，他接受了伊丽莎白二世授予的大英帝国高级勋衔，引来新闻媒体的极大兴趣，英国广播公司《地平线》电视节目介绍他在应用数学及理论物理系的工作，这让众多的英国观众第一次有机会看到霍金是如何驱驾自己的小轮椅在剑桥活动，如何用他奇特的方式与学生、同事谈话，在家中跟妻子和子女的生活及参加正式聚会等，他像一阵清凉的风，吸引着大众，牵绊着大众，他似乎走到了事业的巅峰，然而一切的繁华并没有冲昏霍金的头脑，他依旧和以前一样安然平和,并开始研究暴胀宇宙学,还写了几篇有影响的论文。

霍金是幸运的,也是坚强的,在他残障的身体背后隐藏着巨大的宝藏,拥有无人能及的潜力。当妻儿围在身边的时候,他是个平凡的男人,享受着家庭的欢乐和幸福;当荣誉加身的时候,他又是一个平和的男人,品尝成功的喜悦和兴奋;当在枯燥的领域挣扎探索的时候,他则化身一位勇士,披星戴月,风雨不惧。他就是这样一个富有魅力与传奇色彩的男人,散发着星辰一般夺目的光环,亦能让自己在光环中保有清醒的头脑。

第五章　生命的馈赠

与众不同的家庭

什么样才能算得上成功呢?有人说,一将功成万骨枯,他高高在上的光环底下是别人的血和泪;有人说,狂风扫落秋中叶,它的洒脱下面是叶的哭泣、树的悲鸣。那么这一切能算是真正的"成功"吗?

大多人不知道答案,或许很多人对此感到迷茫,曾经有人问霍金,你认为自己成功吗?他会摇头否认,不管他在事业上创造了怎样的辉煌,他的心都有一个窟窿,那里隐藏着他今生一个最大的遗憾,就是不能站起来跟孩子们做游戏。

看到这里,人们忍不住心酸,不管世人曾用多少华丽的笔墨来书写霍金的成功,将他作为一个伟人来歌颂,而在他的骨子里,他只是一个简单的男人,他眼中的成功只不过是能给孩子们带来欢乐、能陪着他们一起做做游戏,仅此而已。

每当阳光洒在草地上,他远远看着简托着疲惫的身子与孩子们嬉戏的时候,他眼底会不经意流露出无奈与感伤,他的心会抛在阳光底下,被灼热的火焰烘烤得阵阵作痛,他注定要亏欠他们,因为不管他多不愿意承认,他都是个残障。在家庭生活中,无能为力是最简单亦是最折磨人的"借口"。就因为霍金明白,所以他曾妄想并且强迫自己必须尽可能地忽略自身的残障,要对生活保持着乐观积极的展望,他努力坚持着,以便让自己不被身体的状况打倒。

然而霍金家的孩子们还是敏锐地意识到，他们家与朋友们家是不同的,虽然父母都尽可能地想办法给自己提供一个正常的生活环境。霍金的女儿露西曾经坦言地说,她之所以有一个正常、幸福的童年,那是因为母亲做出了很多努力,那是因为外公外婆是和蔼的人。

不可否认,从露西有记忆以来,父亲一直是一个疾病缠身的人,就像风中的一盏纸灯笼,随时会飘零一般,并且慢慢学会了保护自己的父亲,当有陌生人给予无礼的注视时,露西和她的兄弟们便回以同样的注视目光,他们想让他们明白,自己在遇到这种注视的目光时是怎样的感受。

其实,这些事情是任何人都无力来改变的,就好像我们知道秋天来了,叶子就会飘零,百花就会凋谢,不管我们多不想、多不愿,它都是铺满黄昏的小路。当月亮在夜空中燃亮苍凉的空洞,霍金会在自己的书房中长久地发呆,他明白人生就是一条艰辛的路,充满着无奈与无力,而人类自身又是轻小的沙粒,挣扎着、拼搏着,心慢慢地在现实残酷的打压中荒芜,他寻求过解决的方法,每每在宁静的空间里,自己孤独待着的时候,他会沮丧,面对简和孩子,他更会愧疚。

他面前不远的地方放着父亲精心为自己配置的药,当时霍金被诊断患有运动神经元症,只能再活两年的时候,他沮丧了,想过放弃,但是简出现了,带给了他希望和激情,他要为她奋斗,而今日,孩子降生了,他有了美好的家庭,他要为这一切奋斗,但是不管霍金多么坚强,他都不能不承认,这个病就像巨大的黑洞,牵引着他薄弱的身体,一直往下沉,往下沉。

有许多病例显示,这种病会不规则地跳跃发展。有些时期变化很少,可能会持续数年,然后也许再来一次迅速的恶化,接着又变得几乎都没有什么改变。20世纪60年代的后半期,一波迅速的恶化使他不得不放弃手杖而改用拐杖。

而随着时间的流逝，霍金发现沿着螺旋楼梯上二楼的卧房越来越困难，他的朋友们曾吃惊地注视着他足足花了 15 分钟，才从第一级楼梯走到睡房门口，最终他丢弃拐杖，坐到了轮椅上面。

他可以忍受命运对自己的绝情，但是他不能忍受它加注在简身上的重担，她必须要肩负起家庭的两个职务，养育孩子、料理家事，还要照顾自己，其实霍金心里也明白，她不是没有抱怨的，她曾经说：

当我与他结婚的时候，我就知道不可能有自己的事业了，繁重的家务只能容许我们其中一个人拥有事业，而那个人必须是霍金，然而我不得不说，在开始几年里，我感到十分困难也很泄气，我觉得自己尽做家务苦工，而霍金却总是得到光辉灿烂的奖项。

这也不能怪简，人心就是湖水，总会因风的存在而掀起波澜。岁月是一把锋利的刀，残忍地削去流年，将苦水宣泄，那其中的滋味，简只能独自品尝，她寂寞过、孤单过，伸出双手，她试图要丈夫一个拥抱来缓解一身的疲劳，但是面对她的只是一个比自己的孩子更需要照顾的病人，他眼中有着怜惜，但是在繁复的日常生活中，这根本没有实质的帮助。

人或许都是贪心的吧，尽管简知道他是无奈的，却也会生出积怨，天长日久，简丧失了往日的激情和互倾心声的欲望。其实简亦明白，霍金是个顾家的男人，他总是尽力做到最好，担负起家庭的开销，当他休息与孩子们一起玩的时候，最喜欢表演他的轮椅特技，在西路的花园里玩捉迷藏时，他一向横冲直撞，而令人遗憾的是，他不能与孩子们玩其他的动态游戏。

望着霍金单薄的身影，简会心酸，更会无助，她不能不承认自己只是一个女人，她也需要别人照顾。记得曾经在一个温暖的夏日傍晚，一个记者来采访他们，那时，简正好教孩子们——罗伯特、露西，还有后来的提莫西玩板球。第二天，那位记者就写道：

在许多方面，她必须身兼父母两职。即使她在学生时代练习板球烦得要命，有时候还会受到飞球的惊吓，但她花的心血没白费。

其实他忘记写了，这是一个母亲的天性，她们都希望自己的孩子在一个健康正常的环境里长大，她必须教自己的两个儿子玩板球，必须让他们懂得一个男孩子从小就要拥有的胆略与坚持。

这样苦闷的生活还是使简对他们的生活与自己在其中的角色渐渐开始有了不同的看法。那时候正处于西方妇女的觉醒与社会地位产生巨大改变的时期，而这毫无疑问地改变了简对自己角色的认知，她乐意扮演护士，也愿意支持她的丈夫成就辉煌的事业，并且还要几乎独自照顾这个家庭，她做得很好，迎来很多人的赞赏，但是她有一种越来越强的感觉，那就是身为受过高等教育的妇女，她竟然完全被忽视了，她开始感到自己只不过是伟大科学家霍金的助手，何况剑桥并不是一个容易待的地方，压力会迫使自己想要在学术上找到出路。简感到十分难过，她只看到自己为霍金创造了一切条件，同时还要抚养两个孩子，然而荣誉全归了他。

面对一切压力，简决定要做点儿什么改变这种情况。于是，她开始攻读中世纪的语言博士学位，专攻西班牙语与葡萄牙文诗歌，这并不是一个愉快的经历，她心里被装置了两根绳索。当她读书的时候，她想着应该陪孩子们玩，然而当她陪孩子们玩的时候，她又想着读书了。这两根绳索不间断地撕扯着简，让简筋疲力尽，但是她还是设法完成了学业，成为剑桥的一名中学教师。

可是她做了这么多的努力，那种"附属品"的感觉竟然还未完全离开过她，甚至越来越严重。当她与霍金参加一些正式集会时，简的这种感觉会愈发强烈，她跟随在霍金后面，却不知道自己在跟谁说话。

她累了！

作为一个女人，她累了；作为一个妻子，她苦了；作为一个母亲，她却不能放弃责任。人生真是一个残酷的考验,刚出生的时候,你是你,慢慢地成长着、经历着,最终你变得已经不再是完整的自己了。

你的方向已不是我的彼岸

人们总说,人生何处不相逢。每一天我们都在邂逅,每一天我们又都在离别,有的时候,一个轻轻的转身,或许就是一生一世,从此后会无期,永不相见。有些人纵然转身,因为彼此牵挂,终会受情感召唤,重新相聚到一起,这也就是我们所说的缘深缘浅。

霍金和简之间的缘分,经历了暖春,走过了盛夏,慢慢地步入秋季的萧索,没有苍凉,只有淡淡的叹息,其实,看惯了草木的荣枯、秋月的圆缺,人生无常的聚散除了会留下淡淡的惆怅外,最终总让人无言。当碧云漫天,黄叶飘零的清秋,简比任何人都明白,自己的心在无助中已经飘零,失去了春色。

早在 70 年代,霍金和简两人彼此之间就渐渐增长了怨愤,这其中最大的鸿沟就是宗教的问题。简自小被教养成一名挚诚的基督教徒,有着十分强烈的宗教信仰,在信仰的光环中,她拥有了乐观与宽容,这也是她能跟霍金走到一起的关键所在。

简是一朵清澈的莲荷,有着自己的信仰和心之归属,而霍金就像山谷中挺立的青松,他虽不能算是无神论者,但亦有自己的路要走,在很多时候,他只是发现无法将宗教信仰的思想吸收到他的宇宙观中。霍金的观点接近爱因斯坦,他觉得人类就是微不足道的生物,生活在一个极普通、小小的行星之上,处于千亿个银河系之一的外围,所以他很难相信上帝会把人类当一回事，甚至注意到人类的存在。

在历史上，并不是只有霍金这样诉说，许多哲学家与物理学家都发表过相近的观点，但是前提条件是他们都没有患有运动神经元症，没有给自己的生活带来多少困难。

当然，也有许多科学家有着很强烈的基督教信仰，有的人甚至还声称霍金没有资格论断宗教，因为他对宗教一无所知，在这里不能不询问一下，究竟要拥有什么资格才能论断宗教呢？

我们不能否认霍金的工作领域的确对宗教产生冲击，因为他研究的是宇宙的起源与早期宇宙历史，但是世界上还有哪一门学问比这更接近上帝、更接近宗教呢？

上帝的仆人判决伽利略在悲惨境遇中孤独地度过余生，那是正确的？他们因为布鲁诺敢于提出相反的宇宙观，而用火刑将他处死，这也是正确的？人类历史上有多少因为宗教而掀起的恐怖与痛苦，也全都是合情、合理、合法的吗？如果真是如此，那便无话可说，能感觉到上帝在哭泣。

随着名声的增长，霍金花在出国旅行的时间又增加了许多，他每一年都要去世界各地作演讲。简开始较少跟随他去国外旅行，她要在剑桥照顾日渐长大的孩子，虽然家人不能每次都跟随在他的身边，但霍金绝对没有忘记他们，彭罗斯还记得一件小事情，有一次，回程的班机误点了，他们必须在机场休息室等待几个小时，霍金偶然看到一家商店的玻璃窗里陈列着一个讨人喜欢的玩具，便拜托彭罗斯替他去买，作为送给露西的礼物。在后来的候机时间中，那个粉红色毛茸茸的大玩具动物一直放在他的腿上，几乎把他的身体都掩盖了，但是掩不住的却是他浓烈的父爱。

每一个生命来到尘世，都是因为有父母的关爱，在他们成长的道路上都灌注着家人的心血，不管霍金陪伴在子女身边的时间多么少，他跟简之间出了什么问题，他都是一个顾家、爱家的男人。

　　1981 年,梵蒂冈的教皇科学院举办了一次宇宙学会议,简陪着霍金一同前往参加。轻轻的风,淡淡的云,霍金坐在轮椅上沉默地看着教皇在大会上致辞,他虽面容平和,但是他的话语却像冰冷的水一样浸进人们的心里,他在警告物理学家不要对宇宙如何开始和为何开始的问题挖掘得太深,这完全是神学家的问题,他们不要超过这条线,而且任何关于宇宙起源的科学假设,科学本身根本不能解决这个问题,所以只能依靠形而上学。

　　在这里,霍金真正地见证了什么叫一朝天子一朝臣,霍金记得 1962 年教皇约翰二十三世宣称,他希望科学家全都要以伽利略为榜样,自己也在 1981 年的梵蒂冈会议上发表过"无边界"的假设和他的宗教含义,当时场面非常热烈,而此时望着台上的教皇,霍金眼神深邃。

　　会议结束之后, 所有的嘉宾都被邀到教皇的夏季居所甘多尔福堡,因为客人中不仅只有那些科学家,所以安全防范很是严密,如果大家都关心世界新闻的话, 想来都会清楚其中的因由。1981 年的确堪称为黑暗的谋刺事件肆虐的一年,首先是披头士歌手约翰·蓝侬被一个精神病患者麦克·查浦曼射死,成千上万的歌迷受到极大的震撼,将之视为一个时代的结束,然后是刚就职不久的雷根总统被一颗 0.22 口径的子弹射中胸口, 不到两个月,教皇约翰·保罗二世也被从勃朗宁手枪射出的 4 颗子弹击中,其中一颗射入肠子,差点儿因此致命。世界被笼罩在黑色的杀气里面,所有职位重要的人都有了自保的意识。

　　这次教皇在甘多尔福堡接见访客, 是自刺事件以后第一次公开露面。他先发表讲话,客人再被逐一引见。来访者从讲坛的一端进入,跪在教皇面前,轻声与教皇交谈几句话,然后再从讲坛另一端离开。整个场面都笼罩在神圣及庄严的气氛中。终于轮到霍金了,气氛多了些许淡淡的窒息,所有人都注视着他,他们都清楚霍金在几天前刚发表的"无边界"假设,以及可能不需要造物主的理论。

此时此刻,他终于要跟这位天主教的领袖面对面了,对于千百万信徒而言,教皇就是上帝驻地球的使者,而霍金无疑就是来打破这一传统的,亦让人不能不叹服的人。而令所有人都意想不到的事情发生了,就在霍金的轮椅停在教皇面前的下一秒中,教皇竟然站起身,对着霍金跪下了。

众人倒抽了一口冷气,许多天主教徒更是备感不快,他们不是科学家,更不熟悉霍金的最新理论,对他们来说,霍金的见解与正统天主教的教义刚好南辕北辙。教皇这样的举动无疑会引起误解,他怎么能这样"降低身价"?空气里滚动着让人屏息的沉闷。

起风了,冷飕飕地包裹着每一个跳动的心脏,如果说上帝能净化一个人的灵魂,那么霍金就是一首励志长歌,告诉你要怎么活着、该怎么面对自己的人生。其实我们每个人都有过迷茫期,有的长,有的短,不管长与短,决定权都在你的手里,不一样的选择决定着不一样的人生,哭与笑、荣与辱都仅在一念之间。

婚姻是一艘飘荡的船

年少的时候,或许是因为年轻,生命充满了翠绿的春意,所以总喜欢霜染枫林的深秋或许白雪飞舞的寒冬,向往在萧索的山路中漫无止境地前行,哪怕月迷津度,亦不会担心寻不到红尘的归路。那个时候,世界是诗,生活是画,而如今,流光老去,无法制止心底疯狂涌起的欲望,开始贪恋万紫千红的春天,总希望未来的日子可以花红柳绿、莺歌燕舞。

霍金的声望就是那点点花痕不断地提高,他接连3次出席了哈佛的莫里斯·洛布讲座,他天才的头脑里慢慢形成了一个想法,就是能不能将他看似枯燥乏味的研究写成一部通俗读物,在他看来,所有人都对宇宙是怎么运行的感兴趣,只是不能领会数学方程式。

那个时候,霍金的经济条件并不是很好,他所取得的成就并不能支付重大的开销,他本身就需要很多人的照顾,还有整个家庭的负担,罗伯特已经在私立学校接受良好的教育,露西也有 11 岁了,霍金当然希望她也能上私立学校,因此他不能不为世俗的生活着想。

在任何时候,我们都不能否认,在这个繁复的俗世里面,每个人都是俗人,每个生命都要为自己生存在这个尘世奔忙,这没错,更应该鼓掌喝彩,毕竟他们的意识中还有一份责任。不要以为每天喝着清风、饮着雨露就是高尚,那些只不过是幻想者的诳话。

生活是一首凄美的歌、一条艰辛的路,每一天都要付出汗水与挣扎,而真正能做到两袖清风的又有几人?杨家将一门忠烈,为了保全名声,付出了多少血与泪、多少鲜活的生命;诸葛亮为了报答刘备的知遇之恩,用尽心血、算尽心机,最终为一个扶不起的阿斗东征西讨,送了老命;勇者如此,智者亦如此,何况我们平凡的人,在人生的浪花中,注定要沉沉浮浮,为世俗奔忙。

霍金的成就越来越大,声誉越来越高,这必定会吸引别人的关注,而约翰·博斯路就是慕名而来的一位,他是科学新闻的工作者,为霍金撰写了第一部长篇传记,这部书于 1985 年出版,刮起了一阵"霍金风",世人争先购买,霍金的声望再一次提高了。

同年,霍金获得了皇家天文学会的金奖,他身边的每个人都很振奋,于是霍金与家人、护士、几位学生,以及劳拉·金切一起举办了一次超家庭规模的大型活动,他们要花上一个月的时间,到位于日内瓦的 CERN(欧洲核场研究理事会)去,那时,霍金等人会在那儿研究粒子加速器;与此同时,霍金家的其他成员在那儿欣赏日内瓦湖的景色;而简决定要去德国拜访朋友,夫妇俩计划等霍金忙完《时光简史》的改写工作后,一起参加8月份的华格纳音乐节。

8月初的一个傍晚,当护士帮助工作完毕的霍金上床休息后,就回到了隔壁房间休息,等她看完一篇杂志文章,看看墙上的时间,开始对霍金做整夜每隔半个小时的例行检查时,她并没有意识到危险的气息正缓缓围拢了过来,大约凌晨3点,当护士走进霍金的房间,就发现他已经醒着,而且呼吸困难,脸色发紫,喉咙正在咯咯作响,护士大惊,恐慌而震动,但这并没有影响她的理智,她立刻给医院打了电话。

霍金被紧急送到日内瓦的市立医院进行抢救,欧洲核物理研究机构当局几乎同时接到了通知,雅各博士在拂晓之前赶到,被告知霍金仍在险境中。医生们认为霍金的气管堵塞了,并且可能患了肺炎。

运动神经元症患者比其他人更容易感染肺炎,许多人也是因此致命的。雅各博士很是焦急,他命令手下立刻与简联系,几经波折后,终于找到了正在欧洲旅行的简,当她得知霍金得重病在医院抢救的消息后,以最快的速度赶了回来。

在玻璃窗外看着自己的丈夫,简的心被慢慢地撕裂,那一刻,她忽然感觉到生命的脆弱与卑怜。风很冷,紧紧地包裹着万事万物,简真的希望自己可以在风里冰凝自己的思想和感觉。

霍金的身体衰弱到已经连医生都无法了解他本人的心意了,于是医生就问简是否愿意让他停止使用生命维持设备,任由他死去。

呼吸从简的肺部被猛力地抽离,恐惧像魔鬼的手掌抓住了她的心跳与心魂,她颤抖与惊恐,坚决要求医生别这样做,她说:"霍金是个伟大的科学家,他那么热爱着自己的生命,那么坚强地生活,请你们救救他!"

医生当然明白简的意思,望着简,他还是理智而残忍地向她具体说明了霍金未来的身体状况,他必须动一个气管切开手术,也就是在他的声带下面的气管上开一个永久性的洞,因为喉咙是一个高敏感区,用旁通管取代了以后,咳嗽就会停下来,但是从另一方面来说,他本来还能含糊不清地说话,动了手术以后,他的语言能力就永远丧失了,这也意味着他的余生需要不断地受到监护, 从每天要护理几个小时变成连续 24 小时都要护理的病人。

泪水轻轻地从简的眼眶中滚落下来,那一刻,她坚信是上苍在考验她,她真的想逃避,她已经很累很累了,但是望着病床上的霍金,简逃不掉、躲不开,他是她深爱过的男人啊,更是她 3 个孩子的父亲,她不能让他死,绝对不能!拉着医生的手,简坚定地点着头,祈求他们救救霍金。

医生深深地凝视着简,好久,他点了头,他敬佩这个女人,一个在逆境中挣扎得太久的女人,如今义无反顾地将自己抛在了熔炉中,天底下没有几个人能做到这一点。

霍金做了手术,他的身体在简的细心照顾下慢慢恢复了,等病情稳定的时候,剑桥大学花钱用救护飞机把他接回了剑桥城,飞机缓缓降落,等待已久的医生立刻围了过来,一路护送他到医院的加护病房。他们曾经有过把呼吸器拿掉的大胆想法,让霍金独立地自然呼吸,然而刚刚拿掉,他的呼吸就阻塞了,气管切开术成了一个无法避免的手术。

霍金在病危的时候做了一个生动的梦,他梦见自己乘着七彩的热气球在蔚蓝的天空中飞翔,像是一种希望的光芒将他缓缓笼罩,望着儿子罗伯特考出的优异成绩,霍金终于笑了,他的儿子跟他一样,被剑桥大学录取了,开始主修的是自然科学,这对在凄风苦雨中挣扎得太久的家庭来说真是可人的消息,将霍金病重的沉闷吹淡了许多,简知道什么叫微笑了。

霍金的手术做得很成功,身体有了很大的好转。就许多方面来说,霍金这一次又很幸运,他能活下来也真是侥幸,许多运动神经元症患者往往是因这种病而引发肺炎去世的。

1985 年 8 月,《时间简史》这本将颇为畅销的书差不多快完成了,霍金也收到了一些预付金,刚好能应对突如其来的财务危机。然而简是一个心思细腻、考虑长远的人,现在一切都尚在掌握之中,但是时间一长该怎么办?如今霍金需要全天候的护理,那本书的预付金是根本不可能维持多久的,何况那个时候也不能确定它是否成功,而霍金"病了"是不能改写的事实,如果他再也不能工作,他们又靠什么生活下去?

摆在简面前的只有两条路,一条是辞掉自己的工作,用全部的时间照顾丈夫,不过她并没有护士的资格,而且她这么做,谁来养家?谁来负担孩子们的学费?另外一条路充满了黑暗与可怕的未来,就是把霍金送到疗养院,他在那里不用工作,会渐渐衰弱而死去。

只要想到这里,简就会禁不住打着冷战,霍金的生命刚刚从死神的手里挣脱出来,她不能也无法再忍受一次那样的恐惧,但是如今又该怎么办呢?望着病床上的丈夫,望着孩子凄凉的目光,简的心慢慢地沉下去,沉下去,沉到一个深不见底的枯井了,前面就是一个漫无边际的黑色世界,她已经看不到路,看不到希望了。

就在这个时候,简的朋友乔纳森提醒她可以求助一些慈善机构,简很怀疑,这么多年,她一直在为残障人士呐喊,收效甚微,如今又能有谁愿意帮助他们呢?

"试试总比不试的好吧?"乔纳森微笑着说。

是啊!努力一下总比什么都不做好吧!简开始向世界各地的慈善机构写信,并且打电话给朋友们,请他们设法与可能愿意帮助他们的机构联络,结果出乎简意料之外,一个美国基金会第一个伸出援手,他们听过霍金的研究工作与国际声望,愿意每年资助他们 5 万英镑的护理费用,不久之后,大西洋两岸的其他一些慈善机构也有了响应,都提供了一些小额捐款。

这些简直就是杯水车薪,简感到很难过,望着窗外纷飞的白雪,她长长地吐了一口气,自己与霍金一直都对国家健康服务处作贡献,此时到了需要帮助的时候,该处所能提供的帮助竟是如此微不足道。如果丈夫是一位没有名气的物理教授,那么迎接他的是不是在家中等死的命运了,他们说世界是暖的,为什么伸出手触摸到的都是冰凉。

泪水轻轻从眼眶中滑了出来,简将自己的头埋进了霍金的胸口,霍金的心狠狠地抽痛了,他当然明白简的忧伤,若想摆脱这一切,他必须坚强地"站"起来,重新给家庭带来希望,虽然他也很累了,上苍在残忍的时候就给男人身上增添了更多的责任。

霍金所要面临的第一个难关,就是如何在自己的"闭合宇宙"里挣脱出来,他已经不能说话,也不能写字了,他要依靠什么跟外界交流思想呢?起初有人指着字母卡上的规范字训练他读字母,然而他憋着气读得眉毛都竖起来了,每一次也只能读出一个字母,连交谈都难以进行,更别提写什么科学论文了,霍金沮丧极了。

而就在这时,一个惊人的好消息飞进了霍金的家里,那就是一个"新颖"的电脑,它与霍金在家里与办公室所用的电脑相容,使他能在显示屏画面上从具有 3000 个单词的菜单中选择单词, 只要按一下手中的开关就能逐词移动,这对霍金来说简直就是天大的震撼,他非常感谢送与他这套程序的电脑专家沃伯特·沃尔托兹先生。

霍金有了这套程序,使他的生活完全改观,甚至比手术之前更容易与人沟通,在演讲或与人简单交谈时也不再需要翻译了。

家里的生计问题解决了,护理又成了第一要办的大事。护理霍金的工作很繁忙,需要每天三班轮换着护理,既辛苦又枯燥,很多人做了几天后都离开了,只有一位长着雀斑的红发女子护理了很长一段时间,她叫伊莱恩·梅森,有两个可爱的儿子,她的丈夫戴维是一位足智多谋的电脑工程师,他想办法把霍金的电脑屏幕与语音合成器安装到了他的电动轮椅上,使他离开书桌也能够与人交流。

每一次变故都是人生的转弯，这一生总有那么一些人，在不经意中走进你的生命，慢慢地扮演不可或缺的角色，成为你煮饭时需要的薪火，成为你夜归的一盏烛光。缘分总在不经意间敲打你的窗棂，轻轻地，唤人心田，不能离去。

婚姻的黑洞

人生就是一幕戏，我在这场戏中扮演着你，你在另出场戏中扮演着我，角色更替，有悲有喜，有哭有笑。时光流逝，岁月无情，该开幕时总会开幕，该散场时终会散场，而心灵会悄然种上一株菩提，为曾经的守护而温暖，亦会为此时的分手彼此祝福。

祝福是一个很温暖的词语，在寥落的时候会给予你一丝慰藉，在悲伤的时候暖暖地拥你入怀，是一种亲切的、美好的感觉。不管世事如何波澜疯狂，我们仍要持有一份祝福的心态，笑看一切的风云变化。

1990 年夏天，结婚 25 年并育有 3 个孩子的霍金和简正式分居，这个消息就像一枚原子弹，炸乱了剑桥的天空，轰动了整个物理学术界，无数人震惊错愕，亦成为各大报纸争先报道的头版新闻，一时间风云涌落。

浮萍有聚便有散，缘分有深亦有浅，既然缘尽了，我们又何必非执意守护那枚干裂的果实？轻轻地放开手，微笑地彼此祝福，不是很好吗？只可惜世界上就是有很多无聊的人，总是喜欢以挖别人的隐私为乐趣。

接连几个星期，霍金的朋友和同事都被守候的记者弄得很烦，这些记者企图捞到霍金夫妇婚姻破裂的丑闻，想要抢独家新闻。剑桥的科学界与霍金家的朋友们即使知道这对夫妇为什么分开,也都三缄其口,企图让风波快点儿停歇,让伤痛在细雨中慢慢发酵、腐烂,消失无痕。

简痛着,霍金也痛着,一个原本属于隐私的家事因为霍金的名气而被推到了风口浪尖上,真是无奈而悲哀的事情。文者的笔可以写出最优美的辞藻,亦可化为杀人都不见血的利刃,他们的追踪报道只会让伤痛更痛。

分居的内幕逐渐流传出来。有流言说,他们婚姻破裂是因为霍金与简渐行渐远,许多年来陪伴霍金到国外旅行并与他度过大部分工作时间的是伊莱恩,所以致使日久生情,霍金最终离开简,与伊莱恩住到了一起。而伊莱恩又是有夫之妇,将整个情况更加添注了传奇性。当然也有报道说简离开霍金而跟乔纳森走到了一起。

人们都习惯将原本平静的故事添加不平静的因素,试图抓住更多人的眼球,不管霍金和简分居最终是因为什么,家庭破裂所造成的巨大悲痛,让每一个家庭成员都逃脱不掉。

罗伯特那时 23 岁,从剑桥大学物理系毕业,正在读研究生;露西则将近 20 岁,在牛津大学攻读现代语言,这两个孩子都离家在外独立生活,听闻父母分手的消息之后异常难受,但毕竟已成年,亦能接受,而提莫西年仅 11 岁,不能完全懂得父母为什么会分开,他跟简在一起的时候,总喊着要爸爸,跟霍金在一起的时候,总喊着要妈妈,望着儿子天真的脸庞,两个大人都心如刀绞。

毫无疑问,分居的创伤对霍金的影响与其他人一样严重,有名的“霍金式”微笑此时已经很难看到了,他总会孤独地待在房间里,长久地凝视着面前空落的天空发呆,浑身上下披挂了一层哀伤的阴影,淡淡的,静静的,像流水一样,不着痕迹却凉入骨髓。

而此时,想保护霍金的人犯下了另一种错误,试图把与常人不同的感觉与情绪加注到他身上,似乎因为他有异常的智力,便不能具有普通人的梦想、希望或激情。

其实不管什么样的天才人物,他们内心的渴望与对情感的激情都是一样的,霍金的好朋友之一施拉姆对别人想制造霍金在感情与众不同的形象感到十分不烦恼,在他看来,霍金是一个正常的人,他喜欢有女人陪伴,他喜欢情调,不然为什么会将玛丽莲·梦露的海报贴在办公室里呢?而霍金与伊莱恩的关系不是基于怜悯,而是因为爱情。

人的一生不是只会有一次爱,他爱过简,那份爱是真挚的、纯净的,他们生活在一起的时光里,上帝为两个人铺砌了两条完全不同的路,他们越走越远,渐渐失去了灵魂的沟通与交接。

霍金失落而空虚,这个时候,伊莱恩带着清晨的雾气滑进了他的世界里,他只能投降了,虽然那个时候他不知道自己选择的是一场可悲的"黑洞"。他与伊莱恩的婚礼在 1995 年正式举行,简和霍金的 3 个孩子无一出席,似乎预示着这份婚姻的不被祝福。

甜美还未淡去,恐慌便渐渐临近,2000 年就有人发现,霍金常常因为一些不明原因的外伤就诊,先是胳膊和手腕骨折,又过了几天,医生则会被他乌青的眼圈和脸上深深的伤口吓一跳。

同事们询问原因,霍金回应的总是沉默,只有一次,他小声解释,是从轮椅上摔了下来。一年后,在夏天最热的一天,有护士跑来报警,说霍金在他豪宅的花园里因为严重的晒伤已陷入昏迷。她说:"很明显,有人在成心折磨他。"

2004 年 2 月,霍金因肺炎住院,并再次被发现手腕骨折、嘴唇破裂,脸上有被击打的淤伤。接受询问时,他反而质问警方,认为这是对他私人生活的侵犯。但是几天后,他的家人发现,霍金赖以生存的呼吸机甚至被做过手脚。简和孩子做了无数次努力,仍旧打不开缺口,没有人知道下一步会发生什么"意外",霍金的天空中隐藏着叫人恐慌的危机。

2004 年 4 月 24 日，剑桥郡警方查讯了 10 名曾护理过霍金的前任护士，其中一位录下了这样的一份证词，她说自己曾经亲眼看到霍金夫人故意把他的手腕卡到轮椅的轮子里；她替霍金刮脸时，他无力而痛苦地躲闪，但显然没有用，一道刀口马上出现在他脸上，很深，足有 3 英寸；还有一次，她要出去前，霍金特意让她走到他的电脑边，就为了让她看到他打出来的一行字——我不想单独与她在一起。

霍金的第二任夫人伊莱恩成为众人怀疑的对象，刮起的"被虐"风波亦将霍金推到风口浪尖，整个世界再此为之震动，连美国政府都插手，欲起诉伊莱恩。霍金沉默着，面对众人的猜忌和关注，面对伊莱恩慌乱的眼神，他最终轻轻地摇摇头，将狂风巨浪画戟与无形之中，但是他放开了伊莱恩的手，再次选择孤独地面对自己的生活，或许在孤独中，他才是安全的吧。

起风了，夕阳的阳光轻轻漾洒过来，将霍金单薄的身影拉得很长很长，他穿着精致的白色衬衫、黑色的笔挺西裤，他的头发梳理得很整齐，面对阳光，他静静闭上了眼睛，或许在他眼中，这个世界已经披上了一层阴霾的影子，将他从一个如孩童般纯净的心境中硬生生地拉到了世俗残酷且人性残忍的深渊里，他不想掉进去，他需要阳光。

人只有在寂寞的时候才会任由思绪泛滥，将那些被春水浸泡过的发黄的往事读了又读，人们说怀旧是一种孤芳自赏的高雅，将自己降低如尘埃般也未必就是向生活的妥协，像霍金这样内心清澈干净的人，无论面对多么险恶的世俗，都可以做到坦然自若甚至荣辱不惊，因为他始终清楚地明白，不管世事如何纵横万千，自身所要经历的依旧只是似水的流年，过得亦都是寻常百姓的烟火生活，没有人可以真正踏在高高的云端，不被世事洗礼。

这场"虐待"风波，人们给予霍金的更多的是理解。这位与爱因斯坦、牛顿相比较的伟人，当然有着异于常人的高傲心态，你怎么能期待他会低头承认自己连基本生活都不能自理，并且在 11 年里一直饱受家庭暴力的凌辱?霍金不会做任何解释，真相，因此变得越来越扑朔迷离。

这样也好。

世界本来就是一团迷雾,有着太多的是非纷扰,我们还是选择淡然处之为好。人们始终是敬佩霍金的,他可以让自己轻巧地往来于梦与醒之间,他的睿智博得了世人的敬仰，他的人格魅力赢得了众人的欣赏与喜爱,所以他的人生没有留下太多的伤痕,像阵清爽的风,横扫万世。

第六章　著书立说——心系人类的终极关怀

《时间简史》

《时间简史》从构思到进入畅销书排行榜,总共花了5年多的时间,在这段时期,霍金继续在应用数学及理论物理系做研究,并且负责行政工作,他让自己忙碌起来,或许只有这样才能让他不被寂寞所侵蚀。

寂寞是每个人都会拥有的感触,它就像一条静静的河流,奔腾在身体的每一个角落,在不经意间就会滑进你的心脏,走不开,甩不掉,所以只能用忙碌将它挤压在最底层。

有人说霍金是一首诗,简洁空灵却意味深长;有人说霍金是一本书,沉静奇特,经久耐读;还有人说霍金是一个传奇,经历了众人无法经历的辉煌,品尝着众人亦无法品尝的艰涩,而在一些人看来,不同年龄的霍金有着不同的"味道",他就像醇香的酒,越久越深邃。

而那一天,霍金得意洋洋地回到了物理学界之后,准备继续写宇宙学方面的通俗读物,这是他要达到的目的,也是计划了几年的工程,霍金为其细心地填砖加瓦,看着它们在自己的手中慢慢清楚,慢慢绽放出夺人心魂的魅力。

他微笑了,这是他挚爱的事业,而他的朋友密顿已经被调到剑桥出版社工作了,他曾经建议他写一本适合大众阅读的宇宙学书籍,霍金原来就对这个很有兴趣，只是在时间安排上有点儿紧凑就没着笔，现在密顿再一说，就好像灼热的火焰，燃烧起了霍金的热情。

多年来，霍金和密顿之间一直保持着很好的合作关系，他们经常聚到一起谈论事业上与生活中的琐事，尽管两个人曾经因为在《超时空与超重力》出版过程中有过一些不愉快，霍金仍然希望跟密顿或者可以说跟老搭档——剑桥大学出版社合作，他提出出书计划，这也是最终风靡世界的《时光简史》。

当时霍金要价很高，语气几乎是毋庸置疑的，霍金首先解释了他的财务状况，说明他需要赚到足够的钱来支付子女们的学费和自己护理费用的开支，他现在还能工作，倘若将来不能工作的时候又将如何生存？何况要写一本科普读物必然会占据他很多宝贵的时间，他期望能够得到合理的报酬。

密顿当然明白霍金是一个很难妥协的人，这一点从《超时空与超重力》的封面纠纷就表现得很清楚，但是他同时也知道霍金是一个注重感情的人，他巧妙地在这里做了突破口，他说霍金待在剑桥，就表示了他对剑桥大学极度忠诚，假如他到世界其他的大学，毫无疑问都可以得到巨薪，这足以证明霍金对剑桥的热爱，应用数学理论物理系又是世界上最好的理论物理系之一，只有实在没有办法时，霍金才会被迫离开，否则谁会离开自己的家呢？

家，是一个很温暖的词语；家，是霍金最大的牵绊，他沉默地看着密顿，眼中闪过一丝明亮的光芒。

密顿的办公室与霍金的工作地点在一个院子里，所以他们有很多机会来商讨出书的事情，在这期间，霍金无数次被病痛侵袭着，然而他并没有退却，更没有放弃。直到有一天下午，霍金带着其中一章的草稿来找密顿。

密顿已经成为剑桥大学出版社的领军人物，他是一名学者，更是一个出色的商人，他了解整个图书市场与大众的口味，他自己也出版了几本成功的科普读物。他心里清楚哪一类书可以畅销，哪一类书可以让霍金赚到他所需要的钱。密顿仔细看完霍金给他的章节之后，他就皱起了眉毛，这对于一般读者来说简直就是一种慢性谋杀，内容太专业化也太高深了。

"这就像买烘豆一样。"他对霍金说，"味道越温和，市场就越宽。像这种专家读的书，在商业市场上是找不到适当的位置的。"

霍金面无表情地坐在轮椅上，沉默地看着密顿，他在思考。密顿笑着说出那句如今都很有名的论断："你这样想吧，每一个数学公式就会使销售量减少一半。"

"你为什么这样说？"霍金很惊讶。

"是这样的，当人们在书店里看到一本书，他们仅靠翻一翻来决定是否想读。你的每一页几乎都有数学公式，当他们注意到这一点时，他们会说：'这本书里有算术。'然后就把它们放回书架去了。"

霍金沉默地望向了窗外，阳光细细碎碎地洒进来，跳跃着美好的音符，最终霍金接受了密顿的观点。于是密顿笔墨一会儿，给他列了一大串需要修改的地方，看着上面那密密麻麻的字，霍金不得不承认自己对此感到前所未有的烦躁，不过他还是意识到密顿的做法是对的。霍金在回忆那件事时，解释说："《时间简史》之所以会成为一部比较好的书，与密顿的帮助是不可分割的，那是我们一起辛勤工作的结果。"

该书的第二稿于 1987 年的春天完成，尽管密顿告诫说书中的方程式越多，书就越卖不出去，因为没有人会喜欢看那些枯燥乏味的数字，但是霍金无法始终按密顿的告诫去做，他还是把包括爱因斯坦的 $E=mc^2$ 在内的，也许称得上是最著名的科学方程式写进了书中，尽管那不是密顿想要看见的，但是他还是义无反顾地写了进去，因为他知道自己是个学者而不是为了利益和地位什么都可以不管不顾的人。

当他们谈论起报酬的时候，密顿提出了版税预付金的数目，霍金始终微笑着，但经过一个下午的谈判，霍金还是说服了密顿预付他 1 万英镑，这绝对是剑桥大学出版社给过任何人的最高的预付金，此外，霍金将从精装本与平装本得到版税率，也全都是最优惠的，第二天早上，密顿将一份合同送到了霍金的办公室。

事情似乎就这样顺理成章地发展着，然而事情又总会出现一些波澜，最终造成意想不到的结果。那时，世界最大的矮脚鸡出版公司高级编辑古扎第与"作家之家"的总裁艾尔·苏克曼找到了霍金，希望能出版霍金的书。虽然剑桥出版社承诺会尽力制作好《时光简史》，但是单纯地对这本书而言，他们并非是最合适的出版商，剑桥出版社是很有声望的学术出版社，而霍金需要的是将自己的书打进大众市场，它们可以说并不拥有这方面的市场。

密顿听说霍金与一家商业出版公司接触时，就以一位朋友的身份找到了他，提出了自己的想法和一些忠告，他说："跟那些人打交道，你不但要非常小心，也要清楚地明白，如果你的目的是赚钱，那么就不要介意促销的技巧，他们甚至可以用'瞧，这残废是不是很了不起？'来打广告，你得考虑清楚，如果你确定自己不介意的话，那就好！"

那一刻，密顿已经知道他无力将自己的朋友拉回来了，毕竟来找他的出版公司都是世界上数一数二的，这对霍金来说无疑具有很大的诱惑。终于，在 1988 年早春，《时光简史》被送到了美国各个书店，发行的庆祝会在纽约洛克菲勒中心举行，霍金一时间成为全球关注的人物。

惊人的新领域

作为一个物理学家，他希望在自己研究的领域中取得很好的成绩；作为一个作家，他希望自己的著作可以荣登销售榜首，成为众人热爱的书；作为一个人，希望自己成功，被万人仰望。人们都说高处不胜寒，那是因为你还没到达那个高度，只要到达了，持有一颗善良与平和的心，你依然会感受到云的潇洒、雨的轻盈，依然会品味到人间所有的美好。

其实，在决定《时光简史》这本书的书名时，霍金是很犹豫的，他认为书名有点儿轻浮，而且对"简"字又有些疑虑，他试图改用过很多名字，但是都不甚令他满意，最后还是古扎第说服了他，在古扎第的眼里，"简"正是整本书的灵魂所在，这个字使他发出会心的微笑，何况在接触中，他亦慢慢了解了霍金，这个充满魅力的男人希望给别人带来笑声。

这本书没有让霍金失望，更没有让对该书抱有期望的人失望，它在刚刚问世的时候就进入畅销书的排行榜，并且毫不费力地攀上了榜首，所有书店的橱窗中都陈列了这本书，并附有霍金的海报。

美国版的封面是霍金坐在轮椅上的照片，背景是星空，他的面部表情很严肃，几乎有点儿沉闷，这让霍金很不喜欢，而他的朋友也认为这张照片没有将他乐观向上、幽默风趣的性格表现出来，简直就是《时光简史》的败笔。

不管这张封面是多么的让人厌恶，它都无法阻止《时光简史》大踏步地前行，它轻易地成为世界性的畅销书。在芝加哥，一个霍金迷的俱乐部很快成立了起来，他们销售着印有霍金照片的 T 恤，呐喊着霍金的名字，当阳光轻轻地洒落在他们脸上的时候，他们眼中闪动的是崇拜与敬仰，那一刻，霍金已经成为他们心目中无法替代的英雄。

由于抢购的高潮，矮脚鸡公司的巴迪金决定把初版印刷从 5000 本增加到 8000 本，但是送到出版社后还是销售一空，只能赶紧再加印，到了 1991 年初期，霍金的《时光简史》在英国就加印了 21 次，已经到了供不应求的地步。霍金真的做到了让贩夫走卒都要买他书。没有一部书可以连续 53 周占据《纽约时报》的畅销书排行榜，还连续 4 年出现在伦敦《星期日报》的畅销书榜单上，而因为它的畅销业绩最终收入了《吉尼斯世界纪录大全》，被翻译成 60 多种语言销往世界各地。

辉煌过后带来的言论，在很多时候，我们都不能不承认《时光简史》是一本"难懂"的书，书评家和评论家对它的成功真的有点儿难以理解，其中最具代表性的就是《自然》编辑约翰·麦达克斯在 1988 年的评论，他说：

那些担心大众对科学漠不关心的人，当知道霍金教授的《时光简史》在美国已卖出 60 万本之后，一定就可以释怀了，令我好奇的是，在我访问加州期间，我大约询问了 20 多个人（并非全都是科学家），发现没有一个人不知道这本书，其中 3 个人有这本书，但是却都没有开始读，对于一本仅 198 页的书来说，这似乎有点儿不可思议。根据该书作者所说，只需要花上 1000 卡路里的热量就可以获得书中所有的信息，所以我估计我只要半天就能读完。

事实上，这本书有一种奇特的窘境，人们说它是一本"风靡一时"的书，我把霍金教授描述成一位风云人物。在加州，不同宗派与言论大师的流行（在大众心目中）起起落落是常有的事，用风云来解释霍金似乎很自然。但是，即使在加州也不可能消化全部 60 万册，这是一个惊人的新领域。

它成功的秘诀究竟是什么呢？这个纸醉金迷的世界，为什么会被一本薄薄的书敲出一片天空？几年后，人们依旧会询问着这个问题，就算把全世界所有的理科学生全部加起来,也无法解释《时光简史》的销售量,似乎在一时间,所有的人都成了霍金迷,那个时候最流行的一句话就是:"你知道霍金吗?"

霍金是一个精致的男人,奔忙于自己的事业,热爱着自己的生活,当日落西沉,他会独自坐在窗边望着回家的鸿雁,听着孩子们嬉戏的喧哗与妻子做饭的声音,他的心会被平和填满,那里滚淌着一条清澈的河,照映着他虽然残疾却亦美好的生命。

面对众人的质疑与困惑,霍金想起了母亲伊泽贝尔的回答,那时有一家杂志悬赏来征求众人的回答,而她是这样回信的:

阁下:身为霍金教授的母亲,我可能有点儿私心,不过我已经对《时光简史》成功的原因做了一些思考——这个成功连霍金本人也感到惊讶。我相信原因是复杂的,但是应该试图加以简化。

这本书写得很好,使人乐于阅读这本书,书中艰深的部分是思想而不是语言,他完全不炫耀,也从不大声压倒读者,他相信自己的思想是任何有兴趣的人都能明白的。这本书引起了争议,许多人在各种程度上反对他的结论,但是它激发了思想。当然,他与疾病奋战的事迹也增加了这本书的知名度。但在构思这本书之前,霍金已经走过了漫长的历程,他不是因为患有运动神经元症才得到了学术界与其他领域的荣誉。

这就是他的母亲,了解他并且关爱他的人。霍金的父亲弗兰克在1986年就去世了,现在他的身边只剩母亲和简愿意并且真的撑起了一把宽大的伞,他还可以像孩子般躲藏在里面,寻找温暖。

成功背后的喜与哀

　　随着《时光简史》的成功，霍金变成了家喻户晓的人物，无论在哪儿都会被认出来，这让他的世界失去了以往的平和与宁静。有时候，他在街上会把许多人都吸引过来，人们以鼓掌的方式向他表示赞赏。他在同一个时期一下子就那么令人关注，这既让人感到满足，又让人感到烦恼。

　　这种转瞬之间的声名远扬也严重地影响到了霍金的家庭，很多物理学家们不分白天黑夜都会前来拜访，他们期待着跟霍金直接对上话。其中有一位来访者做得更是相当极端，他竟然写信向露西求婚，求婚的先决条件居然是要露西的父亲阅读一下他的论文，简直让人啼笑皆非。

　　随着名气的增大，报道霍金的文章已经到了多不胜数的地步，然而世界新闻媒体关于他的新消息又非常少，毕竟霍金是一个患有运动神经元症的人，真切发生在他身上的能吸引大众眼球的事情就更少了，大家只能不断地描写他克服身体残障的勇气以及如何成为一位科学探索中的英雄，这远远无法满足人们对他的好奇及神往。

　　因此，美国ABC电视台开始在节目中向广大观众介绍霍金，用摄影机拍摄了他如何用电动轮椅上下班、如何用语音合成器与人交流，又如何与家人一同共餐。在影片制作的过程中，一位名叫高登·佛里德曼的制作人脑中开始运转着另一组节目形式，就是抓住现在大众的狂热心里对霍金进行一系列的访谈报道，如此，一定会使收视率创下新高。

　　说做就做，高登立刻找到自己的经纪人苏克曼，巧合的是他正好也是霍金的经纪人，经过他在其中介绍，霍金和高登很快达成协议，将《时光简史》拍成影片,并加作一组访谈节目,他们同时说服了东京广播公司与艾姆伯林娱乐公司共同出资,势必要制作出他们心中理想的影片。

他们第一阶段是先由工作人员草拟一份名单,涵盖了所有他们认为可能有兴趣参加的人,包括霍金的家人、朋友与一些同事。然而出乎意料的是,一些人并不想在影片中出现,成为这个访谈节目第一道“难关”。

然而,面对这个“难关”也在高登的意料之中,在他看来,剑桥大学是学术重地,和平的氛围下隐藏着身为知识分子的敌对、忌妒与怨恨,他们的理由,甚至可以说是借口也变得相当简单:《时光简史》成功了,却不应该将其融入一部介绍霍金思想的商业影片,他们都有一种感觉,这不是文化,而是荧光屏上的《世界新闻》。

当然,有兴趣参加这个影片的人仍然远超过那些自认为品位比较高尚的人。1990 年 1 月,他们正式开始拍摄,为期 12 天,进行了 30 次以上的访问,用了 33 种不同的布景,被采访的人包括萨马、瑞斯、白曼、伊泽贝尔,等等,当然,这里的主角还是霍金本人。面对大家的忙碌,他始终保持着高度的兴致,对那些摄影机等设备都很好奇。

接下来的设计、灯光与音效的后续工作也都请来最杰出的人员完成,在一段紧锣密鼓的工作之后,在 1992 年春天,影片终于在美国与欧洲的电影院上映了,反应相当热烈,又掀起了一场报道的浪潮。

报纸和杂志运用了这样一些他们自以为是称赞的话,他们写道:“物理学家斯蒂芬·霍金长着一颗向右边歪斜的大脑袋,他老是咧着嘴在笑,还不停地淌着口水,长在身体上的四肢因为不使用而萎缩了。”

这些言论粗鲁吗?或许是,但很多时候,这就是一些人见到霍金的最初印象,在他无比巨大的光环底下,是他坚持不懈与残疾作斗争的凄烈。

他得到众人的尊敬与仰慕,被视为精神领域的领导人物。在剑桥大学,霍金可能是自牛顿以后最有名的教授,如今,剑桥新大楼里有一间豪华的办公室是属于他的,里面挂着全新的照片与图片,有他的孩子们,还有一张玛丽莲·梦露的图片,霍金对她的喜爱是众所周知的,他有时甚至戏称她就是宇宙模特儿。

1998 年,霍金在白宫会见了美国总统比尔·克林顿,并在白宫发表了"千年演讲",被当选为 10 位有影响的英国人之一。在美国 2000 年的大选中,他明确地表态:"艾尔·戈尔将是美国和世界的希望,更能胜任未来的挑战,下一届的总统不仅是你们一国的领袖,他要带领全世界度过一个不断增长变化的时期,而这变化是由改变我们生活的科技进步带来的,戈尔懂得这种改变的内涵,他有能力塑造它,抓住它的机遇。"

随着他在世界声誉的提升,人们看到霍金硕果累累地步入美好事业的时候,他亦成了众多人攻击的对象,其中最突出的就是布顿恩·爱泼亚德,他不断地在公开的场合讽刺霍金,说他是个骄傲自大,除了在物理学界以外的表现都是"弱智"的人。

据说,布顿恩是一个认为哲学是最高贵学科的领军人物,他身上布满了尖锐的刺,并被自己的坚信弄得盲目了,进而认为霍金不懂哲学,贬低了这门学科,甚至还用纯经验的东西取代了宗教和哲学的说服力。

正如霍金所说:"他真是很好斗的,我不知道有谁被他说服,我感到他是一个失意的知识分子,所以他就要诋毁他人。"

人性本善,人们都讨厌这样的战争,而"9·11"悲剧事件发生后,人们更是担心武器的袭击,那时候,当朋友问起霍金有什么看法时,他总是一脸严肃地说:"我不认为人类在一个千年能生存下去,除非我们转移到空间去,大多的偶发事件会发生在一个行星上。"当问到核武器问题的时候,他则笑了,眼神却更加深邃,"长远来看,我更担心生物武器,核武器需要大型设置,但基因工程只需要小型实验室,我们不可能控制全世界的每一个实验室。"

　　夜深人静的时候,霍金会孤独地坐在窗边,望着一轮明月出神,他的眼中有着执著与落寞,风静静地透过纱帘,吹拂在他的脸上,霍金保持着原有的沉默。回首他的人生之路,他走得艰辛而执著。不管在媒体夸张的报道中是好是坏,任何人都不能否认的是他的影响力是庞大的,他的意志力也是令人敬畏的。

　　有人说霍金固执、倔强,不容易妥协,不容易共处,甚至绝情,但是更多的人说霍金是个以幽默著称的人,记得他来中国访问的时候,他冷不丁地在没有任何记者提问的时候说:"1985 年来的时候, 中国到处都是自行车,现在来中国却到处堵车。"记者问他下个 100 年最伟大的科学发现是什么,他却调侃地说:"如果我知道下个 100 年最伟大的科学发现是什么的话,我一定会自己去研究了。"

　　一个残缺的生命,一个积极进取的生命,他与冷冰冰的机器紧密相连,这套电脑程序使他能行动、说话甚至维持赖以生存的呼吸,他依靠着头脑运算着自己的方程式,依靠别人的帮助挣扎着生存。很多时候,我们不能感叹命运对这个天才太过残忍,将太多美好的东西从他的生命中隔离,然而很多时候,我们又不能不承认,他亦是幸运的,他有亲人、孩子、朋友和无数关心他的人,他们就像春季中交织的温暖的光环,将霍金紧紧地围绕在里面。

　　"人之初,性本善",每一个人都会崇拜坚强的生命个体,每一个人都会宽容善待心灵洁净的人,那么请我们悄悄地放轻自己的脚步,带着真诚的心去接触这个充满魅力的灵魂,绕过青山绿水,我们看到了孩童般天真与纯净的眼神,那是一个没有被世俗污染过的洁净世界,那里拥有着世界上最美好的一切。

霍金到底知道什么

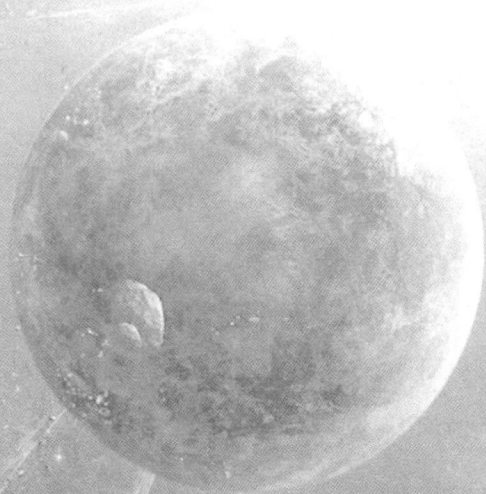

第一章 宇宙的起源和演化

我们身处的宇宙图像

毋庸置疑的是,我们每个人对宇宙会感到十分好奇,曾经就有一位十分著名的科学家举行过一次很著名的讲演,在那次演讲中,他十分详细地描述了我们居住的地球是怎样围绕着太阳而进行着公转的,也讲述了太阳是怎样围绕着被我们称之为银河系的一个巨大的恒星集团的中心进行着公转的。

也许大多数人都会觉得这样的一个说法十分荒谬:我们的宇宙就像是一个无限的乌龟塔那样。可是我们又能凭借什么自认为自己能知道得更好?而我们对这个宇宙究竟了解了多少?还有哪些是我们所不知道的?而我们了解宇宙的过程又是怎样的?到底宇宙是从何而来?它的未来又将向何处去?我们的宇宙存在着一个开端吗?如果有的话,那么在宇宙诞生之前的那些时间里又发生了些什么?时间是一种什么东西?时间会存在一个尽头吗?而最近物理学中的一些突破有可能就会为这样一些长久以来一直困扰着我们的问题提供正确的答案,也许在未来,这些问题的答案就会像是在今天我们知道的地球围绕着太阳公转那样的显而易见,也许也会变得和乌龟塔一样的荒谬,而这一切都只有在时间(不管其含义如何)的裁决下才会有最后的结果。

　　早在公元前 340 年,古希腊的哲学家亚里士多德就曾在他的著作《论天》一书中提到,他能够提出两个强而有力的论证来证明地球其实是一个圆球而并非人们所认为的一块平板。第一个论证,亚里士多德提出,由于月食是地球运行到太阳与月亮之间而产生的一种现象,而从月食中可以发现地球在月亮上的投影始终都是圆的,地球的投影是圆的,那么地球也就只能是圆的。再假设一下,如果地球是一块平坦的圆盘的话,那么除非月食总是碰巧发生在太阳正好位于地球这个圆盘中心的正下方的时刻, 不然的话,地球的影子就会被拉长而在月球上成为椭圆形的投影。第二个论证,有古希腊人从旅行中得知,我们在南方地区观测到的北极星会比我们在较北地区观测到的北极星在天空中的位置相对来说较低一些。(正是由于北极星位于北极的正上方,所以它出现在北极的观察者的头顶上,而对于赤道上的观察者来说,北极星则刚好出现在地平线上。)

　　亚里士多德甚至曾根据北极星在埃及和在希腊这两个不同地方观测到的位置上的差别来进行估计,他得出的结论是地球这个大圆的长度为 400000 斯特迪亚。由于我们现在并不能准确地知道,在当时 1 斯特迪亚的长度究竟是多少,有人估计是 200 码(1 码=0.9144 米)左右,如果是这样的话,那么亚里士多德当时的估计大约是现在我们得到的数值的两倍。古希腊人甚至还为地球是球形的这一理论提供出了第三个论证: 如果地球不是圆形的话,那为什么从远处地平线上驶来的船总是要先露出船帆,然后才能露出船身?

　　在亚里士多德的认知中,我们所处的地球并不是运动感的。亚里士多德相信地球就是宇宙的中心,太阳、月亮、行星和恒星等都以圆周为轨道围绕着地球进行公转,直到公元 2 世纪,托勒密依据这个思想将其精制,成为一个非常完整的宇宙学模型。在托勒密的模型中,地球处于正中心的位置,在它的外围有 8 个天球围绕着它,这 8 个天球分别是月亮、太阳、恒星和其他 5 个当时已知的行星：水星、金星、火星、木星和土星。为了说明为什么我们在天空中观察到的这些行星具有着相当复杂的轨道，人们认为星体本身沿着附在相应天球上作更小的圆周运动。而最外层的天球携带着所谓的固定恒星，因此它们的相对位置虽然保持不变，但是总体都是在围绕着天空旋转。而最后一层天球之外为何物在当时没人清楚，但是当时的人们肯定那决不是人类所能够观测到的宇宙的部分。

这个模型的系统虽然可以用来相当精确地预言天体在天空之中的位置。但为了能够正确地预言好这些位置，托勒密不得不做出了一个假定：月亮所遵循的轨道有时会使其距离地球的距离是其他时候的一半。这一假定即表明月亮竟然在有时会显得要比在其他时候大一倍。就连托勒密自己都承认这是个瑕疵，可是尽管如此，托勒密的模型在当时虽然并不是普适的，但也被广泛地接受了。其模型甚至还被基督教会采纳，使其成为了与《圣经》相一致的宇宙图像，这是因为这个模型本身具有着巨大优势：它在固定的恒星天球之外为天堂和地狱留下了大量的空间，上帝会喜欢这个理论的。

然而，在 1514 年，一位波兰的传教士尼古拉·哥白尼却提出了一个更为简单的模型：太阳位于宇宙的中心并且静止，而地球和行星们则都围绕着其做圆周运动。尽管哥白尼的理论所预言的轨道还不能完全和人们的观测相吻合，但依然得到了两位天文学家约翰斯·开普勒和伽利略·伽雷的支持。

1609 年，亚里士多德和托勒密二人的理论正式被宣告死亡。与此同时，约翰斯·开普勒修正了哥白尼的理论，他提出，行星并不是按照圆周而是沿着椭圆（椭圆是拉长的圆）来运动的，从而最终使哥白尼理论的预言和人们的观测相互吻合。

约翰斯·开普勒提出的椭圆轨道在当时受到很多质疑，虽然椭圆轨道能够很好地使预言和观测相吻合，但却并不能和磁力是引起行星围绕太阳运动的原因相互调和起来。这个理论让开普勒本人很讨厌，但是他仍然相信是椭圆轨道而不是完美的圆形轨道。直到 1687 年，艾萨克·牛顿爵士出版了他的著作——《自然哲学的数学原理》，将这所有的一切问题都解释了。牛顿不但提出了物体是如何在空间和时间中运动的理论，并且还以此发展了为分析这些运动所要用到的复杂的数学。另外，牛顿还提出了著名的万有引力定律。根据这条定律，在宇宙中的任一物体都会被另外的物体所吸引。物体的质量越大，其相互之间距离越近，则吸引力也就会越大。也正是同样的一种力，使得物体是下落到地而不是漂浮到空中。（一个苹果落到牛顿的头上使他得到灵感的故事，几乎肯定是不足凭信的。牛顿自己说过的是，当他坐着陷入沉思的时候，一个苹果的下落使他获得了万有引力的思想。）牛顿接着加以证明了，依据他的定律，引力使月亮沿着椭圆轨道围绕着地球运行，而地球和其他行星也是沿着椭圆的轨道围绕着太阳公转。

哥白尼的模型摒弃了托勒密模型中的天球以及与其相关的宇宙存在着自然边界的这些观念。因为除了地球围绕着自身的轴自转引起的穿越天空的转动外，"固定恒星"的位置显得固定不变，于是很自然地就会使人联想到固定恒星是一种和太阳相类似的物体，只不过比起太阳，它们离我们实在是太远了。

根据他本人所提出的引力理论，牛顿很快地意识到恒星应该是相互吸引的，在这样的情况下，它们似乎不能够保持着基本上不运动。在一封于 1691 年写给当时另一位最重要的思想家理查德·本特里的信中，牛顿论证道，如果只有有限数目的恒星分布在一个有限的空间区域里，这种情况确实是会发生的，于是他从另一方面推断说，如果存在着无限数目的恒星，并且大体均匀地分布于一个无限的空间中，对这些恒星而言，因为这时候并不存在着一个中心落点，因此就不会发生这种情况。

在 20 世纪之前，竟然从来没有人提出过宇宙是在膨胀或是在收缩，这一有趣的现象反映了当时的思维风气，一般都认为，宇宙要么就是以一种不变的状态存在了无限长的时间，要么以就正如我们今天所观察到的样子诞生在有限久的过去。而产生这种观念一部分的原因可能是因为人们倾向于相信永恒的真理，也有可能由于能够从下面的这个观念之中得到安慰：虽然他们自己就会生老病死，但宇宙却必须是不朽、不变的。

就连那些意识到牛顿提出引力理论会导致宇宙不可能静止的人们也都没有想到提出宇宙有可能正在膨胀。相反地，他们还试图去修正牛顿的理论，使引力在非常大距离之下变成一种斥力，这并没有影响他们对于行星运动的预言，然而却允许恒星的无限分布保持平衡状态——邻近恒星之间的吸引力被远距离外的恒星来的斥力平衡。但是，现在我们相信，这样的平衡其实是非常不稳定的，如果在某一区域内的恒星相互稍微地靠近了一些，它们之间的引力就会增强，并且超过斥力的作用，这些恒星因此而落到一起。相反地，如果在某一区域内的恒星相互稍微地远离了一些，那么斥力就会起到主导作用，并继续驱使它们离得更加遥远。

而通常将另一个反对无限静止宇宙的异见归功于一位德国的哲学家亨利希·奥勃斯，他在 1823 年撰写了这个理论。事实上，和牛顿同一时代的人也有些已经提出过这个问题。其实，第一篇看起来有理地反驳了这个模型的文章并不是奥勃斯的文章。这个问题的困难在于，在一个无限静止的宇宙之中，几乎所有的视线都必须终结于某一颗恒星的表面。根据这个，人们可以预料，整个天空甚至在夜晚都会像太阳那样的明亮。奥勃斯的反驳显得十分苍白，他曾说，远处恒星的光线会被它穿越过的物质吸收而减弱。可是如果真的是这样的话，介于这中间的物质最终也会被加热到发出和恒星一样强的光为止，而唯一可以避免整个天空都会像太阳那么明亮的结论的方法就是，假定恒星是在有限的过去才开始发光的，其并不是永远都那么明亮的。在上述的情况下,吸光物质都还没有加热,或者远处恒星的散发互光线还没有到达我们这里。可这个假定就又使我们面临着一个问题:是什么首次引起了恒星的发光?

关于宇宙开端的这个问题在这很久之前就曾被热烈地讨论过。根据一些早先的宇宙论和犹太教、基督教、穆斯林等宗教的看法,宇宙是于过去的某个时刻启始的,而那个时刻是有限的,并且不是非常的遥远。对于这样的一个起点,有一种论证感到必须要有一种"第一推动"来解释宇宙的存在。圣·奥古斯丁曾在他的著作《上帝之城》中提出过另一种论证。奥古斯丁指出,文明在进步,而我们将会记住创造出这些功绩或不懈地在发展技术的人们。这样,人和宇宙都不可能存在非常长的时间。圣·奥古斯丁根据《创世纪》一书提出,公元前 5000 年就是宇宙诞生的时刻。(有趣的是,这和大约公元前 10000 年的最近一个冰河时代的结束相距并不遥远,而考古学家告诉我们,我们的文明实际正是从那时候开始的。)

1781 年,哲学家伊曼努尔·康德发表了一部里程碑般的(同时也是非常晦涩难懂)的著作——《纯粹理性批判》。在《纯粹理性批判》中,康德深入地思索了关于宇宙在时间上是不是有开端、在空间上是不是存在界限的问题。他将这些问题称为纯粹理性的二律背反(也就是矛盾)。因为康德察觉到同时存在着都能够令人信服的论据来证明宇宙有开端的正命题,以及宇宙已经存在无限久的反命题。康德对于正命题所提出的论证是:假如宇宙并没有一个开端,那么任何事件在发生之前都必定存在了无限的时间,康德觉得这无疑是十分荒谬的。而康德对反命题所提出的论证则是:假如宇宙有一个开端,那么在它之前必定存在着无限的时间,为什么宇宙必须要在某一个特定的时刻开始呢?事实上,康德对正命题和反命题都采用了同样的论证来辩护,这都是基于他隐含的假设,即不管宇宙是否拥有一个开端,时间都可以被我们无限地倒溯回去。而在下面我们将会看到,时间这一概念在宇宙开端之前是没有任何意义的。这一点首先是由圣·奥古斯丁指出的。当在被问及："上帝在他创造宇宙之前做什么?"时,奥古斯丁没有回答"他正为诘问这类问题的人准备地狱"。而是说明时间也是上帝创造的宇宙的一个性质,因此时间在宇宙开端之前并不存在。

其实,当大部分人都深信我们所处的宇宙本质上是静止不变的宇宙的时候,关于宇宙有没有一个开端的问题,实际上就是一个形而上学或神学的问题。不管是按照宇宙存在无限久的理论,抑或宇宙是以它似乎已经存在了无限久的样子而在某一个有限时刻起始的理论,其实都可以很好地解释到我们所观察到的事实。但在 1929 年,埃德温·哈勃做出了一个里程碑式的观测,即不管我们往哪个方向观测,远处的星系都正急速地飞离我们而去。换言之,就是宇宙正在膨胀。而这就意味着,在更早的时候,星体们其实更加靠近。而事实上,似乎是至今大约 100 亿至 200 亿年之间的某一时刻,所有的星体们刚好都处在相同的地方,因而在那时候,宇宙的密度为无限大,而体积则为无限小。哈勃的这一个发现最终将宇宙开端的问题带进了科学的王国之中。

而这个关于时间的开端的想法和之前早先所有的考虑都显得非常不同。如果我们是在一个一成不变的宇宙之中,那么时间的端点就是必须由存在宇宙之外的事物赋予的,那么宇宙的开端就没有任何物理的必然性,且人们可以在脑海中想象上帝是在过去的任何时刻创造出了宇宙,但如果宇宙正在膨胀的话,那么为什么会拥有一个开端就似乎拥有了物理的原因?可是人们仍然可以在脑海中想象,上帝是在大爆炸发生的瞬间创造了宇宙,还有可能是在更晚的时刻,以至于是宇宙看起来就像是以发生过大爆炸的方式诞生而设想在大爆炸之前创造了宇宙都是没有意义的。大爆炸宇宙其实并没有排斥造物主的存在,只不过对其何时从事自己的工作加了一点儿限制罢了。

　　为了能继续谈论关于宇宙的性质和诸如宇宙是否存在着起始或终结的问题，我们必须清楚地知道什么是科学理论。下面我们采用的是素朴的观点，即理论不过只是宇宙或宇宙受到限制的部分的模型，以及相关的一套将这个模型中的量和我们做的观测相联系起来的规则，它只需要存在于我们的脑海里，并不要求再具有任何其他（不管在任何意义上）的实在性。而好的理论一定要满足下面这两点：首先，这个理论要能准确地描述大量的观测，要求这些观测还要都是根据那些只包含了少数的任选元素的模型而做出的；其次，这个理论要能够对未来所观测到的结果作出明确的预言。在一方面上，牛顿的引力理论是基于这样的一种模型，两物体用一种力相互吸引，这个力的大小和两个物体的质量成正比，并和物体之间的距离的平方成反比，同时，它还以很高的精准性正确地预言了太阳、月亮和行星的运动。

　　从一个只是假设的意义上来讲，任何的物理理论都是存在着临时性的，我们永远不可能证明它，不管有过多少次实验的结果和某个理论相一致，我们永远不可能断定下一次结果就一定不和该理论矛盾。正如科学哲学家卡尔·波普所强调的那样，一个好的理论所具有的特征是：许多在原则上就可以被观测否定和证伪的预言它都能够给出。每当我们观察到有新的实验和这个预言相符，那么这个理论就存在，同时我们还增加了对它的信任度；而若是有一个新的实验和预言不符，那么我们只能选择抛弃或去修正这一理论。

　　在现实世界中，经常发生的事是，往往设计出的新理论实际上就是原先存在的某理论的一个扩展。爱因斯坦的预言能够和观测到的相符合，而牛顿的理论却做不到这一点，对着一个新理论，一个关键的证实便是这个事实。但是，在我们所处的通常的情形下，牛顿的理论和爱因斯坦的广义相对论的预言之间的差异是非常小的，所以，因为实用的原因，我们至今仍然

在使用牛顿理论。(使用牛顿理论还有一个巨大的优点:用其来进行计算要比用爱因斯坦的简单得多了)

科学的终极目的就是提供一个能够描述整个宇宙的单一的理论。可将这一问题分割成两部分来看待却是目前现在大多数的科学家们所遵循的方法。首先,存在着一些定律,这些定律能解释宇宙是如何随时间变化的;其次,存在着宇宙初始状态的问题。有些人觉得科学应该只关心第一部分,这些人将初始状态的问题归结于玄学或宗教。他们会说,无所不能的上帝可以随心所欲地启始宇宙。也许他们是对的,但是,如果真的是那样,上帝也可以将宇宙以他想要的任意的方式去演化,可是他似乎选择了使宇宙以一种非常规则的、按照一定规律的方式演化。这样看来,也可以同样合理地假定,同时也存在着制约初始状态的定律。

一蹴而就地设计一种能描述整个宇宙的理论无疑是非常困难的。但是相反地,如果我们将这个问题分成了许多小块并发明许多部分的理论,每一部分理论描述和预言都具有一定的有限范围,同时忽略其他量的效应,并用简单的一组数来代表,这样的方法也可能会全错。如果宇宙中的每一件东西都能以非常基本的方式去依赖于其他任何一件东西,那么使用隔离法来研究问题的一部分也许永远都不可能逼近其完全的答案。但尽管如此,这肯定是一种让我们在过去取得过进展的方法,一个经典的例子便是牛顿的引力理论,这告诉了我们两个物体之间的引力只取决于与每个物体相关的一个数——它的质量,而与物体由何物组成无关。

在今天,科学家们描述着宇宙都是按照两个基本的部分理论——广义相对论和量子力学。这两个理论都是本世纪上半叶的伟大的物理成就。其中,广义相对论描述的是引力和宇宙的大尺度结构,也就是从只有几英里一直到大至 1 亿亿亿(1 后面跟 24 个 0)英里(1 英里=1.609 千米),即可观测到的宇宙的尺度的结构。而在一方面,极小的尺度则由量子力学来处理,例如万亿分之 1 英寸（1 英寸=2.54 厘米）的现象。但是遗憾的是，这两个理论并不是相互协调的——它们不可能都同时成立。而当代物理学的一个主要的努力方向以及我们本书的主题就是寻求能将其合并在一起的一个新理论——量子引力论。目前，我们并没有这样的理论，并且想要获得这个理论，我们可能还要走上相当长的一段路，可是现在我们已经知道了这个理论应该所应具备的许多性质。在以下几章里面，其实可以看到，对于量子引力论所应有的预言，我们已经知道得非常多。

对于为何要探索出这样的一个理论，下面的回答是基于达尔文的自然选择原理。自然选择原理说明，在任何自有繁殖的群体之中总是存在着有差异的不同个体。这些差异表明，某些个体会比其他的个体对于周围的世界更能去适应它，因此这些个体就更有可能存活、繁殖下去，而它们的行为和思维的模式将越来越会在群体中起到主导作用。智慧和科学所发现的东西的确给我们带来了存活的好处，这点是毋庸置疑的。同时，我们拥有的科学发现在现在可以轻易地毁灭掉我们拥有的一切，这个显然是十分清楚的。就算不是这样，在对于我们能否存活下来的机会上，一个完整的统一理论是不是也有着影响也是值得怀疑的。但是，假如整个宇宙都已经用一种规则的方式演化到了现在，那么可以预期的便是：在探索完整统一理论的时候，自然选择所赋予我们人类的推理能力仍然在发挥着效用，同时，并因此不会导致我们最后得到错误的结论。

但是，除了少数的最极端的情况之外，我们现有的这一部分理论已经足以对所有的一切都能作出精确的预言，于是，想要为探索宇宙的终极理论来寻找到一个实用的理由，在现在看来就是非常困难的。可是，虽然能否发现一个完整的统一理论可能对我们种族的存活毫无帮助，甚至也不会对我们的生活方式产生任何影响，但是今天我们仍然想知道，我们是因为什么而在这里？我们因何而来？人类最深切的意愿——求知，已经足够为我们现在所进行的积极探索提供了充足的理由，只是我们现在的目标恰好就是对我们生存在其中的宇宙作出一个完整的描述罢了。

空间和时间

现在，关于物体运动的所有观念都来自于伽利略和牛顿。而在他们之前，人们则是相信亚里士多德，亚里士多德说物体的自然状态是静止的，只有在受到力或冲击的推动时才会发生运动。依据亚里士多德的说法，很明显，质量较重的物体比质量较轻的物体下落得会更快，因为它受到的将其拉向地球的力比质量较轻的物体所受到的力要大。

而亚里士多德的传统观点还认为，人们是能够依靠纯粹的思维就可以找出所有制约宇宙的定律的，并没有必要用观测去检验。据说，为了证明亚里士多德的信念是错的，伽利略曾在比萨斜塔上做过将重物落下的实验。这个故事当然不足以为信，不过伽利略的确做过一些类似的实验——让质量不同的球分别沿着光滑的斜面滚下。这种情况很类似于重物的垂直下落，只不过相对来说，这样的速度更小，因而更加容易被我们所观察。而伽利略的测量指出，不管物体本身的重量多少，其速度增加的速率是一样的。例如，我们在一个沿水平方向每 10 米即下降 1 米的斜面上释放 1 个球，则 1 秒钟后球的速度就为每秒 1 米，2 秒钟后为每秒 2 米……而这些和这个球自身有多重并没有关系。当然，在生活中，一个铅锤当然比一片羽毛下落得要更快些，不过那只是因为空气阻力将羽毛的速度降低了。如果我们能够释放两个不受任何空气阻力作用的物体，那么它们就会以同样的速度下降。

　　伽利略的测量是基于牛顿的运动定律的基础上。在伽利略的实验中，当一个物体从斜坡上滚下时，它一直在受到不变外力（它的重量）的作用，而这个外力产生的效应就是使它恒定地加速，这说明了力的真正效应是改变物体的速度，而非像原先为人们所想象的那样，仅仅是使其发生了运动。这一思想首次出现于牛顿在 1687 年出版的《数学原理》（即《自然哲学的数学原理》，下同——编者注）一书中，并被人们称之为牛顿第一定律。而牛顿第二定律则给出物体在受力时发生的现象：物体在被加速或改变其速度时，其改变率与所受的外力成比例。（例如，如果力加倍，则加速度也将加倍。）物体的质量（或物质的量）越大，则其加速度就会越小（以同样的力作用于具有两倍质量的物体时只产生一半的加速度）。我们可以提供一个熟知的例子——小汽车。小汽车上发动机的功率越大，则其加速度越大，但是一旦增加小汽车的重量，使用相同的发动机，则产生的加速度就会变小。而除了运动定律之外，牛顿还发现了描述引力的定律：任何两个物体都相互吸引，其引力大小与每个物体的质量成比例，于是，如果其中一个物体（例如 A）的质量加倍，那么这两个物体之间的引力加倍，这是很简单就能够预料得到的，因为新的物体 A 可以被分割成两个和原先质量相同的物体，并且每一个都会产生和原先一样的力来吸引住物体 B，所以 A 和 B 之间的合力就会加倍。而如果其中一个物体的质量增大到原先的 2 倍，而另一个物体的质量则增大到 3 倍，那么引力就会增大到 6 倍。所以现在的人们能够看到落体以同样的速率下降，是因为具有两倍重量的物体将会受到原先向下拉的力两倍大小的引力，但与此同时，它的质量也大两倍，因此根据牛顿第二定律，这两个效应刚好能够被相互抵消掉，所以在所有情形下，我们看到的物体的加速度都是相同的。

　　牛顿的引力定律还告诉了我们，两个物体之间的距离越远，则产生的引力就会越小。牛顿的引力定律里说，一个恒星产生的引力只是一个类恒星在将距离减小一半后所产生的引力的 1/4。这个定律还极其精确地预言了地球、月亮及其他行星的轨道。如果这一定律中的恒星的万有引力随距离减小而增大得再快一些的话，那么行星轨道就不会再是椭圆的了，它们要么以螺旋线的形状盘旋到太阳上去，要么从太阳中逃逸。

伽利略、牛顿的观念和亚里士多德观念之间的巨大分歧就在于：亚里士多德认同的是一个优越的静止状态，物体在没有任何外力和冲击的情况下都会取这种状态。但是我们可以从牛顿定律中推断出，事实上并不存在着唯一的静止标准。举个例子来说，下面有两种说法：物体 A 静止而物体 B 以不变的速度相对于物体 A 运动和物体 B 静止而物体 A 运动，而其实这两种讲法都是等价的。如果有人在有轨电车上做运动物体的实验的话，就会发现所有的牛顿定律仍然都成立。例如，在有轨电车上打乒乓球，我们会发现，就和在铁轨边上的台桌上打球一样，两者并没有什么不同，因为乒乓球遵循牛顿的运动定律，所以我们无法得知究竟是火车在运动还是地球在运动。

没有绝对标准上的静止意味着我们将不能够确定在不同的时间上发生的两个事件是否都发生在空间的相同位置上。例如，假定在有轨电车上，我们的乒乓球直上直下地弹跳，在有轨电车上的人们看来，在这 1 秒钟前后，兵乒球两次都是撞到桌面上的同一处。可是在位于铁轨上的人来看，这两次弹跳是发生在相距大约 13 米的两个完全不同的位置上，产生这种差异是因为在这两次弹跳的时间间隔里，有轨电车已经在铁轨上走了这么远。

于是，不存在着绝对静止意味着我们并不能够像亚里士多德所相信的那样，能够给事件指定出一个绝对的空间位置。对于分别位于有轨电车上和铁轨上的人来讲，事件发生的位置以及它们之间的距离都是不同的，所以并没有任何理由去确定某个人的立场要比别人的更加优越。

对不存在绝对的位置，即绝对空间，牛顿本人也是非常忧虑的，因为这和他脑海里的绝对上帝的观念并不一致。而在事实上，就因为这个非理性的信仰，牛顿受到了许多人严厉的批评，而在这其中，最有名的应该是贝克莱主教了。贝克莱主教是一位相信所有的物质实体、空间和时间都是虚妄的哲学家。

亚里士多德和牛顿还是存在着相同点的，两者都相信绝对时间的存在。也就是说，亚里士多德和牛顿都相信人们可以毫不含糊地测量出两个事件发生之间的时间间隔，只要用一个好的钟，不管是谁去测量，这个时间都会是一样的。他们认为，时间相对于空间是完全分离且独立的。这种显而易见的常识虽然可以被很好地用来对付那些运动很慢的诸如苹果、行星的问题，但是一旦遇上以光速或接近光速运动的物体时，这个常识却根本无效。

早在 1676 年，丹麦的天文学家欧尔·克里斯琴森·罗默就第一次发现了光是以有限但非常快的速度在履行这一事实。罗默观察到，木星的卫星并不是以相等的时间间隔从木星背后出来，而木星的卫星会以相等的时间间隔从木星背后出来的这个结论却是人们在假定了卫星一直都在以不变的速度围绕木星运动后所做出的预料。当地球和木星都在围绕着太阳公转之时，它们两者之间的距离也在慢慢地变化着。而罗默注意到，在我们离木星越远的时候，木星的月食就会出现得越晚。因此，他提出了这样的观点：当我们离木星较远的时候，光要花更长的时间才能从木星的卫星那里到达我们这里。但是，罗默测得的木星和地球之间的距离变化并不是十分准确，与现在我们已知的光速为每秒 186000 英里的值相比较，依据他的结果所测出的光速仅为每秒 140000 英里。尽管有着小小的缺憾，但是罗默不仅证明了光以有限速度行进，还测量了那个速度，并且这一切都是在牛顿发表《数学原理》之前 11 年做出的，罗默所取得的成就无疑是十分卓越的。

而一直到 1865 年，英国的物理学家詹姆斯·麦克斯韦成功地将直到现在仍然在用以描述电力和磁力的部分理论统一起来以后，才出现了关于光的传播正确的理论。麦克斯韦的方程中预言，在合并的电磁场中可以存在波动的微扰，它们都是以固定的速度，就像是池塘水面上的涟漪那样的行进着。如果这些波的波长（两个相邻波峰之间的距离）为 1 米或更长一些，那么它们就是我们今天所谓的射电波。而更短波长的波现在则被称做微波（几厘米）或红外线（长于万分之一厘米）。而可以被我们所能看到的可见光的波长在一百万分之四十至一百万分之八十厘米之间。比这还要更短的波长则被称为紫外线、X 射线和伽马射线。

麦克斯韦的理论还预言了射电波或光波应该是以某一固定的速度行进着。但是由于牛顿理论已经让我们摆脱了绝对静止的观念，所以如果假定光以固定的速度行进，我们就必须要说清这固定的速度是相对于哪个物来测量的。据此，就有人提出，宇宙中存在着一种无所不在的物质——以太，甚至在"真空的"空间中也是如此。正如声波在空气中行进一样，光波也应该是通过以太在行进着，所以它们的速度都是相对于以太而言的。而在相对于以太运动的不同观察者之间就分别会看到光正以不同的速度向他们而来，但是光相对于以太的速度是一直保持不变的，特别是当地球在它围绕太阳的轨道穿过以太时，在地球通过以太运动的方向测量的光速（当我们对光源运动时）应该大于在与运动垂直方向测量的光速（当我们不对光源运动时）。1887 年，阿尔伯特·迈克耳孙（他后来成为美国第一位诺贝尔物理学奖获得者）和爱德华·莫雷两人合力进行了一个非常仔细的实验，他们将测量到的沿地球运动方向的光速和垂直于此方向的光速两者进行了比较，结果使他们大为惊奇，这两个光速竟然是完全一样的。

1905 年，阿尔伯特·爱因斯坦还只是一位默默无名的瑞士专利局的职员，那时的他就曾在一篇著名的论文中指出，只要人们愿意抛弃绝对时间这个观念的话，那么整个以太的观念就会显得十分多余。

这个在现在被称之为相对论的基本原理是,不管观察者是以怎样的速度在做自由运动,相对于他们而言,所有的科学定律都应该是一样的。这其中可能最著名的莫过于质量和能量的等价定律,这个定律可运用一个著名的方程式——E=mc2 来表达(E 是能量,m 是质量,c 是光速),以及没有任何东西的速度能够比光速还快的这个定律。由于能量和质量等价,物体因为它的运动而具有的能量应该都被加诸到了它的质量之上。也就是说,要想让原本速度就很快的物体再次加速将会更加困难。这个效应只有在当物体接近于光速的速度运动时才显得更有实际意义。当一个物体以 10%的光速运动的时候,其质量不过只比原先增加了 0.5%,可是当物体在以 90%的光速运动时,其质量变会得比正常质量的两倍而且还多。并且当一个物体越接近光速的时候,它的质量就会上升得越快,因此它就会需要越来越多的能量才能使速度进一步提升。正是由于这个原因,所以相对论限制了物体运动的速度:任何正常的物体永远是以低于光速的速度在运动,只有光或其他没有内禀质量的波才能够以光速在运动。

相对论还使我们对于空间和时间的概念产生了变革。在牛顿的理论中,如果有一光脉冲从一处发到另一处,由于时间是绝对的,所以不同的观测者对这个行程所花的时间不会有异议,但空间并不是绝对,所以观测者们在光行进的距离上不会总能取得一致的意见。而由于速度就等于路程上的时间,因此不同的观察者就会测量到不同的光速。而在相对论中,所有的观察者都必须在光的速度这一个问题上取得一致的意见,但是,在光行进过多远的距离上,他们就跟在牛顿的理论中一样并不能取得一致的意见,换言之,相对论将绝对时间这一观念给终结了。看来,每一个观察者都一定会有自己的时间测度,这是用他们自己所携带的钟记录的,不同的观察者即使携带着同样的钟,其读数也不一定会一致。

而每个观察者都可以利用雷达发出光或射电波脉冲来说明一个事件

在何处、何时发生。一部分脉冲在事件反射回来后,观察者就可以在接收到回波的时候测量出时间。事件的时间可被认为是在脉冲被发出和反射被接收的两个时刻的中点,那么相应地,这一事件的距离便可以用来回行程的时间的 1/2 乘以光速,这个思想被显示在(下图)上,这是时空图的一个例子。利用这个步骤,作相互运动的观察者对同一事件可赋予不同的时间和位置,并且没有任何观察者的测量能够比其他人的测量更正确,同时,所有的这些测量都是相关的,有着相应的联系的。因此,如果一位观察者此时能够知道其他观察者的相对速度,那么他就能够准确地预测出其他人测算出的这一事件的时间和位置。

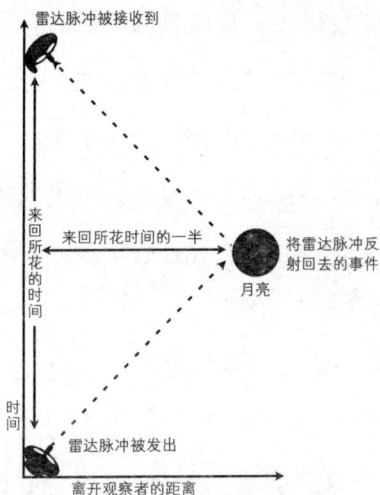

雷达脉冲被接收到

来回所花的时间

来回所花时间的一半

将雷达脉冲反射回去的事件

月亮

时间

雷达脉冲被发出

离开观察者的距离

在今天,我们测量距离的方法依旧是这种,不过其测量的结果会比之前的更加准确,而这只是因为现在的我们对时间长度的测量更为准确罢了。而事实上,我们现在采用的计量单位——米,就是被定义成为光在以铯原子钟来测量的 0.000000003335640952 秒的时间内所行进的距离(取这个特别数字的原因是,因为它对应于历史上的米的定义——按照保存在巴黎的特定铂棒上的两个刻度之间的距离)。因此,我们还可以定义一种叫做光秒的更加方便、用处更大的新长度单位，光秒就是简单地被定义成光在 1 秒的时间内所行进的距离。在今天，因为我们都是按照相对论中对于时间和光速来定义距离的，于是自然而然地，每个单独的观察者所测量出光的速度都是一样的（按照定义为每 0.000000003335640952 秒之一米）。因此，其实并没有引入以太这样一个观念的必要，而也正如迈克耳孙——莫雷实验所显示出来的那样，我们无论如何都不会检测到以太的存在。虽然相对论有许多的优点，但是相应地，它也迫使了我们从根本上改变了对于时间和空间的观念。现在我们必须要接受的是，时间并不是完全意义上的脱离和独立于空间之外，而必须是要和空间在一起结合，这就形成了一种所谓的时空的客体。

如 P124 页图所示，时间用垂直坐标测量，离开观察者的距离用水平坐标测量。观察者在空间和时间里的路径用左边的垂线表示，到事件去和从事件来的光线的路径用对角线表示。

日常生活中的经验告诉我们，我们是可以只用 3 个数或坐标就能够准确地描述存在于空间中的任意一点的位置的。譬如，我们可以说这屋子里的一点是离开一堵墙 7 英尺（1 英尺=0.3048 米），离开另一堵墙 3 英尺，同时还比地面高 5 英尺，同时，我们还可以利用相应的纬度、经度和海拔来指定这相同的一个点。所以，我们是可以自由地选用任何 3 个合适的坐标的，虽然它们都只是在有限的范围内才会有效。人们也可用离太阳的距离、离行星轨道面的距离以及月亮与太阳的连线和太阳和任意一个临近的恒星，例如半人马座 α——连线之夹角来准确地描述它的位置。可是这些坐标对于描述太阳在我们星系中的位置、我们的星系在星系群中所处的位置其实也并没有什么太大的用处。事实上，人们完全可以用一组相互交叠的坐标碎片来描写整个宇宙。而在每一片不同的碎片中，我们都可以用不相同的 3 个坐标的集合来指明某个点的准确位置。

而现在,我们显然更进一步,可以用 4 个数或坐标来指定点的位置。在这里我们要重申一遍,坐标系其实是可以任意的选择的;我们可以任意使用 3 个已经定义好的空间坐标和任何的时间测度。在相对论的理念之中,时间和空间这两者的坐标之间其实并没有真正意义上的差别,就好像在任意的两个空间坐标之间其实是没有差别一样,我们完全可以重新选择一组新的坐标,那么我们就可以说,新得到的空间坐标是旧的第一空间和第二空间坐标的组合。举个例子,我们在测量地球上某一点的位置不用是使其在伦敦皮卡迪里广场以北和以西这两个方向上的里数,而是采用在其东北和西北的这两个方向上的里数,得到的结果也许是不同的,可是它们的意义却是一样的。而相类似地,我们也可以在相对论中用一种新的时间坐标,它是旧的时间(以秒做单位)加上往北离开皮卡迪里的距离(以光秒为单位)。

当我们想要指定一个事件在所谓的时空的四维空间中的位置的时候,使用四维坐标的手段经常是有助的。四维空间其实是不可想象的,例如,在下图中,时间是向上的,并且以年作为测量单位,而其是沿着从太阳到半人马座 α 连线的距离而在水平方向上以英里为单位来测量的。而图中的左边和右边的垂线就表示太阳和半人马座 α 通过时空的路径,而从太阳上发出的光线却是沿着那条虚线,即对角线走的,其要花费 4 年的时间才能从太阳抵达半人马座 α。

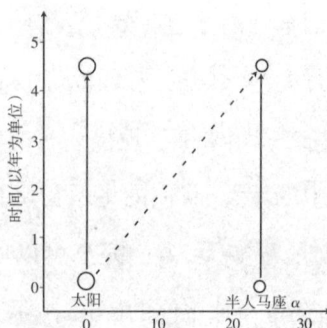

离开太阳的距离[以 1012 英里(1 英里=1.609 千米)为单位]

　　由此我们推出，如果有一个光脉冲在一个特定的空间点和一个特定时刻发出，那么在时间的进程之中，它就会作为一个光球面发散开来，而光球面的形状和大小和它发出的速度并没有关系。百万分之一秒后，光就会散开形成一个半径为 300 米的球面；而百万分之二秒后，所形成的球面半径就会扩展到 600 米，等等，这就好比我们将一块石头扔到池塘里，水面上的涟漪向四周散开的现象一样，涟漪是作为一个圆周在散开并随时间越变越大。而如果我们把不同时刻内涟漪的快照逐个堆叠起来，逐步扩大的水波圆周就会形成一个圆锥，而圆锥的顶点正是那个石块击打到水面的时刻和地点。相应地，作为一个事件而散开的光在（四维的）时空中的运动也是如此。

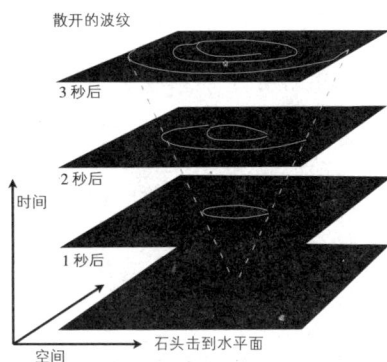

　　对于给定的事件 P，我们可以将宇宙中的其他事件分成 3 类。从事件 P 出发的由一个粒子或者波以等于或小于光速的速度行进而且能到达的事件，我们称之为属于 P 的将来。这些事件处于从事件 P 发射的膨胀的光球面之内或之上。这样，在时空图中，它们的位置就是处于 P 的将来光锥的里面或上面。同时，因为并没有任何东西能比光行进得更快，所以在 P 所发生的东西只能够是影响在 P 的将来的事件。

　　相对应地，P 的过去就被我们这样定义：以可能等于或小于光速的速度而行进到达事件 P 的所有事件的集合，就是 P 的过去。这样一来，它刚好就是所有能够影响发生在 P 的事件的事件集合,而不处于 P 的将来、P 的过去的事件被称之为处于 P 的他处(下图)。

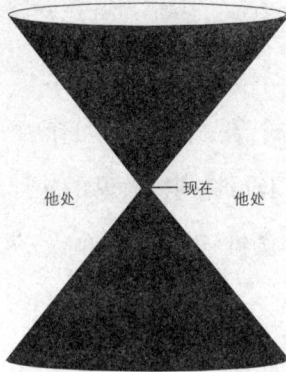

他处　　現在　　他处

在这种他处所发生的事件和所发生在 P 的事件之间是互不影响的。就好像如果我们假定太阳就在此刻立即停止了发光,那么它就不会对此刻发生的地球上的事情产生任何影响,因为现在在地球上的事情是在太阳突然熄灭的这一事件的他处(下图)。

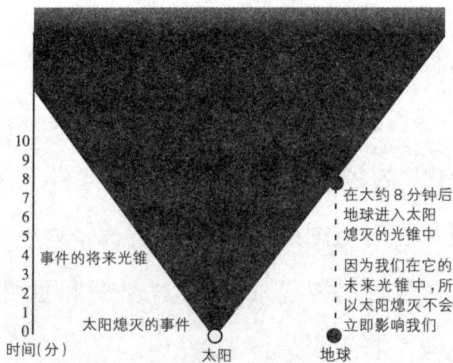

10
9
8
7
6
5
4　　事件的将来光锥
3
2
1
0
时间(分)

在大约 8 分钟后地球进入太阳熄灭的光锥中

因为我们在它的未来光锥中,所以太阳熄灭不会立即影响我们

太阳熄灭的事件　　太阳　　地球

而我们只能在 8 分钟之后才得以知道这一事件,8 分钟就是光从太阳

到达地球所需要花费的时间。也只有到那个时候,发生在地球上的事件才得以存在在太阳熄灭这一个事件的将来光锥之内。反过来说,也就是我们其实也并不知道在这一时刻中发生在宇宙中更遥远深处的事,因为我们现在所看到的光不过是遥远的星系在几百万年之前发出的,而目前我们所看到的最远的物体,它的光是在大约 80 亿年前的时候所发出的。因此,其实当我们抬头仰望宇宙的时候,我们就是在看它的过去。

而如果我们忽略引力效应的话,就像 1905 年的爱因斯坦和庞加莱,那么我们就得到了一种被称之为狭义相对论的理论。对于发生时空中的每一个事件,我们都可以做成一个光锥(所有从该事件发出的光的可能路径的集合),由于在每一个事件所处在任一方向上的光的速度都是一样的,所以所有的光锥都是全等的,并且都是朝着同一方向。而这就意味着,通过空间和时间的任何物体的轨迹必须要由一根线来表示,且这根线落在它上面的每一个事件的光锥之内(见下图)。

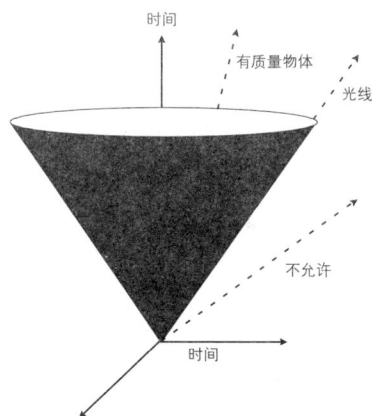

狭义相对论非常成功地解释了为什么对所有观察者而言,光速都是一样的(正如迈克尔孙–莫雷实验所展示的那样)这个问题,并且成功地描述了当物体在以接近于光速运动的时候会发生怎样有趣的事情。但是狭义相对论和牛顿的引力理论显得很不协调,两者之间存在着差异。牛顿的引力理论中说到，两个物体之间的相互吸引，其产生的吸引力依赖于它们之间的距离。换言之，引力效应应该是在以无限的速度行进着，而并不是像狭义相对论所要求的那样，只能以等于或低于光速的速度行进。从 1908 年至 1914 年的 6 年间，爱因斯坦进行了许多次不成功的尝试，他试图找到一个能和狭义相对论的理论协调一致的引力理论。而在 1915 年，他成功了，这就是在今天被我们称之为广义相对论的理论。

爱因斯坦提出了一个革命性的思想：引力不像其他种类的力，它只是补足时空并不是平坦的这一事实的结果，而早先的人们都假定时空是平坦的。爱因斯坦指出，在时空中的质量和能量的分布都会使时空本身产生弯曲或"翘曲"。像地球这样的物体并不是由于被称之为引力的力才会沿着弯曲的轨道运动着，相反地，地球其实是沿着弯曲的空间之中那条最接近于直线的路径在运动着，这条路径被称之为测地线。一根测地线总是邻近的两点之间最短（或最长）的路径。在爱因斯坦所提出的广义相对论中，物体其实总是在沿着四维时空的直线运动的。

因为太阳的质量以这样的方式将时空给弯曲了，所以，虽然在四维的时空中，地球是一直沿着直线的路径在行进着的，可是在我们看起来，它却在沿着三维空间中的一个圆周轨道而运动。广义相对论还预言了地球轨道椭圆的长轴应围绕着太阳，以大约每 1 万年 1 度的速度运动。尽管其预言的这个效应是如此微小，可是还是在 1915 年前就被人们注意到了，同时还被作为是广义相对论的第一个验证。光线在时空之中也必须遵循测地线。时空是弯曲的这一事实意味着光线在空间中看起来并不是沿着直线行进的。譬如，广义相对论的理论曾预言，由于太阳的质量的原因，在太阳近处的点的光锥会向内稍微地弯折（见下图）。当然，如果从恒星而来的光线总是能在靠太阳很近的地方穿过的话，那么我们就无从分辨到底是光线被偏折了，还是那颗恒星实际上就在我们所看到的地方。相较于其他的恒星而言，只是改变了表观的位置。

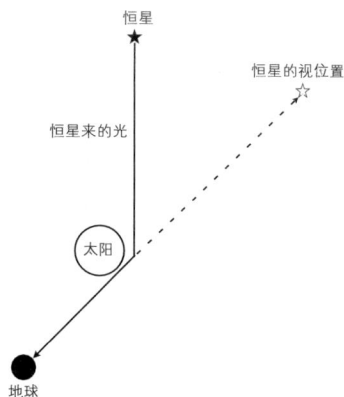

在正常状况下，想要观察到这个效应无疑是很困难的，因为太阳刺眼的光线可以使得我们不可能直接地就能观看到出现在太阳附近的恒星。1919年，一个英国的探险队从西非观测日食，证明光线确实像广义相对论理论所预言的那样被太阳偏折。但可笑的是，后来的人们检查这支探险所拍下的照片后，发现其中的误差十分巨大。这支探险队的测量纯粹是靠运气，也可能是他们已知所要得的结果，这在科学史上并不是件罕见的事情。而在此之后的许多次观测都准确地证实了光偏折。

广义相对论的另一个著名的预言是，在像地球这样的大质量的物体的附近，时间就会流逝得更慢一些，这是因为光所具有的能量和其所具有的频率（光在每秒钟里波动的次数）有这样一种关系：能量越高，其频率越高。当光从地球的引力场向上行进的时候会失去能量，因而它的频率就会下降（这表明两个相邻波峰之间的时间间隔变大）。在当下，基于卫星信号而诞生的精确的导航系统的出现，使地球上在不同高度上的钟产生的速度上的差异在实用上具有相当的重要性。如果我们无视广义相对论的预言的话，那么我们计算位置的误差甚至会达到几英里。

早在1915年之前，空间和时间都被认为是事件在发生的固定的一个舞台,同时它们还不会受到在这个舞台上所发生的所有事件的影响。而现在,空间和时间便成了一种动力量:当物体发生了运动,或者产生了力的作用时,它就影响了空间和时间的曲率;反过来,时空的结构也会改变物体运动和力作用的方式。空间和时间不仅影响,而且被发生在宇宙中的每一件事影响。就好比我们一旦没有了空间和时间的概念,不能谈论宇宙的事件一样,相同地,在广义相对论中,只有在宇宙界限之内讲空间和时间才是有意义的。

宇宙大爆炸理论

第一个真正证实宇宙存在开端的科学证据是在 20 世纪 20 年代的时候被发现的。1929 年,哈勃发表了一个将退行速度和它们离开我们的距离相关的定律,并且以此得出一个结论,即宇宙是正在膨胀的。并且,如果我们将目光延伸到足够遥远的过去,宇宙中所有的物质和能量应该是集中在一个体积无限小而质量无限大的点上,因此就会存在着一个一切起始的瞬间,现在这个事件被我们称之为大爆炸。

哈勃的结论遭到了众人的质疑。剑桥大学天文学家阿瑟·爱丁顿于 1931 年把宇宙想象成一个膨胀的气球的表面, 所有星系为那个表面上的点。也就是说,两个星系在某一时刻的距离为 1 英寸,那么 1 小时后,它们的距离就会变成 2 英寸,以此类推,星系越远,它离开我们运动得越快,这也正是哈勃的发现。

星系受了引力的束缚,空间的膨胀并不会影响到诸如星系、恒星、原子或其他由于某种力而被束缚在一起的物体的尺度,所以,当气球膨胀时,圆圈和在其中的星系会保持尺度和外形。只有当我们测量的工具具有固定尺寸时，我们才能够检查膨胀。可是如果万物都是在自由膨胀的话，一切就都会按着比例在膨胀，就不会觉察到有什么不同了。

1922 年，俄国物理学家兼数学家亚历山大·弗里德曼研究了基于两个可使数学极度简化的假定之上的一个宇宙模型：宇宙在任何方向都显得相同，以及从所有观察点看也是这样。我们知道弗里德曼第一假定不完全真实，还好宇宙并非处处一致。然而，在 1927 年，一位名为乔治·勒梅特的物理学教授和罗马天主教牧师提出了类似的思想：如果你沿着宇宙历史回溯到过去，它会变得越来越小，直到一个创生时刻，那就是今天我们称做大爆炸的时刻。

"大爆炸"这一术语是剑桥天体物理学家弗雷德·霍伊尔于 1949 年创造的，然而一直等到了 1965 年，人们发现了在整个太空中存在着暗淡的微波背景，成为支持这一观点的最早的直接观测。

这个宇宙微波背景辐射，而 CMBR 是从大爆炸后曾短暂存在过的温度非常高且密度非常大的早期宇宙所遗留的辐射。伴随着宇宙不断地膨胀，CMBR 逐渐地冷却、辐射下来，直至现在被剩下了的我们所观察到的这些暗淡的残余。

为大爆炸图像提供了令人信服的有利证据就是氦丰度以及 CMBR 的测量，而根据爱因斯坦广义相对论的方程和我们对天空的观测去获悉极年轻时代的宇宙，那时，宇宙温度、密度和曲率都是无限的，这是数学家称之为奇点的情形。不能用之预言宇宙为何起始，只能用之预言之后它如何演化，而大爆炸图像一直延伸至起始却是不正确的。

我们将会很快就会再次回到关于宇宙诞生的问题，但在此之间，我们首先要讲一下有关膨胀的第一相，即被物理学家称之为暴胀的东西。根据相对保守的估计，在宇宙暴胀的期间，宇宙在 0.000 000 000 000 000 000

000 000 000 000 000 01 秒的时间膨胀了 1 000 000 000 000 000 000 000 000 000 000 倍，这就好像是直径 1 厘米的硬币忽然变成银河系宽度的 1000 万倍。我们都知道相对论要求没有任何东西比光运动得更快，然而这个速度极限其实并不能够适用在空间本身的膨胀上。

暴胀成为重要概念的一个原因就是 CMBR 温度的均匀性，只有存在着比光速快得多的膨胀时期才可以纠正这个问题，因为在极其微小的前暴胀早期，宇宙才会有足够的时间来使均匀化发生。

暴胀至少能够在一个意义上解释大爆炸中的爆炸，即其至少能够说明在它所代表的膨胀中会比广义相对论产生的传统的大爆炸在暴胀的时间段里的膨胀远为极端。可问题在于，为了保证我们的暴胀理论模型能有效地运行，我们就要用一种非常特殊的以及高度不可信的方式来设定一个宇宙的初始态。这样，传统的暴胀理论虽然解决了一些问题，可是同时也产生了另一个问题——它需要一个非常特别的初始态。而下面即将要描述的宇宙诞生理论将会消除掉这个零时间的问题。

如果把膨胀的宇宙认为是泡泡的表面，那么宇宙中自发量子诞生的图像有点儿像在我们生活中水烧开的时候看到的蒸汽泡：许多微小气泡出现，然后再次消失，这些代表了在微观尺度时就坍缩了的微小宇宙。这里面很可能存在着另外的宇宙，但是因为它们没有能够维持的足够久而使得星系和恒星，更不用说智慧生命这些得以发展，所以它们其实并不是十分有趣。但是这些小泡泡中的一部分会长得足够大，从而会使得它们避免坍缩，并且它们还将以不断增加的速度继续膨胀，最后就形成了我们肉眼能看到的蒸汽泡。这个过程对应于在开始不断增加的速度膨胀的宇宙，即正在处于暴胀状态的宇宙。

而这个观念就导致了一种和我们传统的概念十分不同的宇宙观，要求我们要做出思索宇宙历史的方式的改变。为了能在宇宙学中作出预言，我们还需要计算出在此刻整个宇宙的所有在不同状态下的概率。在物理学中，人们通常都会对一个系统假定某一个初始状态，然后再利用有关的数学方程将其向时间的前方进行演化，从而给定该系统在某一个时刻的一个状态，人们还试图计算在此后的一个时刻内，该系统分别处于不同状态下的概率。在宇宙学中，通常都是假定了宇宙是具有一个单独、明确的历史，并且我们可以利用相关的物理学定律去计算这个历史是如何随着时间而发展的，我们将这种方法称之为"从底到顶"。但是，由于我们还必须要考虑到就好像费恩曼历史求和表达而成的宇宙量子性质，因此想要获得宇宙现在所处于一个特别的态的概率的这个幅度的话，我们要将来自于所有满足无边界条件下和结束在问题中的态的历史进行叠加。换言之，在宇宙学中，我们不应该是从底往上遵循着宇宙的历史，因为这样就假定了存在一个单独的历史，同时该历史还具有明确的、被定义的起点和演化。相反地，我们要从顶到底地去跟随历史，从现在开始回溯。由于某些历史比其他的历史发生的可能性更大，因而求和的结果通常就是被一个单独的历史所支配着，这个历史开始于宇宙的诞生，完成于宇宙的未来。然而，由于宇宙在现在时刻的不同的可能的态存在着不同的历史，这就导致了宇宙以及因果之间的关系的根本不同的观点。对于费恩曼求和贡献的历史来说，它并不是独立地存在着，而是依赖于一些物质从而正在被我们测量。简单来说，就是我们是在用自己的观测来创造历史，而并不是历史创造了我们。

如果我们从底向上去建立其宇宙的历史，那么我们就没有理由将我们实际观测到的粒子相互作用对应于宇宙的终止，即(基本粒子相互作用)标准模型的内空间。而在从顶到底的方法中，我们接受具有所有可能内空间的宇宙存在这一想法，所以在一些宇宙中，电子能够具有高尔夫球的质量，或者引力会比磁力更强。标准模型及其所有参数都十分适用于我们的宇宙，我们可以计算出在无边界的条件上导致标准模型的内空间的概率幅度，就像存在着具有三个大空间维度的宇宙的概率一样，因为我们已经观察到了标准模型描述我们的宇宙，所以这个概率相对于其他的可能性，幅度是多小都没有关系了。

在几百年前，那时候的人们都是认为地球是唯一的，并且还位于宇宙的中心。今天我们知道，在我们的星系中存在几千亿颗恒星，而其中的许多都拥有着行星系统，同时，在宇宙中还存在着几千亿个星系。本章描述的结果指出，我们所在的宇宙本身其实也只是众多的宇宙中的一个罢了，而且这个宇宙的表观定律还不是被唯一确定的，对于那些希望终极理论，即万物理论能预言日常的物理的性质的人来说，这个结论一定会让他们非常扫兴。我们其实不能够预言诸如大的空间里的内空间，也不能够预言那些确定我们观察的物理量（例如，电子和其他基本粒子的质量和荷）的维数之类的各别特征，而实际上我们反而使用了那些数去选择哪种历史对费恩曼求和的贡献。

现在的我们似乎正处于科学史的一个临界点上，在这里必须要变更我们有关的目标以及什么使物理理论可被接受的观念。现在看来，自然表观定律的基本的数，甚至形式都并非是由逻辑或物理原则所要求的。其参数可自由地采用许多不同的值，以及定律也可以采用任何一个能够自洽的数学理论的形式，同时，在不同的宇宙中，它们的确是采用了不同的值和不同的形式。这可能不满足我们人类的一个欲求，即我们是特殊的，或者也有悖于我们所想发现的容纳所有物理定律的优雅集合。但是，这也许就正好是自然的方式。

正在膨胀的宇宙

随着地球的公转,某些看上去固定的恒星相互之间的位置在我们看来确实起了一些非常微小的变化,并不是完全的固定不动的。而这是因为它们距离我们较近一些的缘故。当地球围绕着太阳公转时,相对于更远处的恒星背景,我们在不同的位置上去观测着它们。这是幸运的,因为这样能让我们直接地测量这些恒星与我们之间的距离,恒星离我们越近,它就越会显得移动得多。离我们最近的一颗恒星叫做比邻星,它离我们大概只有4光年那么远(这意味着光从它那儿来到地球,要用上4年的时间),换算下来也就是大约23万亿英里的距离。而其他的大部分肉眼可见的恒星和地球的距离都是在几百光年之内。和它的同类相比,太阳仅仅距离地球8光分那么远,实在是相当的接近。可见的恒星散布于整个夜空,但是特别集中在一条我们称之为银河的带上。早在公元1750年,就曾有天文学家提出,如果大部分可见的恒星都是处在一个单独的碟状的结构中的话,那么银河的外观可以得到解释,这个结构便是今天被我们称为螺旋星系的概念的雏形。而这之后不过几十年,就有一位天文学家——威廉·赫歇尔爵士通过对大量恒星的位置和距离进行过细的编目分类,证实了这个观念。但是,这一思想一直在本世纪初才完全被人们所接受。

直到1924年,我们现代的宇宙图像才被基本奠定。就是在那一年,美国天文学家埃德温·哈勃证明了我们的星系并不是唯一的星系,宇宙中还存在着其他的许多星系,而在它们之间的则是更为巨大、空虚的太空。为了要证明这些,哈勃就必须确定这些星系之间的距离,而这些星系是如此之遥远,并且不像邻近的恒星那样,显得是固定不动的,所以哈勃被迫采用间接的手段去测量这些星系的距离。由于恒星的视亮度取决于它辐射出来多少光（它的光度）和它离我们有多远这两个因素。对于处在近处的恒星，我们可以通过测量其视亮度和距离，这样就可以算出它的光度。反之，如果我们能够知道在其他星系中的恒星的光度，我们也就可以用测量它们的视亮度从而来算出它们的距离。哈勃还注意到，当某些类型的恒星近到足以被我们测量时，它们都有相同的光度，所以他提出，如果我们在其他星系找出了这样的恒星，我们同样可以假定它们有同样的光度，这样我们就可以计算出那个星系的距离。而我们如果能够对同一星系中的许多恒星都重复这一过程，并且最后计算出来的结果总是能够给出相同的距离的话，那么我们就可以相当地信赖这一估计。

哈勃用上述方法计算出了 9 个不同星系的距离。我们都知道，我们的星系都只是用现代望远镜可以看到的几千亿个星系中的一个，而每个星系本身都包含有几千亿颗恒星。下图所示的便是一个螺旋星系的图，生活在其他星系上的人们看我们的星系想必也是一样。我们所生活的星系是在一个宽约为 10 万光年并慢慢旋转着的，而在它的螺旋臂上的恒星围绕着其中心公转一圈，大概要花费几亿年的时间，而太阳只不过是一颗平常的恒星，它位于一个螺旋臂的内边缘附近。我们离开亚里士多德和托勒密那时候的想法肯定相当远了，在那时，人们可都是认为地球是宇宙的中心。

多数的恒星离我们是如此遥远，使我们都只能够看到一些极小的光点，而看不到它们的大小和形状，这样的话，我们怎么能区分不同种类的恒星呢？对绝大多数的恒星来说，它们只有一个特征可供我们观测——光的颜色。牛顿发现，如果使太阳光通过一个称为棱镜的三角形状的玻璃块，其就会被分解成像在彩虹中一样的分颜色（它的光谱）。类似地，将一台望远镜聚焦在一个单独的恒星或星系上的话，我们也就可以观察到这恒星或星系的光谱。

而不同种类的恒星具有不同的光谱,而不同颜色的相对亮度总是和人们所期望的从一个红热的物体中发出的光的光谱完全一致。此外,我们还发现,某些非常特定的颜色会在恒星光谱中丢失,而这些失去的颜色可根据恒星的不同而不同。由于每一个化学元素都会吸收一些非常独特的颜色族系,而通过将这些颜色和恒星的光谱中失去的颜色比较,我们就可以准确地推断出该恒星在大气中存在哪些元素。

早在20世纪20年代,当天文学家开始观察其他星系中的恒星所具有的光谱时,他们就发现了某些最奇异的现象:这些光谱和我们的银河系一样具有吸收的特征线族,只不过所有这些线族都在向光谱的红端移动了一样的相对量。为了能够理解这其中的含义,我们首先必须理解一下多普勒效应。就像我们看到的一样,可见光是由电磁场的起伏或波动构成的。光的波长(或者相邻波峰之间的距离)极其微小,为0.0000004米至0.0000008米。不同的波长正是其被人眼分成不同颜色的原因,最长的波长出现在光谱的红端,而最短的波长则在光谱的蓝端。现在想象一下,在某个和我们有固定的距离的地方有一个光源,它正在以固定的波长发射出光波。很显然,在我们接收到光波的时候,其波长和发射时的波长应该是一样(星系的引力场并没有足以强到对它产生明显的效应)。而现在假定这个光源正开始向着我们运动,因此当光源发出第二个波峰时,它就会比第一次的时候离我们更近一些,而这样两个波峰之间的距离显然要比在光源静止的时候要小。

从现在看来,所有关于宇宙在任何方向看起来都一样的证据似乎是在暗示着我们在宇宙中的位置有点儿特殊。特别的是,如果我们看到了所有其他的星系都远离我们而去,那我们似乎必须要处在宇宙的中心。但是这其实还存在另外的解释:在任何其他星系上看宇宙,在任何方向上也都一样,而这就是弗里德曼的第二个假设。我们现在并没有任何科学的证据能够让我们去相信或反驳这个假设。我们选择相信它只是基于一种谦虚：如果宇宙只是围绕我们而在的所有方向上显得相同，而在宇宙中的其他点却并非如此，这无疑是非常令人惊奇的事情。在弗里德曼的模型中，所有的星系都互相直接的原理。这种情形就像是一个被画上许多黑的气球被逐渐吹胀。当气球膨胀时，任意两个黑点之间的距离必然会加大，但是没有一个黑点可被认为是膨胀的中心。此外，黑点相离得越远，则它们相互的速度就会更快。而类似地，在弗里德曼的模型中，两个星系之间互相离开的速度和它们之间的距离成正比。所以他预言，星系的位移应该与离开我们的距离成正比，而这正是哈勃所发现的。尽管弗里德曼的模型取得了成功，并准确地预言了哈勃的观测，但是一直到1935年，为了响应哈勃的宇宙均匀膨胀这一发现，美国物理学家霍瓦德·罗伯逊和英国数学家阿瑟·瓦尔克发现了与其类似的模型后，弗里德曼的工作被人们普遍认可。

弗里德曼模型的一个特点是：宇宙在空间上并不是无限的，可是也同样的没有边界。引力是如此的强大，能够将空间折弯之后再使之绕回到自身，使之相当像地球的表面。如果有人在地球的表面上朝一定的方向不停地旅行，他将永远不会遇到一个不可超越的障碍或从边缘掉下去，反而会最终回到他出发的那一点。第一类弗里德曼模型中的空间和这个非常相像，只不过地球表面是二维的，而它则是三维的。虽然第四维的时间在范围上也是有限的，但是它就像一根有两个端点，即开端和终端的线。在以后我们就会看到，在当人们将广义相对论和量子力学的不确定性原理相互结合在一起的时候，就可能使空间和时间都成为有限的，并且不存在任何边缘或边界。

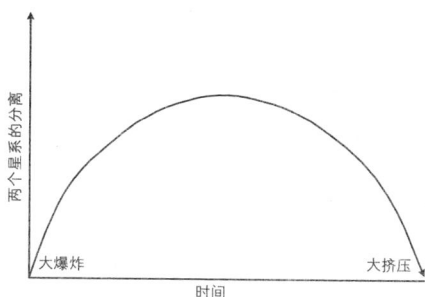

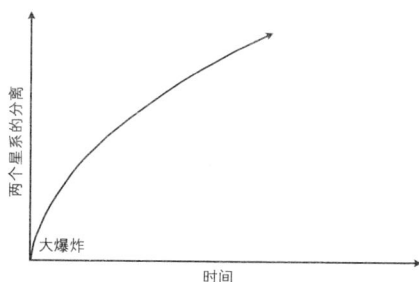

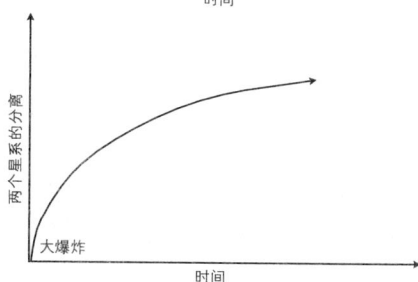

一个人可以绕宇宙一周最终回到出发点的这个思想是一个很好的科学幻想题材,但在实际并没有多大意义。因为我们可以证明,当那个人还没来得及绕完一圈的时候,宇宙就已经坍缩到了零尺度。只有旅行得比光还快,才能够在宇宙终结之前让你回到你的出发点,而这是显然不被允许的。

但是想要描述我们的宇宙,究竟要应用到什么样的弗里德曼模型呢?宇宙是最终会停止膨胀并开始收缩,还是将一直永远地这样膨胀下去?要回答上面的这个问题,我们不仅要知道现在宇宙的膨胀速度,还要知道其现在的平均密度。如果其密度是比一个由膨胀率决定的临界值还小的话,那么引力太弱,从而不足以继续将膨胀停止;而相反地,如果密度比这个临界值还要大的话，那么引力就会在未来的某一时刻将膨胀给停止，并且使宇宙坍缩。

利用多普勒效应，我们可以由测量星系离开我们的速度来确定宇宙现在的膨胀速度，这在现在可以很精确地实现。然而，因为我们只能间接地来测量星系的距离，所以对它们的距离，我们知道得还不是很清楚。现在我们所知道的不过是宇宙在每 10 亿年里膨胀 5%~10%。因此，我们对现在宇宙的平均密度测量就显得更加不准确了。

所有的弗里德曼解释都具有这样的一个特点，即在过去的某一时刻（约 100 至 200 亿年之前），邻近星系之间的距离一定为零。在那一时刻，宇宙的密度和时空曲率都是无限大。而实际上，我们现在的科学理论都是基于时空是光滑的、几乎平坦的基础上从而进行表述的，所以我们现有的科学在时空曲率为无限大的大爆炸奇点处完全崩溃，而这就意味着，即使在大爆炸前存在着事件，我们也不能够用现有的科学去确定在其之后所要发生的事件，因为可预见性在大爆炸处就直接地崩溃了。

而在 1963 年，两位苏联科学家——欧格尼·利弗席兹和艾萨克·哈拉尼科夫做了另外一个尝试，设法回避掉大爆炸并因其而引起时间起点的问题。他们两人提出，大爆炸很可能只是存在于弗里德曼模型中的一个特性，而毕竟这个模型只是真实宇宙的近似。利弗席兹和哈拉尼科夫的工作无疑是有价值的，因为这表明了，如果广义相对论是正确的，那么宇宙就可以有过奇点，一个大爆炸。

哈勃对于宇宙膨胀这一现象的发现以及对于我们自己所生活的行星在茫茫宇宙中微不足道的这些认识，统统都不过只是一个起点罢了。随着越来越多的实验和理论证据的积累，我们得以越来越清楚地认识到，这个宇宙在时间上必须一定有一个开端。而直到 1970 年，在原先爱因斯坦广义相对论的基础上，彭罗斯和霍金两人才证明了这点。他们二者的证明显示，广义相对论只不过是一个不完全的理论,因为它不能够解释宇宙是如何开始的,因为广义相对论预言了所有的包括它自己在内的物理理论都会在宇宙的开端失效。当然,广义相对论既然宣称自己只不过是一个部分的理论,那么奇点定理真正显示的就是,在极早期的宇宙中一定存在着一个时刻,那时宇宙是如此的小。我们必须要开始理会 20 世纪另一个伟大的部分理论——量子力学的小尺度效应了。在 20 世纪 70 年代初期,当我们被迫的从极其巨大范围的理论内理解宇宙转变到从极其微小范围的理论上理解宇宙。

第二章　时空的本性

时间之矢的方向

　　我们在前面曾经看到了,在很长的一段时期之内,人们对于时间性质的这个观点是如何在发生变化的,而一直到了本世纪初(即 20 世纪初——编者注),人们还在相信绝对时间的这一说法。换句话来说,就是每一个事件都是可以由被我们称之为"时间"的数以唯一的方式来标记的,所有没有坏掉的钟在测量两个事件之间的时间间隔上的结果始终都会是一致的。但是,对于分别位于不同的运动之中的多位观察者而言,光速总是保持着不变的这一个发现,直接导致了相对论的产生。而在相对论中,我们必须要抛弃存在着一个唯一的绝对时间这个观念,相反地,每个观察者都有由他携带的钟来各自记录他自己的时间测量:不同观察者携带的钟所测量的结果不一定要一致。这样,对于曾在进行着测量的观察者而言,时间变成了一个更个人的概念。

　　所谓的时间箭头有一个很好的例子来说明,即无序度或熵随着时间增加。时间箭头将过去和将来区别开来,是其使时间有了方向。而现在我们至少拥有了 3 种不同的时间箭头:第一种,热力学时间箭头,即是在这个时间方向上无序度或熵增加;第二种,心理学时间箭头,这就是我们感觉到的时间流逝的方向,在这个方向上,我们可以记忆的是过去而不是未来;而最后一种就是宇宙学时间箭头,宇宙在这个方向上膨胀,而不是在收缩。

同时为什么还要必须存在着一个被定义得很好的时间箭头?还将会论证是由热力学箭头确定心理学箭头,并且这两个箭头一定会总是指向相同的方向。如果我们假定了宇宙的无边界条件,那么我们将看到一定会存在着被定义得很好的热力学和宇宙学时间箭头,但是对于宇宙的整个历史来说,它们却并不总是指向着同一方向。但是,在下面将会论断,只有当二者的指向一致时,才有合适的条件能够提出为什么无序度在宇宙膨胀的时间方向上增加了的智慧生命的发展。

假设一个系统是从少数的有序状态之一出发,并且随着时间流逝,这个系统将按照科学定律逐步地在演化,同时它的状态也将会发生改变。而到了后来,因为存在着许多的无序状态,因此这个系统处于无序状态的可能性要比处于有序状态更大。所以,如果一个系统服从了一个高度有序的初始条件的话,那么这个系统中的无序度就会随着时间的增加而增大。

假设上帝决定了宇宙不管是从何状态开始的,最后其都必须结束在一个高度有序的状态,那么就说明,在早期,宇宙很可能处于无序的状态,而这就意味着宇宙的无序度将会随时间而减小,那么我们即会看到掉在地上破碎的杯子集合起来并跳回到桌子上。但是,所有观察杯子的人都是生活在一个无序度随时间减小的宇宙中,那么这样的人就会有一个倒溯的心理学时间箭头。换句话来说,他们会记住将来的事件,而不是过去的事件,即当杯子被打碎时,他们会记住它在桌子上的情形;而当杯子在桌子上的时候,他们不会记住它在地面上的情景。

从大体上来说,计算机的记忆器就是一个包含可以处在两种状态中的任一种的元件的设备,而算盘就是一个很简单的例子,其最简单的形式是由许多铁条组成,而一根铁条上都有一个念珠,而念珠只可待在两个位置中的一个。在计算机记忆器进行存储数据之前,它的记忆器是处于无序态的，等同与每个念珠都随机地处于两个可能的状态中（算盘珠杂乱无章地散布在算盘的铁条上。）而在记忆器和要记忆的系统产生相互作用之后，根据系统的状态，记忆器肯定处于这种或那种状态（每个算盘珠将要么位于铁条的左边，要么处于右边）。而这样一来，计算器的记忆器就从无序态转变成有序态。但是，为了能保证记忆器一直都处于正确的状态，我们就需要使用一定的能量（例如，移动算盘珠或给计算机接通电源）。而这种能量最后以热的形式耗散了，从而增加了宇宙的无序度的量。而我们可以证明，宇宙中，这个无序度增量总是比计算机中的记忆器本身有序度的增量大。这样，在计算机冷却风扇排出的热量说明其已经将一个项目记录在它的记忆器中的时候，整个宇宙中的无序度的总量仍然持续增加着。而计算机所记忆的过去的时间方向和无序度增加的方向是一致的。

在经典广义相对论中，因为所有已知的科学定律都会在大爆炸这个奇点处崩溃，因此我们是不能够预言宇宙是如何开始的。如果宇宙是从一个非常光滑和有序的状态开始，而这就会产生跟我们观察到的类似，其拥有着定义很好的热力学和宇宙学的时间箭头。但是，我们也可以同样合理地认为宇宙是从一个非常混乱的、完全无序的状态下开始。而在这种情况下，因为宇宙在开始即已经处于一种完全无序的状态，所以其无序度并不会随时间而增加。无序度要么保持着常数，而这样就会没有定义得很好的热力学时间箭头；要么会在减小，而这时的热力学时间箭头就会和宇宙学时间箭头反向。而不管是这些可能性中的那一种，都不符合我们所观察到的情况。但是，正像我们看到的那样，经典广义相对论预言了它自身的崩溃。当时空曲率变大时，量子引力效应将会变得重要，而那时，经典理论就不再能很好地用来描述宇宙，因此我们必须要用到量子引力论去理解宇宙是如何开始的。

如果宇宙停止了膨胀，并且开始收缩，那么将会发生什么呢？这为能够从宇宙膨胀存活到宇宙收缩中的人们留下了五花八门的类科学幻想。他们是不是会看到杯子的碎片集合起来,离开地板,而且还会跳回到桌子上去呢?他们是不是会记住明天股票的价格,从而在股票的市场上发财致富?因为宇宙至少还要再等上100亿年之后才开始收缩,在现在就开始忧虑那时候会发生什么似乎有点儿学究气。其实,有一种更快的办法能够让我们去查明将来到底会发生什么事情,那就是跳到黑洞里面去。恒星坍缩形成黑洞的过程和整个宇宙坍缩的后期十分类似,这样,如果在宇宙的收缩相无序度减小,那么相应地就可以预料其在黑洞里面也会减小。

这个观念是十分吸引人的,因为它表明了在膨胀相和收缩相之间是存在一个漂亮的对称的。但是,我们不能置其他有关于宇宙的观念于不顾,而只采用这个观念。问题的关键在于:无边界条件中是否隐含着这个对称?或者其是否与这个条件不相协调?正如霍金说过的那样:"我起先以为无边界条件确实意味着无序度会在收缩相中减小。"而霍金之所以被误导了,一部分原因是由于地球表面的类比所引起的。如果我们将宇宙的开初对应于北极,那么宇宙的终结就应该类似于它的开端,就像南极之与北极相似一样。但是,南北二极只能够对应于虚时间中的宇宙的开端和终结。在此时间里的开端和终结之间,这二者可是有着非常巨大的差异。霍金还曾被其所做过的一项简单的宇宙模型的研究误导,在此模型中,坍缩相似乎是膨胀相的时间反演。

当我们发现自己犯了像这样的错误会怎么办?有些人从不承认他们是错误的,转而继续去找新的、往往互相不协调的论据来为自己辩解——像爱丁顿在反对黑洞理论时所做的一样。而另外一些人则首先宣称,自己从来没有真正支持过那些错误的观点,而如果他们曾经支持了的话,那也只是为了显示那是如何的不协调罢了。

在收缩相的条件下并不适合有些智慧生命的存在,而这个问题正是其

147

才能够提出：为什么无序度所增加的时间方向和宇宙膨胀的时间方向相同？无边界设想预言的宇宙在早期阶段的暴胀意味着宇宙必须要以非常接近的以恰好能够避免坍缩发生的所需要的临界速率膨胀，而这样宇宙才能够在很长的时间之内不至于坍缩。而到那时候，宇宙中所有的恒星都会烧尽，而在其之中的质子和中子也很可能都会衰变成轻粒子和辐射。整个宇宙都将处于一种完全无序的状态，而在那时就不会再有强力的热力学时间箭头，因为整个宇宙都已经处于这样几乎完全无序的状态中，无序度再怎样也不会增加很多。但是，对于智慧生命的行为来说，拥有一个强力的热力学箭头是必需的，因为为了能够生存下去，生命必须要消耗能量的一种有序形式——食物，并将其转化成能量的一种无序形式——热量，因此，智慧生命并不能在宇宙的收缩相中存在。这就很好地解释了为什么我们观察到热力学和宇宙学的时间箭头的指向一致的这个问题。那并不是因为宇宙的膨胀而导致了无序度的增加，而仅仅是由无边界条件所引起无序度的增加，同时，也只有在膨胀相中才会有适合智慧生命存在的条件。

我们理解宇宙的进步，实际上就是在一个无序度增加的宇宙中建立了一个很小的、有序的角落。如果你能够记住这本书中的每一个词，那么你的记忆里就记录了大约 200 万单位的信息，你脑海中的有序度就增加了大约 200 万单位。但是，当你在读这本书时，你却至少消耗了 1000 卡路里（1 热化学卡=4.184 焦）的有序能量，并将其以对流和出汗这些方式释放到了周围空气中，转换成了无序能量，而这样就使宇宙当中的无序度增大了大约 20 亿亿亿单位，或者是你头脑中有序度增量，这是在你能记住这本书中的每一件事的这个前提下的大约 1000 亿亿倍。下面各章再会增加一些我们脑海之内总的有序度，用以来解释如何将这些描述过的部分理论统一地结合在一起，从而形成一个完备的统一理论，同时，这个理论还将适用于宇宙中的任何东西。

什么是虫洞?时间的旅行

　　时间好像是一列笔直行驶的列车,我们只能往一个方向前进。那么这辆列车的铁轨什么时候有环圈以及分岔,从而使得原本应该是一直在前开动的列车能够返回到原先通过的车站呢?我们又究竟能不能旅行到未来或着过去呢?

　　早在 1949 年,由库尔特·哥德尔首先提出了广义相对论中允许的新的时空这一观点,这是物理学定律首次表明其的确允许我们在时间中旅行。哥德尔是一位杰出的数学家,由于证明了不完备性定理而名声大噪。其定理是说,不可能证明一个学科中所有真的陈述,即使是只试图证明类似于像算术这么明确且枯燥的学科中所有真的陈述。而这个定理似乎是我们理解和预言宇宙的能力的一个基本极限,但是至少是在现在为止,该定理还没有成为我们追寻完备统一理论的障碍。

　　哥德尔是在和爱因斯坦在普林斯顿高级学术研究所度过他们晚年的时候通晓了广义相对论的。他的时空拥有一个非常古怪的性质:宇宙都是在旋转着的。也许有人会问:"那么它是相对于何物在旋转的?这个答案就像是在远处的物体围绕着小陀螺的指向而旋转。而这也就出现了一个附加的效应,一位航天员很可能在他乘航天飞船出发之前就已回到地球,而这个性质的发现曾使爱因斯坦变得十分沮丧,原先的他曾经以为自己的广义相对论中是不允许存在着时间旅行。但是,鉴于爱因斯坦这种对引力坍缩和不确定性原理的无端反对,或许反而更加是一个令我们鼓舞的迹象,因为至少我们可以证明,这个宇宙并不是旋转的,因此哥德尔找到的解释并不对应于我们这个宇宙。宇宙弦是弦状的物体,其具有长度,可是截面却十分微小。而事实上,宇宙弦更像在巨大张力作用下的橡皮筋,且其张力大约为1亿亿亿吨。如果把一根宇宙弦系到地球上的话,那么我们的地球就会在1/30秒的时间里从每小时零英里加速到每小时60英里。宇宙弦在刚接触起来的时候有些像是科学幻想物,可是我们有理由相信,在早期宇宙中,由在第五章讨论过的那种对称破缺机制可以形成宇宙弦,因为宇宙弦具有巨大的张力,并且可以从任何形态起始,所以其一旦伸展开来,就会马上加速到非常高的速度。

哥德尔的解释和宇宙弦表明时空在一开始就这么的扭曲,于是使得我们总能够旅行到过去。也许是上帝创造了一个这样卷曲着的宇宙,可是目前我们没有任何理由相信他会这样做。微波背景和轻元素丰度的观测都表明了,在早期的宇宙中并没有存在着允许时间旅行的曲率。如果无边界设想正确的话,从其理论的基础上,我们也能推导出相同结论。而这样的话,问题就变成了:如果在宇宙初始的时候就没有时间旅行必需的曲率,那么在之后,我们是否能够随后将时空的局部区域卷曲到一种程度,直至其能够允许时间旅行?

假设一枚火箭能以低于光的速度从事件A(譬如2012年奥林匹克竞赛的100米决赛)到达事件B(譬如半人马座α议会第100004届会议的开幕式)的话,那么根据所有观察者的时间,他们都会同意事件A是发生于事件B之先的。但是,如果飞船必须要以超过光的速度旅行才能把将事件A的消息送到事件B的话,那么,在以不同速度运动着的观察者关于事件A和事件B这两个事件究竟何为前、何为后就会众说纷纭了。按照一位相对于地球静止的观察者的时间来看,议会开幕或许就是在竞赛之后。这样,这位观察者就会认为,如果他忽略光速限制的话,那么飞船就能及时地从A赶到B。但是,在半人马座α上以接近光速在离开地球方向飞行的观察者就不会这样认为了，他们就会觉得是事件 B 先于事件 A，即百米决赛发生。相对论告诉我们，对于在以不同速度运动着的观察者来说，物理定律的作用是完全相同的。

而想要打破光速的壁垒就会存在一些问题。相对论告诉了我们，飞船的速度越接近光速，用以对它进行加速的火箭功率就必须要越来越大。对这个我们现在已经有了实验的证据，只不过不是航天飞船的经验，而是在诸如费米实验室或者欧洲核子研究中心的粒子加速器中的那些基本粒子的经验。我们现在已经可以把粒子加速到光速的 99.99%，但是不管我们注入多少功率，也不可能将其加速到超过光速的壁垒。而航天飞船的情形也是类似的：不管其火箭的功率有多大，也都不可能将其加速到光速以上。

而这样看来的话，快速空间旅行和逆时旅行这两者似乎都是不再可行了。但是，还可能存在着别的办法。我们也许可以将时空卷曲起来，使得在 A 和 B 之间产生一条近路。在这两者之间创造出一个虫洞就是一个很好的法子。我们从名字上就能够知道，虫洞其实就是一个时空细管，而它的作用则是能把两个相隔遥远的几乎平坦的区域连接起来。

1935 年，爱因斯坦和纳珍·罗森写了一篇论文，在该论文中，他们指出广义相对论允许"桥"的存在，他们当时所称的"桥"就是现在称为虫洞的东西。爱因斯坦和罗森还指出，"桥"并不能维持得足够久，使得航天飞船有足够的时间来得及穿越：它是会缩紧的，而飞船则会撞到一个奇点上去。由于通常的物质所具有的都是正能量密度，它赋予时空以正曲率，就如同一个球面。因此，为了使时空能够卷曲成被允许逆时旅行的样子，我们需要一种负能量密度的物质。

解决时间旅行的另一个可能的方法被称为选择历史假说，其思想是，当时间旅行者回到过去的时候，他们就会进入一个和记载中的历史不同的另外历史中去。这样，他们可以自由地行动，而不会受到原先的历史相一致的约束。史蒂芬·斯匹柏十分喜爱影片《回归未来》中的创意：玛提·马克弗莱能够回到过去,同时还将他父亲和母亲恋爱的历史改得更加令人满意。

乍一听起来, 选择历史假说和理查德·费恩曼将量子理论表达成历史求和的方法相类似,都是在说宇宙并不仅仅有一个单独历史,而是具有所有可能的历史,且每一个历史都拥有自己的概率。然而,在费恩曼的设想和选择历史之间存在一个重要的差别:在费恩曼求和中,每一个历史都是由完整的时空和其中的每一件东西组成的。时空可以被卷曲成能够乘火箭旅行到过去的状态,但是火箭也要留在同一时空,即同一历史中,因而历史必须是协调的。这样,费恩曼的历史求和设想支持的是协调历史假说,而并非是支持选择历史假说。

费恩曼历史求和确实允许在微观的尺度下旅行到过去。在后面,我们会知道,科学定律在 CPT 联合作用下不变,这就是说明,在反时钟方向自旋并从 A 运动到 B 的一个反粒子同时也可以被认为是在时钟方向自旋并从 B 运动回 A 的通常粒子。相类似地,一个在时间中向前运动的通常粒子也可以等价于在时间中往后运动的反粒子。正如我们讨论过的,"空虚的"空间里充满了虚的粒子和反粒子对,它们一道出现、分离,最后再回到一块并且相互湮灭。

在解释黑洞是怎样发射粒子并辐射的时候通常都这样认为:虚的粒子/反粒子中的一个成员(如反粒子)会落到黑洞中去,而另一个粒子,因为失去了原本将会和它湮灭的伙伴则留了下来。而这个被抛弃的粒子也同样的可以落入黑洞,但是它还可以从黑洞的邻近中挣脱出去。而如果是第二种的话,那么对于一位远处的观察者来说,这个粒子就是作为从黑洞中发射出的粒子而出现的。

对于解释量子理论在宏观尺度上是否允许时间旅行这一概念,这是能够被人们多利用的。初看起来,量子理论应该是能够允许的。费恩曼历史求

152

和这个设想是指的对所有的历史一起进行的,因此,其也应包括了那些被卷曲成允许旅行到过去的时空。而这样,新的问题又来了,为什么我们现在并没有受到来自历史的骚扰?例如,在未来有人回到过去,并提前将原子弹秘密提供给纳粹?

如果被霍金称作时序防卫的这一个猜测成立的话,那么这些问题其实都是可以避免的。这个猜测是讲,物理学定律在一起共谋并防止宏观物体将信息传递到过去,这就好像宇宙监督的猜测一样,还未被证明,但是在目前是有理由相信其是成立的。

能够相信时序防卫有效的一个原因是:当时空被卷曲得可以旅行到过去时,在时空中闭合的圈环上运动的虚粒子能够变成在时间前进的方向上以等于或者低于光速的速度运动的实粒子,同时,由于这些粒子还可以任意多次地围绕着圈环运动,它们都通过路途中的每一点许多次,因此,它们的能量就会被再三地计算,从而就会使能量的密度变得非常大。这也许会被赋予到时空正的曲率中去,因而不允许我们旅行到过去。在目前,这些粒子究竟是会引起正的还是负的曲率,或者由某种虚粒子产生的曲率是否可以被别的粒子产生的曲率而抵消,仍然不是清楚。因此,时间旅行的可能性仍然悬而未决。

黑洞

  黑洞这一专业的术语是在不久之前才得以出现的。1969 年，美国科学家约翰·惠勒为了形象地描述某个至少可追溯到 200 年之前的观念时，杜撰出了这个名词。在当时，一共存在着两种关于光的理论：一种是光的微粒说，另一种则是光的波动说。当然，我们现在知道，这两者其实都是正确的。由于光具有波粒二象性，因此既可将其认定是波，也可将其认定是粒子。而在光的波动说中，人们就不能清楚地知道光对引力如何做出响应。但如果光是由粒子组成的话，我们就可以预料，其正像炮弹、火箭和行星一样受到引力的影响。在开始，人们以为，光粒子无限快地运动着，所以引力并不能够使其缓慢下来，但是罗默关于光以有限速度行进的发现则意味着引力对光能够产生重要的效应。

  1783 年，剑桥的学监约翰·米歇尔在这个假定的基础上，于《伦敦皇家学会哲学学报》上发表了一篇文章，他指出，一个质量足够大并足够致密的恒星会有如此强大的引力场，甚至连光线都不能逃逸，任何从恒星表面发出的光，在还没到达远处前就会被恒星的引力吸引回来。米歇尔暗示，可能存在大量这样的恒星，虽然由于从它们那里发出的光不会到达我们这里，我们不能看到它们，但是我们仍然可以感到它们引力的吸引，这正是我们现在称为黑洞的物体，它是名副其实的，在空间中的黑的空洞。几年之后，法国科学家拉普拉斯侯爵显然独自地提出了和米歇尔类似的观念。非常有趣的是，拉普拉斯只将此观点纳入他的《世界系统》一书的第一版和第二版中，而在以后的版本中将其删去。也许他认为这是一个愚蠢的观念。（此外，光的微粒说在 19 世纪变得不时髦了，似乎一切都可以以波动理论来解释，而按照波动理论，不清楚光究竟是否受到引力的影响。）

为了理解黑洞是如何形成的，我们首先需要理解恒星的生命周期。起初，大量的气体（这其中绝大部分为氢）受自身的引力吸引而开始向自身坍缩形成恒星。在收缩的时候，气体中的原子会越来越频繁、同时以越来越大的速度发生着相互碰撞，表现出来就是气体的温度上升。到了最后，气体的温度变得如此之高，于是当氢原子发生碰撞的时候，它们就不会再弹开，而是会聚合形成新的原子——氦。这就好像是一个受控氢弹爆炸，在这个反应当中，所释放出来的热就会使得恒星发光。这附加的热又使气体的压力升高，一直到这股压力能够平衡引力的吸引，此后气体就会停止收缩。这就好像我们熟知的气球——内部气压试图使气球膨胀，而橡皮产生的张力则会使气球收缩，这两者之间存在这一个平衡。恒星会在很长的一段时间内维持这种平衡，但是，恒星最后会将它所有的核燃料都给消耗殆尽。有趣的是，恒星初始的燃料越多，那么它维持平衡的时间就会越短。之所以产生这种现象是因为恒星的质量越大，它就必须要越热才能够抵抗引力。而恒星越热，核燃料就会消耗得越快。太阳大概能够再燃烧 50 多亿年那么久，而比太阳质量更大的恒星却只能够燃烧 1 亿年的时间，这个时间比起宇宙的年龄就要显得短多了。恒星一旦耗尽了自身的燃料，就会开始逐渐冷却，同时收缩。而在其冷却之后所发生的情况，人们一直到了 20 世纪 20 年代末才理解。

1928 年，一位印度研究生——萨拉玛尼安·昌德拉塞卡乘船来到了英国的剑桥大学，跟英国天文学家兼广义相对论家阿瑟·爱丁顿爵士学习。（据记载，在 20 世纪 20 年代初，有一位记者告诉爱丁顿，说他听说世界上只有 3 个人能理解广义相对论。爱丁顿停顿了一下，然后回答："我正在想这第三个人是谁？"）而在这一旅途中，昌德拉塞卡则计算出了在耗尽燃料之后，仍然可以对抗自己的引力而维持本身的恒星有多大。他的思想是说：当恒星变小的时候，物质的粒子相互之间会靠得非常近，而按照不相容原理，粒子们就必须有非常不同的速度，而这又会使得它们相互的散开并致使恒星再次发生膨胀。所以，一颗恒星可以因为引力的吸引和不相容原理引起的排斥达到的平衡，从而保持它的半径不发生改变，就好像曾在它生命的早期产生的平衡一样。

可是，昌德拉塞卡意识到，由于不相容原理所能产生的排斥力存在着一个极限，相对论把恒星中的粒子的最大速度限制为了光速，而这就同时意味着，当恒星的密度变得足够大的时候，由不相容原理产生的排斥力就会比引力的作用小。在昌德拉塞卡的计算中，当一个恒星的质量比太阳的质量的一倍半还大的话，就不能够维持本身以抵抗自己的引力。（这个质量现在被称为昌德拉塞卡极限。）而苏联的科学家列夫·达维多维奇·朗道也得到了与之相类似的发现。

这一思想对于大质量的恒星最终的归宿具有着十分重大的意义。一颗恒星的质量如果比昌德拉塞卡极限小，那么最后它就会停止收缩，从而演变成"白矮星"。白矮星的半径仅为几千英里，而密度却为每立方英寸几百吨。白矮星是由它物质中电子之间的不相容原理排斥力支持的。我们现在观察到了大量这样的白矮星。围绕着天狼星转动的那颗白矮星是最早被发现的一个，同时，天狼星还是夜空中最亮的恒星。

而恒星的终态还存在着另外一种可能，这种恒星的极限质量大概也是太阳质量的一倍到两倍，但是它的体积甚至比白矮星还要小得多。这些恒星是由中子和质子之间的排斥力所支持的，所以我们将它们叫做中子星。中子星的半径只有 10 英里左右，其密度却惊人的达到了每立方英寸几亿吨。在第一次预言到有中子星的存在时，我们并没有任何方法能够去观察它。直到很久之后，中子星才被人们探测到。

在另一个方面,质量比昌德拉塞卡极限还大的恒星在消耗完燃料的时候会产生一个很大的问题。在某些情况下,这些恒星会发生爆炸或者用别的方式来抛出足够的物质,从而使其的质量减小到昌德拉塞卡极限之下,用以避免发生灾难性的引力坍缩。但是令人难以置信的是,不管恒星的质量有多么大,这一现象总是会发生。我们怎么知道其一定会损失重量呢?即使每个恒星都设法失去了足够多的质量,从而避免了坍缩,但是如果我们把更多的质量加在白矮星或中子星上,以使之超过极限,那么下面又将会发生什么?白矮星或中子星会坍缩到无限的密度吗?爱丁顿为此而感到十分震惊,因此他拒绝相信昌德拉塞卡的结果。在爱丁顿看来,一颗如此巨大的恒星是根本不可能坍缩成一个点的,这同时也是绝大多数科学家的观点,就连爱因斯坦都写了一篇论文,宣布恒星的体积不会收缩成为零。在其他的科学家,尤其是自己以前的老师爱丁顿的敌意下,昌德拉塞卡放弃了继续这一方面的工作,而转去研究诸如恒星团运动等其他的天文学问题。但是,昌德拉塞卡之所以能够获得1983年诺贝尔奖,至少部分原因是因为其早年的关于冷恒星的质量极限的发现。

昌德拉塞卡指出,不相容原理并不能够阻止那些质量大于昌德拉塞卡极限的恒星发生坍缩。可是,如果根据广义相对论,那样的恒星会发生什么情况呢?美国的一位年轻人罗伯特·奥本海默在1939年解决了这个问题。但是,罗伯特·奥本海默所获得的结果表明,在当时,人们根本不可能观测到这一结果。而这之后,由于第二次世界大战的缘故,奥本海默非常专心地投入到了原子弹的研制中去。而在"二战"结束之后,大部分科学家又都被吸引到原子和原子核尺度的物理中去,所以多数人都忘记了关于引力坍缩的问题。可是随着20世纪60年代现代技术的发展,天文观测的范围和数量大大增加,这又重新激起了人们对天文学和宇宙学的大尺度问题的关注。因而,奥本海默的工作被一些人重新发现并开始了推广。

在现在,从奥本海默的工作中,我们得到了一幅这样的图像:恒星的引力场改变了光线在时空中的路径,使得光线行进的路径和在没有恒星的情况下不一样。光锥是表示闪光从其顶端发出后在时空中传播的路径,光锥在恒星表面附近稍微向内弯折。在日食时观察从遥远恒星发出的光线,可以看到这种偏折现象。随着恒星的收缩,恒星表面的引力场就会变得更加强大,光锥就会向内偏折得越多,这就使得光线从恒星逃逸变得更加困难,而对于正在远处的观察者来说,光线就会显得更黯淡、更红。到了最后,当恒星收缩到了某一个临界半径,恒星表面的引力场就会使得光锥更加偏折,使得光线再也逃逸不出去(见下图)。而根据相对论,我们知道没有东西能够比光还快。所以,如果光都逃逸不出来,那么其他的东西就更不可能;这样,就会存在这一个事件的集合或时空区域,所有的东西都不可能从这个区域通过而被远处的观察者察觉。这一区域就是我们所说的黑洞,我们将黑洞的边界称之为事件视界,而这一边界就刚好和那些不能够从黑洞中逃逸出去的光线的路径重合。

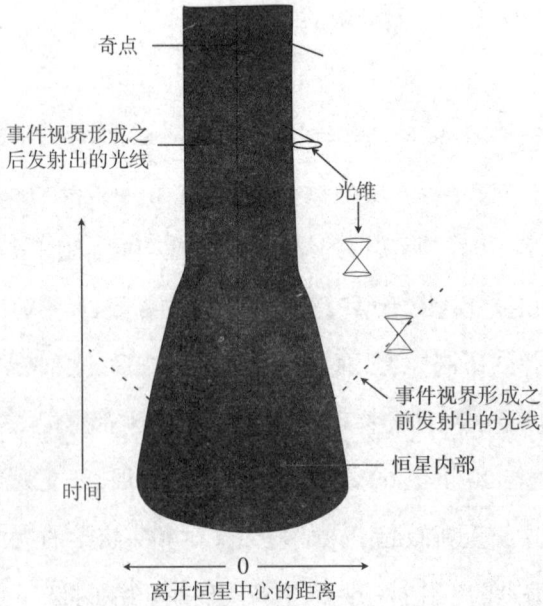

奇点

事件视界形成之后发射出的光线

光锥

事件视界形成之前发射出的光线

恒星内部

时间

0
离开恒星中心的距离

158

　　如果想要理解好一个恒星坍缩并形成黑洞的情况,就请记住,在相对论中并没有绝对时间,不同的观测者都会有不同的时间测量。而由于存在着恒星的引力场,恒星上的时间将会在远处的时间不同。如果在坍缩的恒星表面上有一位航天员和恒星一起向内坍缩,那么航天员照着自己的表,每一秒钟就向围绕着这颗恒星转动的航天飞船发射一次信号。而当他的表走到了某一时刻,例如 11 点钟,恒星就刚好收缩到了其临界半径之下,而这时候,恒星的引力场就强大到了没有任何东西可以逃逸出去的地步,那么他的信号再也不能传到航天飞船了。而随着 11 点的趋近,航天员的伙伴们在航天飞船上观看会发现这一现象:这名航天员所发来的信号的时间间隔在变长,而这一效应在 10 点 59 分 59 秒之前是非常微小的。在收到 10 点 59 分 58 秒和 10 点 59 分 59 秒发出的两个信号之间,在飞船上的人们只需要等待比 1 秒钟稍长一点儿的时间,可是他们却要为在 11 点这个时刻所发出的信号等待无限长的时间。依据航天员的手表,光波是在 10 点 59 分 59 秒和 11 点之间从恒星表面发出;而在航天飞船上来看,光波却被散开到了无限长的时间间隔里。在航天飞船上,这一串光波来临的时间间隔变得越来越长,因此从恒星上传来的光显得越来越红、越来越淡,最后,整个恒星都变得非常朦胧,从航天飞船上将再也看不见它,剩下的一切只不过是空间中的一个黑洞。不过,这颗恒星将继续以同样的引力作用到航天飞船上,从而使飞船继续围绕着形成的黑洞旋转。可是下面的几个问题,又说明上面我们所描述的场景不是完全现实的。一个人离恒星越远,那么他所受到的引力越弱,所以在这位无畏的航天员的脚上作用的引力总比作用在其头上的要大。而在恒星还没有收缩到临界半径,形成事件视界之前,这位航天员在这两股力的分别作用下就会像意大利面条那样,这两股力甚至还会将他撕裂。但是我们还是会这样相信:在宇宙中存在的天体在遭受到引力坍缩而产生黑洞的过程中,一位其表面的航天员在黑洞形成之前不会被撕开。而实际上，当恒星到达临界半径时，这位航天员都不会有任何异样的感觉，甚至在通过永不回返的那一点的时候，自己都没有注意到。可是，随着恒星的继续坍缩，在几个钟头之后，作用到他头上和脚上的引力之差会将其撕裂。

在 1965 年和 1970 年之间，罗杰·彭罗斯和霍金两人在研究中指出，黑洞当中存在着密度和时空曲率无限大的奇点。这一观点相当类似于时间开端时的大爆炸，只不过现在这是一个坍缩物体和航天员的时间终点而已。在这样的一个奇点里，我们预言将来的能力核科学定律都会崩溃。但是对于任何留在黑洞之外的观察者来说，却不会受到任何可预见性失效的影响，因为在这个奇点出发的任何信号都不能到达观察者那儿。而这个事实致使罗杰·彭罗斯提出了关于宇宙监督假想，宇宙监督可以被我们意译为："上帝憎恶裸露出来的奇点。"也即因为引力坍缩而诞生的奇点只会发生在像黑洞这样的地方，而它在那里就会被事件视界体面地遮住而不被外界看见。从严格意义上来讲，还有一种所谓弱的宇宙监督假想：它会使留在黑洞外面的观察者不会受到发生在奇点的可预见性崩溃的影响，可是它却对那位落到黑洞里的航天员无能为力。

时空中不可逃逸区域的边界，也就是事件视界，它的行为就好像是一层围绕着黑洞的单向膜物体都能通过事件视界落到黑洞里去，但是却没有任何东西能够通过事件视界逃离出黑洞。我们可以将诗人但丁曾说过的话应用于事件视界："从这里进去的人必须抛弃一切希望。"对于任何东西或任何人来说，一旦其进入了事件视界，那么它或他就会很快地到达一个无限致密的区域和时间的终点。

从广义相对论能预言到，运动的重物会产生引力波的辐射，而那是以光的速度行进的空间曲率的涟漪。引力波类似于电磁场的涟漪光波，可是想要探测到它却要困难得多。我们可以借助于引力波会引起邻近自由落体之间距离的非常微小的变化这一现象观察到它。而在美国、日本和欧洲的一些国家中,正在制造这样一些检测器,将能够把十万亿亿(1 后面跟 21 个 0)分之一的位移,或者是在 10 英里距离中的比一个原子核还小的位移给测量下来。

就像是光一样,引力波会带走那些发射它们的物体的能量。任何运动中的能量都会被引力波的辐射带走,所以我们可以这样预料到,一个大质量物体的系统最终会趋向于一种不变的状态。(这和扔一块软木到水中的情况相当类似:最初翻上翻下折腾了好一阵,但是随着涟漪将其能量带走,它最终平静下来。)举个例子来说,围绕着太阳公转的地球就会产生出引力波,而这个能量损失的效应就会改变地球的轨道,使其逐渐地接近太阳,到最后地球就会撞到太阳上,两者归于一种不变的状态。在上面的例子中,其能量的损失率非常微小,大概只能够我们点燃一个小电热器,于是大约再过 1000 亿亿亿(1 后加 27 个 0)年,我们的地球才会撞到太阳上,所以,现在的我们并没有必要为之担忧。虽然地球轨道改变极其的缓慢,我们根本观测不到,但在几年前,在被称为 PSR1913+16(PSR 表示"脉冲星",一种特别的发射出射电波规则脉冲的中子星)的系统中,我们却观测到了同样的一个效应。PSR1913+16 系统由两个相互围绕着公转的中子星组成,而由于引力波产生辐射,导致了能量的损失,从而使这两颗中子星相互沿着螺旋线轨道靠近。由于证实了广义相对论的这一个结论,J·H·泰勒和 R·A·荷尔西于 1993 年获得了诺贝尔奖。大约 3 亿年后,PSR1913+16 系统中的中子星就会发生碰撞。而在它们碰撞之前,由于公转速度的加快,其发射出的引力波就足以被像 LIGO 这样的检测器接收到。

但是,在 1967 年,加拿大科学家威纳·伊斯雷尔(他生于柏林,在南非长大,在爱尔兰得到博士学位)使黑洞研究产生了彻底的改变。伊斯雷尔指出,根据广义相对论,非旋转的黑洞就会是非常简单的。它们是完美的球

161

形,而黑洞的大小只依赖于它们的质量,而任何两个这样的同质量的黑洞必须等同。实际上,这些可以用爱因斯坦的特解来描述,这个解是在1917年被卡尔·施瓦兹席尔德找到的。在刚开始的时候,许多人认为,既然黑洞必须是完美的球形,而一个黑洞也只能够由一个完美的球形物体坍缩形成,所以,任何实际存在着的恒星都不是完美的球形都只会坍缩形成一个裸奇点。

伊斯雷尔的结果只是处理了那些由非旋转物体所形成的黑洞。而在1963年,由新西兰人罗伊·克尔找到了关于广义相对论方程的描述旋转黑洞的一族解。这些被称为"克尔"的黑洞会一直以恒常速度旋转,而它们的大小和形状只取决于其质量和旋转速度。如果旋转速度为零,那么黑洞就是完美的球形,而这个解就和施瓦兹席尔德的解一样。而如果旋转速度不为零,那么黑洞就会在其赤道附近鼓出去(正如地球或太阳由于旋转而鼓出去一样),旋转得越快,就会鼓得越厉害。于是人们猜测,如果把伊斯雷尔得到的结果推广到包括旋转物体的情形,那么任何旋转物体在坍缩形成黑洞后,最后都将会终结于由克尔的解所描述的一个稳态。

在1970年,布兰登·卡特为证明克尔的猜测首先跨出了第一步。布兰登·卡特指出,假定一个稳态的旋转黑洞拥有一个对称轴的话,那么这个黑洞的大小和形状就只由其质量和旋转速度决定。然后霍金在1971年证明了任何稳态的旋转黑洞确实都存在着这样的一个对称轴。而在1973年,在伦敦国王学院任教的大卫·罗宾逊利用卡特和霍金的结果证明了这一猜测是对的:这样的黑洞确实必须是克尔解。关于黑洞的研究,在科学史上是一种极为罕见的情形,在没有任何观测到的证据说明关于其的理论是正确的情况下,仍然被作为数学的模型发展到了如此详尽的地步。我们关于黑洞仅有的证据全都是一些基于广义相对论的计算,可是在1963年,位于加利福尼亚的帕罗玛天文台的天文学家马丁·施密特测量了在被称为3C273(即是剑桥射电源编目第三类的 273 号）射电源方向的一个黯淡的类星体的为红移的时候发现，引力场不可能引起这么大的红移，如果是引力红移，那么这类星体的质量必须大，同时离我们这么近，而其就势必会干扰到太阳系中的行星轨道，而这就暗示了这个红移是由宇宙的膨胀引起的，进而就表明这个物体实际上是离我们非常遥远的。而由于在这么远的距离还能观察到，它就必须要非常亮，也就是必须辐射出大量的能量。从而人们会想到，会产生这么大能量的唯一机制应该不仅仅只是一个恒星，而应该是一个星系的整个中心区域的引力坍缩。我们还发现了与之相似的类星体，这些星体都具有着相当大的红移，可是由于其都距离我们实在是太远了，所以我们进行观察过于困难，因此现在还不能给黑洞提供结论性的证据。

1967 年，对黑洞存在的预言拥有了令人欢欣鼓舞的证据：剑桥的一位研究生约瑟琳·贝尔发现了天空发射出射电波的规则脉冲的物体。起初，贝尔和其导师安东尼·赫维以为，他们也许是发现了外星人。在宣布他们发现的讨论会上，他们将这 4 个最早发现的源称为 LGM1–LGM4，而 LGM 表示"小绿人"（"Little Green Man"）的意思。可是，最终他们和所有其他人都得到这样一个并不那么浪漫的结论：脉冲星，实际上就是在旋转着的中子星。因为磁场和周围物质复杂的相互作用，所以这些中子星才发出射电波的脉冲。这对于那些于空间探险的作者而言无疑是个坏消息，但对于那些在当时相信黑洞的少数人来说则是非常大的希望——这是能够表明中子星存在的第一个正面的证据。中子星的半径大约为 10 英里，这只是恒星演变成黑洞的临界半径的几倍而已。如果一颗恒星都能够坍缩到中子星，那么能坍缩到更小的尺度而成为黑洞，就是十分理所当然了。

根据定义，黑洞是不能够发出光的，那么我们又怎么来检测到它呢？这个问题有点儿像是在煤库里找到一只黑猫。幸运的是，我们拥有一种办法。就像约翰·米歇尔在 1783 年的那份先驱性论文中指出的那样，黑洞仍然会将它的引力作用到周围的别的物体上。天文学家观测了许多这样的系统：两颗恒星由于相互之间的引力吸引而相互围绕着运动。还有这样的系统：只有一颗可见的恒星在围绕着另一颗看不见的伴星在运动。我们当然不能立即就得出结论说，这颗伴星就是黑洞——其可能只是一颗黯淡的、我们看不见的恒星而已。然而，这种系统中的一些，像叫做天鹅 X–1 的那样，也是强 X 射线源。对这种现象的最好解释就是，物质在可见星的表面被吹起来，当它落向了那不可见的伴星时，形成了螺旋状运动（这和水从浴缸流出很相似），同时还变得十分热，还散发出 X 射线（见下图）。为了能够使这个机制起到作用，那颗伴星必须要非常小。而通过观测那颗可见星的轨道，我们也可以确定那颗伴星可能的最小质量。在天鹅 X–1 这个情形，这个质量大约是太阳质量的 6 倍。而按照前面昌德拉塞卡的结果，这个质量无疑是太大了，既不可能是白矮星，也不可能是中子星。于是，这就只能是一个黑洞。

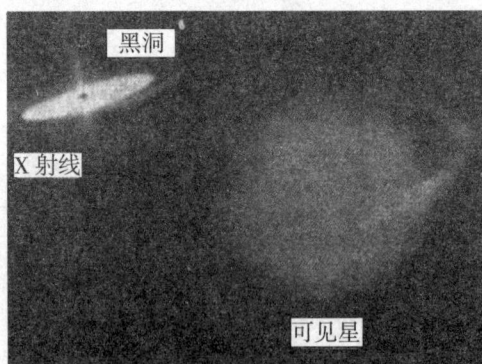

还有着其他不包含黑洞理论的关于天鹅 X–1 的模型的解释，但是那些解释都十分牵强附会。现在看来，黑洞才是对这一观测仅有的真正自然的解释。现在，在像我们的星系和两个名叫麦哲伦星云的邻近星系的系统中，我们还发现了几个类似于天鹅 X–1 的关于黑洞的证据。但是，几乎可以完全肯定的是，宇宙中黑洞的数量比我们现在发现的这些多得多了。在漫长的宇宙历史中,肯定有许多的恒星烧尽了核燃料并坍缩。所以,黑洞存在的数目甚至比我们可以见到的恒星的数目还要大得多。而单单是银河系中,就总共拥有 1000 亿颗以上的可见恒星。这么多的黑洞产生出来的额外引力就能够解释为什么目前星系会以现有的速率转动:依据可见恒星的质量是远远不足以说明这一点的。而还有一些证据表明,在银河系的中心存在着一个十分巨大的黑洞,这个黑洞的质量大约是太阳的 10 万倍。一旦有恒星过于靠近这个黑洞的话,那么作用在这个恒星的近端和远端上的引力之差就会将其撕开。而恒星的残骸以及摆脱其他恒星的气体都将落到黑洞上去。就像是在天鹅 X–1 中的情形一样,这些气体都将会以螺旋形的轨道向着黑洞里运动,同时被加热,虽然还没有热到足以发出 X 射线的程度,但是也可以用来说明为什么在星系中心我们观测到了非常致密的射电波和红外线源。

我们还认为,在类星体的中心存在着类似的,但是质量更加巨大的黑洞,这个黑洞的质量将会是太阳的 1 亿倍。举个例子来说,在用哈勃望远镜对 M87 的星系进行的观测揭示出,M87 星系中含有直径为 130 光年的气体盘,而该盘在围绕着一个质量为太阳 20 亿倍的中心物体旋转,这个中心物体毫无疑问只能够是一个黑洞。只有掉进了超重黑洞这样一个解释才能够说明这些物体所释放出的巨大能量。当物质旋入黑洞的时候,其将使黑洞向同一个方向旋转,因此黑洞就会产生一个磁场。同时,落入黑洞的物质会在黑洞的附近产生能量非常高的粒子,而黑洞产生的磁场能将这些粒子聚焦成沿着黑洞旋转,也就是在黑洞的北极和南极方向向外喷射的射流。现在,在许多星系和类星体中,我们确实观察到了这类的射流。而人们还可以考虑是否存在质量比太阳的质量小很多的黑洞。但是因为它们的质量比昌德拉塞卡极限低,所以它们是不能由引力坍缩产生的。这样小质量的恒星甚至在耗尽了自己的核燃料之后还能够支持自己对抗引力。于是,只有受到了非常巨大的外界压力，从而被压缩成极端紧密的状态时，才能够形成小质量的黑洞。而一个巨大的氢弹就可以提供这样的条件。物理学家约翰·惠勒曾经计算过，如果我们能够将世界上所有的重水制成一个氢弹，那么它就可以将中心的物质压缩到产生一个黑洞。很显然，为了能够说明恒星和星系的无规性是否是导致形成相当数目的"太初"黑洞的原因，依赖于早期宇宙中条件的细节。于是，如果我们能够确定现在宇宙中有多少太初黑洞，我们就能对宇宙的早期阶段了解到更多。质量大于 10 亿吨（一座大山的质量）的太初黑洞只能通过其对可见物质或宇宙膨胀的影响被我们探测到。但是，就像我们说的，黑洞毕竟不是真黑，它们还是像一个热体一样在发热发光，而其体积越小就发热发光得越厉害。所以，实际上，小的黑洞其实可以比大的黑洞更容易被我们探测到。

黑洞并不是那么黑

在 1970 年以前，霍金关于广义相对论的研究主要都是集中于是否存在着一个大爆炸奇点。而在那个时候，世界上还不存在关于时空的那些点是在黑洞之内还是在黑洞之外的准确定义。霍金和罗杰·彭罗斯就讨论过将黑洞定义为不能逃逸到远处的事件集合的想法，这也就是现在被我们广泛接受的定义。这就意味着，黑洞的边界是由那些刚好不能从黑洞逃逸，从而在边缘上永远盘旋的光线在时空里的路径形成的。霍金意识到，这些光线的路径是永远不可能相互靠近的。如果一旦靠近，那么其最终就必定发生相撞。在这种情形下，它们就落到黑洞中去。可是，如果这些光线被黑洞吞没的话，那么它们就从未在黑洞的边界上待过，所以在事件视界上的光线的路径直接按必须永远的相互平行运动或相互散开。关于这一点的另外一种解释是,事件视界即黑洞边界,就像是一个影子的边缘。如果我们看到了在远距离上的一个源,譬如太阳投下的影子,就能够明白边缘上的光线是不会相互靠近的。(见下图)

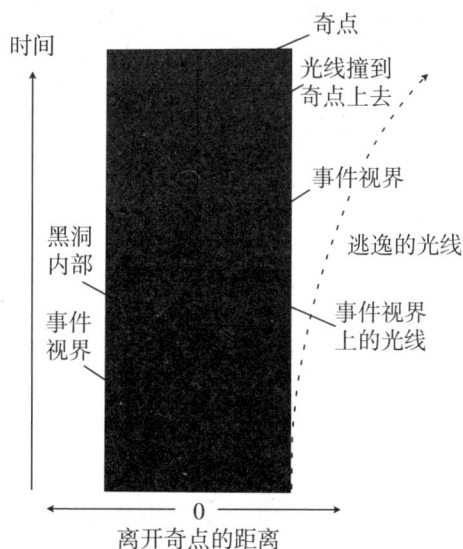

如果从事件视界来的光线之间永远不会相互靠近,那么事件视界的面积则可以保持不变或者会增大,但是永远不会变小,变小就意味着至少边界上的一些光线必须互相靠近。实际上,每当有物质或辐射落到黑洞中去,事件边界的面积就会增大(P168 页图左);而如果两个黑洞碰撞并合并成为一个新的黑洞的话,那么这个新的黑洞事件视界面积就会大于至少是等于原先的两个黑洞事件视界面积的总和(P168 页图右)。事件视界面积这一重要的性质替黑洞的可能行为加上了重要的限制。

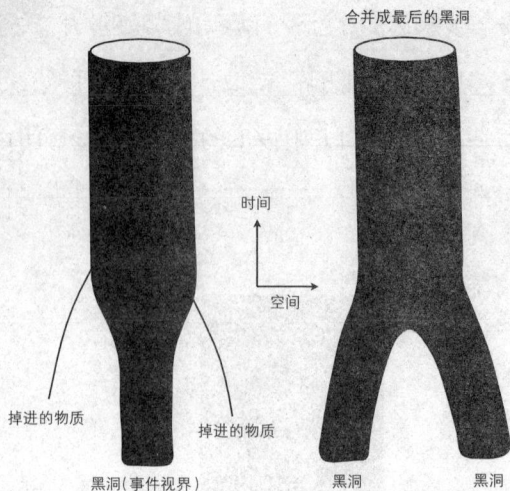

合并成最后的黑洞

时间

空间

掉进的物质   掉进的物质

黑洞(事件视界)   黑洞   黑洞

　　我们非常容易地就会从黑洞面积的非减性质联想起一种被叫做熵的物理量的行为。熵是测量一个系统的无序的程度的物理量。常识告诉我们，如果我们不进行外部的干涉，事物总是会倾向于增加其无序度。而我们虽然能够从无序中创造出有序来(例如你可以油漆房子)，可是也必须要消耗掉精力或能量，而这样也就减少了可利用的有序能量的总量。

　　对于这个观念的一个准确的描述是热力学第二定律，其陈述道：一个孤立系统的熵总是增加的，并且将两个系统连接在一起时，其合并系统的熵大于所有单独系统熵的总和。就像是考虑一盒气体分子的系统，分子可以被认为是不断发生着相互碰撞的，同时也不断地从盒子壁反弹回来的康乐球。而气体的温度越高，其分子运动的速度就会越快，而其撞击盒壁的频率和力量也就会越频繁和越厉害，于是分子作用到壁上的向外的压力就会增大。假设刚刚开始的时候，所有的分子被一块隔板给限制在了盒子的左半部，接着我们再将隔板拿开，这些分子就会趋向地散开并充满整个盒子。而在这之后的某一时刻，所有这些分子也许会偶尔地都待在右半部或到左半部，但最大的可能性就是这些分子的数目在左右两半大致相同。而这种状态比原先的所有分子都在盒子的一半更加无序。于是，我们就说气体的熵增加了。相类似地，如果我们从两个盒子开始，把一个盒子装满氧分子，而另一个盒子装满氮分子，同时把两个盒子连在一起并移去中间的壁，而氧分子和氮分子就开始混合。而在后来，最可能的状态就是两个盒子里都充满了相当均匀的氧分子和氮分子。这种状态就比原先分开的两个盒子的初始状态更无序，即具有更多的熵。

与其他科学定律相比较而言，热力学第二定律的状况相当不同。比如，热力学第二定律只是在绝大多数的而并不是所有情形下都成立。在上述的例子中，即使第一个盒子中的所有气体分子都分布在盒子的一半这个概率只有几万亿分之一，但仍然是可能发生的。可是，如果附近存在着一个黑洞，似乎存在一种非常容易的方法违反第二定律。只要将一些具有大量熵的物体，就像一盒气体抛进黑洞里的话，黑洞之外物体的总熵就会减少。同时还有一个致命的瑕疵。如果一个黑洞具有熵，那么这个黑洞也应该同时具有着温度。但是我们都知道，具有特定温度的物体都必须要以一定的速率发出辐射。为了防止违反热力学第二定律，这些辐射都是必需的，因此黑洞也必须发出辐射。但是按照黑洞定义，其又是被认为是不发出任何东西的物体，因此，黑洞的事件视界的面积也似乎并不能被认为是它的熵。在1972年，霍金和布兰登·卡特以及美国同事詹姆·巴丁合写了一篇论文，在论文中，3人指出，虽然在熵和事件视界的面积之间存在许多相似点，但也存在着这一致命的问题。

1973年9月，霍金访问莫斯科时，曾和前苏联两位最主要的专家雅可夫·捷尔多维奇和亚历山大·斯塔拉宾斯基讨论黑洞问题。雅可夫·捷尔多维奇和亚历山大·斯塔拉宾斯基指出，按照量子力学的不确定性原理，旋转黑洞就应该产生并辐射粒子。霍金认同了这一论点，但是认为雅可夫·捷尔多维奇和亚历山大·斯塔拉宾斯基所使用的数学方法并不完美，于是在此后霍金就着手设计一种更好的数学处理方法，并于1973年11月底在牛津的一次非正式讨论会上将其研究出来的方法公布于众。实际上，在当时，霍金并没有计算出到底有多少辐射量。

我们都知道，从黑洞的事件视界之内，任何东西都不能逃逸出来，那么黑洞又怎么可能发射粒子呢？量子理论对这个问题的回答是：粒子并不是从黑洞中出来的，而是从紧靠黑洞的事件视界的外面的"空虚的"空间来的。用以下的方法去理解这个或许更好：被我们认为是"空虚的"空间其实并不是完全空的，因为如果真的是那样的话，就意味着诸如引力场和电磁场的所有场都必须要刚好等于零。但是场的数值和其时间变化率就如同粒子的位置和速度那样：当我们对其中的一个量知道得越准确，那么对于另外一个量就会知道得越不准确。因此在空虚的空间中，场并不可能被我们严格地固定为零，因为如果是那样的话，它就既有准确的值（零），又有准确的变化率（也是零）。场的值必须有一定的最小的不确定性量或量子起伏。我们可以将这些起伏理解为光或者是引力的粒子对，其在一个时刻同时出现，然后相互离开，继而又相互靠近，同时相互湮灭。这些粒子就像是携带着太阳引力的虚粒子，不像真的粒子那样，能被我们用粒子探测器直接观察到。可是，这些粒子产生的间接效应就像在原子中的电子轨道能量产生的微小变化，则是可以被我们测量出来的，并且其现象和理论所预言高度的一致。同时，不确定性原理还预言了存在着类似的虚的物质粒子对，比如电子对和夸克对。但是在这种情形下，粒子对的一个成员是粒子，而另一个成员则是反粒子（光和引力的反粒子和粒子相同）。

由于能量不能凭空产生，因此粒子与反粒子对中的一个具有正能量，而另一个具有负能量。因为在正常情况下，实粒子具有的总是正能量，所以注定了具有负能量的那一个粒子是寿命短暂的虚粒子。于是，它就必须要找到它的伴侣并与之发生湮灭，而因为实粒子要花费的能量在抵抗大质量物体的引力吸引上，一颗实粒子在接近大质量物体时比在远离时所具有的能量会更小,所以在正常的情况下,这颗粒子的能量仍然是正的。可是因为黑洞里的引力实在过于强大,甚至在黑洞里,实粒子的能量都可以是负的。所以,带有负能量的虚粒子落到黑洞里可能变成实粒子或实反粒子。在这样的情形下,它就不再需要和它的伴侣相互湮灭了。而那被它所抛弃的伴侣可以落到黑洞中去,也可以作为实粒子或实反粒子从黑洞的邻近逃走(见下图)。于是对于一个在远处的观察者而言,这一逃走的粒子就好像是黑洞发射出来的粒子。而黑洞越小的话,负能粒子在变成实粒子之前所要走的距离就会越短,因此,小的黑洞的发射率和表观温度也就越大。

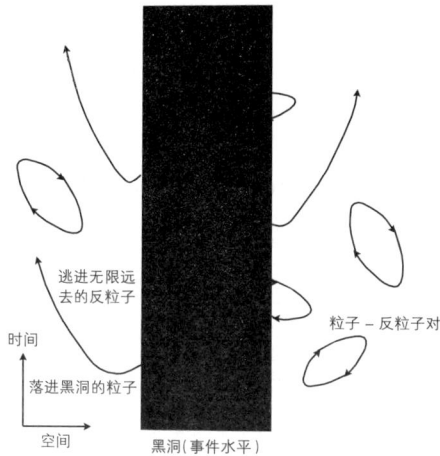

逃进无限远去的反粒子

时间

落进黑洞的粒子

空间

黑洞(事件水平)

粒子 – 反粒子对

辐射出去的正能量会被落入黑洞的负能粒子流平衡。爱因斯坦的方程 E=mc2(E 是能量,m 是质量,c 为光速)揭示,能量和质量是成正比的,因此,落入黑洞中的负能量流会减小黑洞本身的质量。而随着黑洞损失了质量,黑洞的事件视界面积就变得更小,可是由它发射出的辐射的熵过量地补偿了因为黑洞的熵的减少,所以,其实第二定律从来未被违反过。

此外,黑洞本身的质量越小,那么它的温度就会越高,因此,随着黑洞损失质量之后,它的温度和发射率就会增加,而这就导致了它的质量损失得更快。可是在黑洞的质量变得极小的时候会发生什么事情,我们现在知道得并不是很清楚,但是最合理的一个猜想就是,黑洞最终将会在一次巨大的辐射暴中消失殆尽。

一个有着好几倍于太阳质量的黑洞就只有着一千万分之一度的绝对温度,这远比充斥在宇宙当中的微波辐射的温度(大约2.7K)低得多,因此这种黑洞的辐射比它所吸收的还要少。假如宇宙注定永远膨胀下去的话,那么微波辐射的温度最终就会减小到比黑洞的温度还低,而这时黑洞就会开始损失质量。可是即使到了那时候,黑洞的温度还是过低,于是它甚至要用上100亿亿亿亿亿亿亿亿亿(1后面跟66个0)年才能够全部蒸发完。而宇宙到现在的年龄也不过只有100亿至200亿年(1或2后面跟10个0)。在另一方面,就像前面所提及的一样,在宇宙的极早期阶段是存在着由无规则性所引起的坍缩而形成的质量极小的太初黑洞的。而这样的小黑洞无疑是会拥有高得多的温度,同时还以大得多的速率发出辐射。经计算,具有10亿吨初始质量的太初黑洞的寿命大体上和宇宙现在的年龄相同,而初始质量比数字还要小的太初黑洞现在应该已全部蒸发了,但是质量比这稍大的黑洞仍在辐射出X射线以及伽马射线。这些X射线和伽马射线就跟光波类似,只不过其波长要短得多。而这样的黑洞根本不配具有黑的名字,实际上它们是白热的,正在以大约1万兆瓦的功率向宇宙发射出能量。

而一个这样的黑洞就可以开动起10个大型的发电站,因此,如果我们能够驾驭黑洞的功率的话,那么无疑是前景广阔的。可是,想要实现这一想法是非常困难的,这样的黑洞是把和一座山差不多的质量压缩成万亿分之一英寸,就是说这样一个黑洞其实比一个原子核的尺度还小。而如果在地球表面上存在着这样的一个黑洞的话,我们会无法阻止它穿透地面落到地球的中心去。而在这一过程中,其实它是在地球的两端来回震动,直到最后才停留在了地球的中心。而唯一一个放置黑洞并使我们能够利用其所发射出的能量的地方就是一个围绕着地球的轨道,而能够使一个黑洞围绕着地球进行公转的办法是：在它的前面用一个大质量的吸引力去拖住它，这种情况就和我们在驴子前面放一根胡萝卜相似。而在最近的将来，这个设想显然并不能够成为现实。

由于太初黑洞的存在是如此稀少，因此不太可能存在一个近到我们可以将它作为一个单独的伽马射线源来观察的太初黑洞。可是在引力的作用下，太初黑洞会向任何物体靠近，因此有太初宇宙存在的星系里面和附近应该会显得更稠密。虽然从伽马射线背景我们可以知道，在整个宇宙中，平均每立方光年不可能有多于 300 个太初黑洞存在，但是它并没有告诉我们太初黑洞在我们星系中有多么普遍。举个例子来说，我们假定太初黑洞的密度比上面的那个数字还要普遍 100 万倍，那么离开最近的黑洞可能就大约在 10 亿千米远，就是已知的最远的行星——冥王星那么远。可是，即使这个黑洞的功率为 1 万兆瓦，我们在这个距离上去探测这个黑洞恒定的辐射仍是非常困难的。为了能够观测到一个太初黑洞，我们必须要在合理的时间间隔里，例如一星期，从不同的方向上去检测到几个伽马射线量子，否则，它们仅仅有可能只是背景的一部分，这是因为伽马射线有非常高的频率，根据普朗克量子原理得知，每一伽马射线量子都具有非常高的能量，于是甚至辐射 1 万兆瓦都不需要很多的量子。而想要观测到从冥王星这么远的地方而来的这些稀少的粒子，我们需要制造比迄今为止最为巨大的伽马射线探测器还要更大的伽马射线探测器。更麻烦的是，因为伽马射线不能穿透地球的大气层，我们还要将这一探测器放置到外太空。

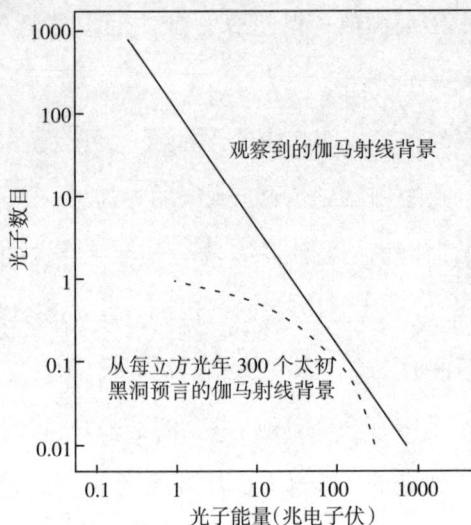

当然，如果就像冥王星一样离我们这么近的黑洞已经达到了它生命的末期并要爆炸开来的话，我们是很容易检测其最后辐射暴的。可是如果一个黑洞已经持续地发射了100亿至200亿年，它不在过去或将来的几百万年里，而是在未来的若干年里爆炸的可能性还真是微不足道。我们为了能够有一个合理的机会看到爆炸，就必须要找到一个能在大约1光年的距离之内检测出任何爆炸的方法。而实际上，原先我们制造的监督违反禁止核试验条约的卫星其实检测到了从太空来的伽马射线暴，这些伽马射线暴每个月似乎发生16次左右，并且大体均匀地分布在天空所有的方向上，这说明了这些伽马射线暴是起源于太阳系之外，不然的话，可以预料它们是要集中在行星的轨道面上的。而这种均匀分布还表明这些伽马射线源要么是处于在银河系中离我们相当近的地方，要么就在银河系的外围的宇宙学距离之外，因为如果不是这两种情况的话，它们就会集中在星系的平面附近。在第二种情形下产生这些伽马射线暴所需的能量实在是太过于巨大，微小的黑洞根本提供不起。而这些伽马射线暴如果在星系的尺度上衡量的话和我们邻近,那么其产生的就可能是正在爆发的黑洞。虽然我们都希望这种情形成真,可是必须要承认的是,我们还可以用其他的原因来解释伽马射线暴,例如中子星的碰撞。而在未来的几年里,新的观测应该就能使我们发现这些伽马射线暴的起源。

这种预言的第一个例子是黑洞辐射的思想,而黑洞辐射以基本的方式依赖于诞生在本世纪的两个伟大理论:广义相对论和量子力学。因为这一思想推翻了原先已有的观点,所以在一开始就引发了许多的反对:"黑洞怎么能辐射东西?"当霍金在牛津附近的卢瑟福—阿普顿实验室的一次会议上首次公开其计算的结果时,受到了人们普遍的质疑。在霍金的讲演结束后,会议主席——伦敦国王学院的约翰·泰勒就宣布这一切都是毫无意义的,甚至约翰·泰勒还为此写了一篇论文。可是,最终包括约翰·泰勒在内的大部分人都得出了这样的结论:如果基于广义相对论和量子力学的其他观念是正确的话,那么黑洞就必须要像热体那样辐射。因此,即使我们现在还不能找到一个太初黑洞,可是人们普遍地同意,如果我们找到了的话,那么它就一定是正在发射出大量的伽马射线和 X 射线的。

黑洞辐射的存在好像意味着,引力坍缩不像我们过去所认为的那样,是最终的、不可逆转的。假如一个航天员落到黑洞中的话,黑洞的质量将增加,而这和额外增加的质量相等效的能量将会以辐射的形式回到宇宙中去。于是,这位航天员在某种意义上被"再循环"了。但是,这是一种非常可怜的不朽,因为那位航天员在黑洞当中被撕开时,他的任何个人的时间的概念肯定都是达到了终点的。甚至说,最终被黑洞辐射出来的粒子的种类都和构成这位航天员的不同:这位航天员所遗留下来的特征仅仅是他的质量或者能量。

当黑洞的质量大于几分之一克时,霍金用以推导黑洞辐射的这个近似是十分有效的。可是,当黑洞在它的生命晚期,质量变成非常小的时候,这个近似就会失效。而看起来最可能的结果是,它至少从我们宇宙这一个区域中消失了,同时还带走了航天员和可能在它里面的任何奇点(如果其中确有一个奇点的话)。这是量子力学能够脱离广义相对论来预言奇点的第一个例子。但是,霍金和其他人在1974年使用的方法不能用来回答诸如在量子引力论中是否会发生奇性的问题。于是,自从1975年以来,依据理查德·费恩曼对于历史求和的思想,霍金开始推导一种更强有力的量子引力论方法,而这种方法对宇宙以及其他的诸如航天员之类的这些问题的开端和终结所给出的答案将在以下的两章中叙述。我们将会看到,虽然我们所有的预言的准确性都被不确定性的原理给加上了限制,但同时,不确定性的原理却可以排除掉那些发生在时空奇点处的基本的不可预言性。

第三章　霍金对相对论的推演与深化

相对论简史

阿尔伯特·爱因斯坦就是狭义和广义相对论的发现者,他是一位全世界最伟大的科学家,爱因斯坦于 1879 年诞生于德国的乌尔姆,于 1900 年毕业于苏黎世联邦理工学院,加入了瑞士国籍,在 1905 年获得了苏黎世大学哲学博士学位。爱因斯坦还曾在伯尔尼专利局任职,也在苏黎世工业大学、布拉格德意志担任过大学教授。在 1913 年的时候,爱因斯坦返回了德国,任柏林威廉皇帝物理研究所所长和柏林洪堡大学教授,并当选为普鲁士科学院院士。在 1933 年,爱因斯坦在英国期间,曾被格拉斯哥大学授予荣誉法学博士学位(LL.D)。因为其犹太人的身份,爱因斯坦还曾遭受过纳粹政权迫害,从而移居美国,在普林斯顿高级研究所任教授。爱因斯坦一直在从事着理论物理的研究,并且成功地开启了两项观念革命,改变了我们对时间、空间以及实在本身的理解。

19 世纪,一种名为“以太”的连续介质就像声波一样充满了所有科学家的想象空间,而为了仔细测量以太的弹性性质,哈佛大学还专门建立起了杰弗逊实验室,在建筑这个实验室的时候,哈佛大学甚至没有用一个铁钉,而这为的就是避免干扰灵敏的磁测量。

而到了 19 世纪末,出现了可和穿透一切的以太观的偏差。人们开始预料到光在通过以太时会以恒定的速率行进；在逆着光的方向上运动，它的速度会显得更快，而顺着光的方向运动则会显得更慢。

可是这个观念并非是不存在着争议的，在接下来的一系列实验中，我们可以清楚地看到这一观念存在的误差。阿尔伯特·迈克耳孙和爱德华·莫雷在俄亥俄的克里夫兰的凯思应用科学学校所进行的实验足以证明，随着地球绕轴自转以及绕日公转，仪器以变化的速率和方向通过以太运动，而且两束光之间并没有周日或周年的变化。光一直都是在以相同的速率相对于它的所在地运动。

而乔治·费兹杰拉德和亨得利克·洛伦兹则是在莫雷实验的基础上曾提出过，物体在通过以太运动时会发生收缩，而钟表也会变慢。相对于以太运动，于是我们总是会测量到相同的光速。

而在 1905 年 6 月，爱因斯坦在其所撰写的一篇论文中指出，如果我们没有检测出是否穿越空间的运动，那么以太的观念是纯属多余的。爱因斯坦是以科学定律对于所有自由运动的假设作为出发点的。不管它们运动得多快，都应该测量到相同的光速。光速和它们的运动是无关的，同时在所有方向上都是相同的。

而爱因斯坦的这个观念就需要我们抛弃掉所有钟表都测量的称为时间的这一普适的量。我们每个人都有着自己的个人时间，如果是处于相对静止状态的话，我们的时间就会一致，可是假如我们是相互运动着的话，那么我们的时间就会发生变化，就好像两台以相反方向围绕世界飞行的精确的钟表在回来之后，其显示的时间会发生非常微小的差异一样。

所以，有很多结论都说，我们如果想要活得更长久的话，那么就应该不断地向东飞去，这是因为地球的旋转叠加上飞机的速度，我们的生命就会得到延续，虽然这个过程增加的时间比一秒还要短得多。

由于在相对论中，每位独立的观察者都会具有自身的时间测度，这就会导致一个所谓的孪生子佯谬。孪生子中的一位(a)出发进行空间航行,其航行速度接近于光速(c),而他的兄弟(b)留在地球上。

因为他的运动在地面上的孪生子看来,航天飞船上的时间流逝得会比较慢。

而这样,当那位航天者返回时(a2)将会发现他的兄弟(b2)比他较衰老。

虽然这似乎和我们的常识十分抵触,可是一系列的实验都已经证明,在这个场景中,旅行的孪生子确实是会年轻一些。

而相对论的一个非常重要的推论是质量和能量这两者的关系。光速对于任何人都是不变的假设,即意味着光是运动得最快的物体。当我们用能量去加速任何物体的时候,不管是粒子或者航天飞船,事实上发生的事情是,这个物体的质量在增加,而质量的增加就会使得我们对它进一步加速变得更加困难。因此,想要将一个粒子加速到光速是需要消耗无限大能量的,所以这也是不可能的。就像爱因斯坦著名的公式 $E=mc^2$ 总结的一样,质量和能量是等效的。这一公式也许是物理学当中唯一的妇孺皆知的公式。这一公式使我们意识到,如果铀原子核裂变成了两个总质量稍小的核,就会释放出巨大的能量。

危机中的科学研究

1939 年,由于第二次世界大战已迫在眉睫,众多意识到这一公式隐含的含义的科学家曾说服爱因斯坦克服其和平主义原则,凭借其权威给罗斯福总统写一封信,要求美国开始制订核研究计划。

1905 年,爱因斯坦的开创性论文为其建立了巨大的科学声望。但是一直到 1909 年，爱因斯坦才得到苏黎世大学的职务，而就是这一机会才使他得以离开瑞士专利局。两年之后，爱因斯坦就转到布拉格的日耳曼大学。而在 1912 年，爱因斯坦又一次回到了苏黎世，这一次，他返回了苏黎世高工。虽然在当时欧洲的许多地方，甚至在大学之中都盛行着反犹太主义，但爱因斯坦现在已是学术界巨星，维也纳和乌得勒支都邀请爱因斯坦前去任教，但爱因斯坦还是选择了在柏林的普鲁士科学院的研究员这一职务，这是因为那样的话，他就可以摆脱教学了。不可否认的是，尽管相对论和制约电磁学的定律配合得天衣无缝，但是它却不能够和牛顿的引力定律很好地协调。牛顿引力定律说，假如我们在空间的一个区域改变了其物质的分布，那么在宇宙的其他任何地方的引力场就会瞬刻觉察到这一改变，而这不仅仅意味着我们可以发送比光还要快的信号，而这却是相对论所禁止发生的事情；而为了知道瞬刻在这里的含义，牛顿的引力定律还需要存在绝对时间这一概念，而这也正好就是被相对论所抛弃了的，而相对论还用个人时间取代了绝对时间。

原子核是由被强力所捆在一起的质子与中子构成，但是原子核的质量总是比那些组成它的质子和中子的质量之和要小，而这个差就是把核结合在一起的结合能的度量。我们可以在爱因斯坦给出的方程关系中算出这一结合能：核结合能=Δmc^2，在此处，Δm 是各个质量之和和核质量的差。

而正是这一势能的释放产生了核武器的毁灭性的爆炸力。

在 1907 年爱因斯坦还在伯尔尼专利局工作时就知道了解决这一问题的困难，但是一直到了 1911 年，爱因斯坦在布拉格时才开始认真地去思考这个问题。爱因斯坦意识到，在加速度和引力场之间是存在一个密切的关系的。对于待在一个封闭的盒子中，譬如升降机中的某人不能够将盒子静止地处于地球引力场中和盒子在自由空间中被火箭加速这两种情形区别开来（当然，爱因斯坦处于《星际航行》时代之前，只能想到升降机中而不是航天飞船中的人）。

对于在一个盒子中的观察者来说,他是无法区分这两种情形的:(a)处于地球上的固定的升降机中和(b)在自由空间中被火箭加速。

如果火箭发动机关闭(c),其感觉就和升降机向通道底部自由下落一样(d)。

假如地球是平坦的,那么我们既可以说苹果是因为引力而落到牛顿头上,也可以说因为牛顿和地面被往上加速,从而使其被苹果砸到。但是,对于球形的地球来说,加速度和引力这两者之间的等效似乎是不成立的,处于世界相反的两边的我们必须要在相反的方向上被加速,却又停留在固定的相互距离上。

但是,在1912年时,爱因斯坦的思想是质量和能量以一种还未被确定的方式将时空给弯曲了,诸如苹果或者行星等物体在通过时空时企图沿着直线运行,但因为那时的时空是被弯曲了的,因此苹果的轨道是被引力场弯折了。

如果地球是平坦的,人们既可以说因为重力,苹果落到牛顿头上,也可以说地球和牛顿被向上加速。因为对于球形的地球,在世界相反两边的人们会相互越离越远,所以这种等效不成立,可是因为爱因斯坦使空间和时间变得弯曲,从而克服了这个困难。

只有当一个大质量的物体将时空弯曲,并借此将在它附近的物体的路径弯折的时候,加速度和引力这两者才变成等效的。

爱因斯坦关于弯曲时空的新理论现在被我们称为广义相对论,以与其之前所提出的没有引力的狭义相对论相区别。1919年,当英国赴西非的探险队在日食时观察到光线通过太阳邻近被稍微偏折,爱因斯坦的广义相对论由此得到了辉煌的确认,这正是空间和时间被弯曲的最为直接的证据,而这产生了自欧几里得在公元前300年左右写下《几何原本》以后,我们对于宇宙的认识的最大变革。

在广义相对论中,空间和时间从一个事件在其中发生的被动的背景转变成为了宇宙动力学的主动参与者，而这就又引发了一个伟大的问题，而这个问题在现在的物理学中仍然是处于最前沿。如果宇宙中充满了物质，那么物质会将时空弯曲，从而会使得物体最终落到一块。而爱因斯坦发现在他的方程中没有描述一个静态，即在时间中不变的宇宙的解。爱因斯坦宁愿不放弃这样一种永恒的宇宙，因为那正是他和绝大多数人所深信的，来对这一方程进行补缀。爱因斯坦将其添加上一个称为宇宙常数的一项，宇宙常数会在相反的意义上将时空弯曲，从而使得物体相互离开。宇宙常数的排斥效应还可以用来平衡物质之间的吸引效应，而这样就会容许宇宙存在着静态解。这是理论物理学的历史中被错失的最重大的机会之一。假如爱因斯坦坚持自己原先的方程，那么它就能够预言到我们的宇宙要么是正在膨胀，要么是正在收缩，这两者必有其一。而实际上，一直到 20 世纪 20 年代，在威尔逊山上用 100 英寸（1 英寸=2.54 厘米）望远镜进行观测，我们才认真地接受了随时间变化的宇宙的这一可能性。

一个恒星发出的通过太阳邻近的光线会因为太阳的质量弯曲时空而受到偏折(a)。而从地球上来看的话，这个恒星的表观位置就会发生轻微的移动(b)。在发生日食的时候，我们就可以观察到这一个效应。

而这些观测都揭示了，和我们相距越远的星系就会越快速地离我们而去。而宇宙正在发生着膨胀，任意的两个星系之间的距离都会随时间而恒定地在增加。这一个发现排除了爱因斯坦为了获得静态宇宙解而提出的宇宙常数。事实上，爱因斯坦在后来曾将宇宙常数称为他一生中最大的错误。但是，在现在看来，这也许根本不算是什么错误。现代观测暗示也许确实存在着一个小的宇宙常数。

广义相对论彻底地改变了我们所有有关与宇宙起源和命运的讨论。一个静态的宇宙或者是它现在的形状在过去的某个瞬间创生，也可以存在了无限长时间。但是，如果星系正在相互分开的话，那么在曾经，它们就会更加靠近。而大约在150亿年以前，所有的星系都会相互落在一起，宇宙的密度会十分巨大。天主教牧师乔治·拉玛特是第一个研究这个我们今天叫做大爆炸的宇宙起源的人，乔治·拉玛特把这种状态称为"太初原子"。

广义相对论甚至拥有爱因斯坦都不愿意承认的语言：即在当一个大质量恒星到达其生命的终点，同时不能使其产生足够的热去平衡收缩的引力时，时间就会走到尽头。在爱因斯坦看来，这样的恒星将会在某一个终态最后安定下来。可是现在的我们知道，对于那些比太阳质量两倍还大的恒星其实并不存在着终态的构型。这类恒星将会一直继续收缩，一直到其变成黑洞为止。黑洞是存在于时空之中如此弯曲的一个区域，就连光线都无法从那里逃逸出来。

当一个大质量的恒星消耗完自己的核燃料时，其就会丧失掉热量，同时会发生收缩。时空将会被弯翘得很厉害，从而甚至产生黑洞。甚至连光都不能够从黑洞当中逃逸出来。时间也都会在黑洞之内终结。

彭罗斯和霍金证明了，广义相对论中预言了，无论是该恒星还是那个不慎落入黑洞的可怜的航天员，他们的时间都将在黑洞当中走到终点。可是无论是时间的开端抑或是终结，这两个都是不能被广义相对论方程所定义的。而和量子理论的不协调就是广义相对论在大爆炸处失效的原因。在20世纪早期引起的另一项伟大的观念变革的理论就是量子理论。1900年，马克斯·普朗克在柏林提出，假如光只能以分立的称为量子的波包发射或者吸收，那么我们就可以解释产生一个炽热物体的辐射，而这是走向量相子理论的第一步。1905年，在由爱因斯坦撰写的一篇具有开创性意义的论文中曾指出，普朗克的量子假设是可以用来解释所谓的光电效应的。光电效应是一种当光照射到金属表面时释放出电子的现象，而光电效应就是我们现代的光检测器和电视摄像机的基础,因此,爱因斯坦获得了诺贝尔物理学奖。

一直到了20世纪20年代,爱因斯坦还在继续研究量子的思想,可是哥本哈根的威纳·海森伯、剑桥的保罗·狄拉克和苏黎世的厄文·薛定谔这3个人的工作使爱因斯坦感到十分困扰,这3人发展了所谓量子力学的实在的新图像,于是我们知道,微小的粒子将不再会同时具有确定的位置和速度。当粒子的位置被我们测量得越准确的时候,对于其速度的测量则越不准确,而相反的情况也同样成立。基本定律中的这一随机的不可预见的要素让爱因斯坦震惊,他从未全盘接受过量子力学。

1932年12月,获悉纳粹和希特勒即将在德国上台之后,爱因斯坦离开了德国,同时在4个月后选择放弃了德国国籍。爱因斯坦生命中的最后20年是在新泽西的普林斯顿的高等学术研究所度过的。

纳粹在德国发动了反对"犹太人科学"运动,然而有趣的是,许多德国科学家其实是犹太人,这也许就是为什么德国不能制造出原子弹的原因吧。而爱因斯坦和其发现的相对论成为了这个运动的最主要的目标。当爱因斯坦听说将会出版一本题为《100个反爱因斯坦的作家》的图书时,他这样回答道:"为什么要是100个人?假如我真的是错误的话,那么一个人就远远足够了。"在第二次世界大战结束之后,爱因斯坦要求盟国政府建立一个世界政府用以控制原子弹。1948年,他还拒绝了担任以色列新国家总统的邀请。爱因斯坦曾经说过:"政治只是为了现在,而方程却是一种永恒的东西。"广义相对论的方程是爱因斯坦最好的墓志铭和纪念碑,而这些将会和宇宙同在。

在20世纪,世界的改变超过了以往的任何时刻。这个原因当然不是什么新的政治或经济的教义,而是由于我们基础科学的进步从而导致了技术的巨大发展。难道还会有人比阿尔伯特·爱因斯坦更能代表这些进步吗?

广义相对论

广义相对论给时间赋予了形状,而这将又要怎样和量子理论相互和谐?

对于任何关于时间或者任何别的概念的可靠的科学理论,依照霍金的意见来说,其都必须是基于可操作的科学哲学之上,这也是卡尔·波普和其他人所提出的实证主义的方法。而按照这种思维方式来讲的话,科学理论其实也是一种数学模型,因为它要能描述和整理我们所进行的观测。

牛顿提出时间和空间是独立的,而时间就像是一根在两个方向上都无限延伸的铁轨。

在 1687 年出版的《数学原理》一书中,牛顿给出了我们关于时间和空间的第一个数学模型。在牛顿的模型中,时间和空间是事件发生的背景,同时不会受到事件的影响,时间和空间这两者是独立的。在牛顿看来,时间就像是一根单独的线,或者是两端无限延伸的铁轨。而时间本身被认为是永恒的,而这是以其已经存在了并将继续存在无限久的意义上来说的。而与此相反的是,当时绝大多数的人都认为宇宙是在短短的几千年前以几乎和现状相同的形态诞生的,而这就引发了哲学家们的忧虑,德国思想家伊曼努尔·康德就说,假如宇宙是的的确确被创生的话,那么为什么要在诞生之前还要等待无限久?而在另一个方面,假如宇宙已经存在了无限久的话,那么为什么将要发生的每一件事都不早就发生,从而使得历史完结?重要的还是,为什么宇宙到了现在都还尚未到达热平衡,从而使得万物都具有一样的温度?

中心的大球代表着一个大质量物体,譬如一个恒星,而它的质量会使它邻近的膜弯曲,其曲率将会使在膜上滚动的滚珠轨迹偏折,并且围绕着大球做运动,就和在一个恒星的引力场中的行星能围绕着它公转一样。

这个问题被康德称之为"纯粹理性的二律背反",因为其看起来就是一个逻辑矛盾,根本就没有办法解决。可是,只是在牛顿数学模型的框架中,这一问题才是矛盾。在牛顿的模型中,时间是一根无限的线,独立地存在于在宇宙中发生的东西之外。可是,就像我们在前面看到的那样,1915 年,爱因斯坦提出了一种崭新的数学模型:广义相对论。在爱因斯坦发表那篇论文之后的年代里,我们又将其添加了一些细节,可是由爱因斯坦所提出来的理论,其仍然是我们现在时间和空间模型的基础。本章和下几章将描述从爱因斯坦革命性论文之后的年代里,我们的观念是如何发展的,那是许多的人合作成功的故事。

广义相对论,其将时间维和空间的三维合并,从而形成了所谓的时空。这个理论将引力效应表达成了在宇宙中,物质和能量的分布引起时空弯曲和畸变,使宇宙不再平坦。在时空当中的物体会想要沿着直线运动,可是因为时空本身就是弯曲的,物体的轨迹就会显得被弯折了,而这样的运动就像是受到了引力场的影响。

这是一个粗糙的比喻,请不要过于拘泥,请想象一张橡皮膜吧。我们把一个大球放在膜上,那个球代表太阳,球的质量会把膜压陷下去,使之在太阳邻近弯曲,于是当我们在膜上滚动小滚珠的时候,这些滚珠将不会直接地滚到对面去,而是会围绕着那个重物运动着,就好像行星绕着太阳公转一样。

在我们观看遥远的星系的时候,因为光是以有限的速度在传播的,因此我们是在看过去的宇宙。而如果我们用垂直的方向来代表时间,而用水平方向来代表 3 个空间方向中的 2 个,那么在现在到达并处于顶点的光线应该是沿一个圆锥面朝我们而来的。

而在另一个方面,在广义相对论中,时间和空间这两者的存在不仅不能独立于宇宙,同时也不能够相互独立,而它们则是由宇宙中的测量定义的例如在钟表中的石英晶体的振动数或者尺子的长度。而以这样的方式在宇宙中定义的时间,其应该是有着一个最小或者最大的值的,也就是说,时间就是开端或者终结,而这是我们完全可以理解的。而在问起开端之前或者终结之后所发生的是什么,没有任何意义,因为在那时,时间都是不被定义的。

判断广义相对论的数学模型是不是能够预言宇宙以及时间本身是否应该具有一个开端或者终结,这是很重要的。在包括爱因斯坦在内的理论物理学家当中,曾普遍存在着这样一种成见:时间在两个方向都必须是无限的,不然的话就会引起有关宇宙诞生的让人不安的问题,而这个问题似乎存在于科学王国之外。我们都知道,爱因斯坦的方程中也提供了时间存在着开端或者终结的解,但是所有这些解其实都是很特殊的,拥有大量的对称性。我们以为,在实际物体受到其引力而产生坍缩的时候,它的压力或者斜方向的速度会阻止所有物质一道落向同一点,防止那一点的密度变得无限的大。相类似地,假如我们从时间的相反方向将宇宙发生膨胀倒溯回去,那么也就会发现,其实宇宙当中的全部物质都并不是从那个具有无限密度的一点当中涌现的。我们将那个无限密度的点称之为奇点,并且认为那是时间的开端或终结。

在 1963 年的时候,就有两位苏联科学家——叶弗根尼·利弗席兹和艾萨克·哈拉尼科夫曾宣称他们证明了所有存在奇点的爱因斯坦方程的解其实都对物质和速度做过了特殊的排列。而宇宙实际上并没有这样的特殊排列,于是这些解其实都是错误的。而几乎所有能代表宇宙的解其实都在避免着无限密度的奇点。在宇宙膨胀时期之前一定有过一个预先的收缩相,在收缩相中,物质落到一起,但是相互之间并不发生碰撞,而是在现在的膨胀相中重新分离开来。假如事实果真是如此的话,那么时间就会从无限过去向无限将来永远流逝。

而利弗席兹和哈拉尼科夫的论证并没有使所有人都信服。相反地，罗杰·彭罗斯和霍金采用了不同的手段，不像他们是基于解的细节上去研究，而是基于整个时空的全局结构。

微波背景谱测量了宇宙微波背景辐射谱——强度随频率的分布，那是一种典型的热体辐射谱。而为了能够使辐射一直处于热平衡，物体一定将其散射了多次。这就表明，在我们的过去光锥上一定存在着足够的物质使它向内弯折。

现在到了考虑我们的过去光锥的时候了，就是从遥远的星系远道而来的，就在现在终于到达我们的光线所经过的时空上途径。而在一张时间向上方画、空间往四边画的图上，其是一个圆锥，而圆锥的顶点就是我们现在的时间和地点。我们发现了一个温度比绝对零度高 2.7 度的物体发出的特征辐射谱。这种微波辐射虽然并不能溶化冻比萨饼，可是这个谱和 2.7 度的物体辐射谱是如此一致的事实告诉了我们，这种辐射一定是起源于对微波不透明的区域。

于是，我们能够得出一个结论：在我们沿着过去光锥回溯过去的时候，它一定会通过一定量的物质，而这么多的物质足以弯曲时空，于是就会使过去光锥中的光线往相互方向弯折。

当我们往过去回溯的时候，过去光锥的截面会达到最大尺度，然后开始再度缩小，于是我们的过去是呈梨子形状的。

更为确切地讲，这就证明了粒子位置的不确定性乘以它的动量的不确定性总会比普朗克常量大，而普朗克常量是和一个光量子能量的含量密切相关的一个量。

时间具有开端或终结的观念仍然令大多数的物理学家本能的讨厌，于是他们指出，数学模型其实并不能很好地描述奇点附近的时空，而原因则是描述了引力的广义相对论实际上是一种经典理论，就像在前面我们提到的一样,广义相对论和量子理论的不确定性并不能相互协调,因为在宇宙中的绝大多数地方和时间里,时空弯曲的尺度其实都是非常大的,而量子效应相应地就会变得尺度非常小,这种不一致性其实没有什么关系,可是如果在一个奇点附近的话,这两种尺度相互比较,那么量子引力效应就会很重要,而这样,彭罗斯和霍金的奇性定理真正确立的是,其实在我们时空的经典区域在过去或许还在将来,就是以量子引力效应显著的区域作为边界的。而为了理解宇宙的起源和命运,我们就需要量子引力论。

而在 20 世纪 20 年代,海森伯、薛定谔和狄拉克提出了具有有限数量粒子系统。可是,在当我们试图把量子观念推广到麦克斯韦场的时候却遭遇到了困难。麦克斯韦场描述电、磁和光,我们可以将麦克斯韦场认为是由不同波长的波组成的(波长是两个邻近波峰或波谷之间的距离)。而在一个波中,场就像单摆一样从一个值向另一个值来回摆动。

根据量子理论,一个单摆的基态或者最低能量的态不是只停留在最低能量的点上,而直接向下指,如果那样就具有确定的位置和确定的速度,即零速度,这就违反了不确定性原理,这个原理禁止同时精确地测量位置和速度。位置的不确定性乘以动量的不确定性必须大于称为普朗克常量的一定量。普朗克常量因为经常使用而显得太长,所以我们用一个符号来表示它。

这样一个单摆的基态或者是最低能量的态,就像我们可以预料到的一样,不具有零能量。而相反地,甚至是在一个单摆或者任何振动系统的基态之中一定会有一定的我们称之为零点起伏的最小量,而这些则意味着单摆不必垂直下指,而且还有着在和垂直方向成小角度处被发现的概率。与之类似的,甚至是在真空或者最低能的态处在麦克斯韦场中的波也并不严格为零,而是具有很小的量。单摆或者波的频率(每秒钟摆动的数目)越高,那么其基态的能量就会越高。

解决这个问题,存在着另一种可能的办法,那就是假设存在着宇宙常数,该常数还是爱因斯坦当初为了得到宇宙的静态模型而引进的。假定该常数具有无限大负值,那么其就可以精确地对消掉自由空间中基态能量所拥有的无限大正值。可是这个宇宙常数似乎是为了这个目的,同时还必须要被无限准确地进行调准。

20世纪70年代,我们十分幸运地发现了一种全新的对称。而这种全新的对称机制将会把从基态起伏引起的无穷大给对消掉。超对称是现代数学模型中的一个特征,它可以被我们用不同的方式来进行描述。其中一种是,除了被我们所体验到的维之外时空还存在有额外的维,而这些维称为格拉斯曼维,因为它们是用所谓的格拉斯曼变量的数而不是用通常的实数来度量的。通常的数在运算中是可交换的,如我们进行乘法的时候,乘数的顺序是无关紧要的。

现在整个宇宙当中的,我们所有已知的粒子都可以被分成两种——费米子、玻色子。费米子是自旋为半整数(例如自旋为 1/2)的粒子,它们构成了通常意义的物体,其基态能量是负的。

而玻色子的自旋为整数(例如自旋为 0、1、2)的粒子,玻色子会在费米子之间引起力,诸如引力和光,而玻色子拥有的基态能量是正的。超引力理论中认为,每一种费米子和玻色子其实都存在一个自旋比其本身大或小 1/2 的"超伴侣"。下面用一个例子来说明较易于理解:光的自旋为 1,是玻色子,它的基态能量是正的。而光子的超伴侣,光微子的自旋是 1/2,因此光微子是费米子,它的基态能量是负的。

在通常数的维中和格拉斯曼维中都是平坦的时空当中消除掉物质场和杨—米尔斯场的无穷大是超对称的首先应用,可是想要把超对称推广到通常数和格拉斯曼维的弯曲的时空中是一件很正常的事。而这就诞生了一些我们现在称之为超引力的理论,它们分别具有不同数目的超对称,而超

190

对称中的一个重要的推论是,每一种场或粒子都具有一个自旋比它大或小 1/2 的"超伴侣"。

自旋是整数(0、1、2 等)的场,也就是玻色子,基态能量是正的。而自旋为半整数(1/2、3/2 等)的场,也就是费米子的基态能量将会是负的。同时,因为玻色子和费米子这两者的数目是相等的,所以在超引力理论中,那个最大的无限大就被这样抵消掉了。

或许还有残留着更加微小的无限的量的这种可能性,可是实在没有人拥有那么多的耐心去计算这些理论究竟是否完全具有极限。普遍的人都这样认为,一名非常能干的学生都要花费 200 年的时间才能真正完成此事,而这样的话,我们又怎么能够知道其是不是在第二页的时候就出了错呢?一直到 1985 年的时候,绝大多数的人们依然这样相信,最超对称的超引力理论可避免无限大。

而假如弦除了它们通常数的维外,还存在于格拉斯曼维,那么涟漪就是对应于玻色子和费米子。在这种情形下,正的和负的基态能就会准确对消掉,甚至连较小种类的无限大都会不复存在。那时的人们宣布超弦是 TOE,也就是万物的理论。

而在 1985 年之后,弦理论实际上并不是完整的图像这一点逐渐地清晰起来。人们开始渐渐地意识到,弦其实只不过是延展在多于一维的物体的广泛族类中的一员。保罗·汤森对这些东西做了许多基本研究,将这些东西命名为"p 膜"。一个 p 膜在 p 个方向上有长度。这样,p=1 的膜是弦,p=2 的膜是面或者薄膜,等等。看起来 p=1 的弦的情形并没有理由比其他的更可能的 p 值更值得宠爱。而相反地,我们更应该采用 p 膜的民主原则:所有的 p 膜都是平等的。

在十维或者十一维的超引力理论的方程中,我们可以找到关于所有 p 膜的解。十维或十一维听起来不太像我们现在所处的时空。人们普遍的观念是,其余的六维或七维都被弯卷得非常小,小到我们甚至都觉察不到,于是我们只知道剩下的4个宏观的几乎平坦的维。

对于这样的一个观点,我们最多只能产生这样的疑问:具有额外维的数学模型就能够很好地被用来描述宇宙吗?虽然在目前,我们并没有任何不用额外维便无法解释的观测,可是,在日内瓦的大型强子碰撞机中我们就有可能观察到这些。可是,许多人必须要认真地接受具有额外维的模型的一个可以让其信服的理由是:在这些具有额外维的模型之间拥有一种所谓对偶性的意外的关系网。而这些对偶性就显示了这些模型在本质上其实都是等效的,即它们不过是一个基本的理论的不同方面而已,而这个基本理论就是 M 理论,而这些对偶性之网正是表明我们现在正处在正确轨道之上的证据。

存在的这些对偶性说明了,其实所有的5种超弦理论都被用来描述这一样的物理,同时其在物理上也和超引力相等效。我们并不能够说超弦比超引力更基本,反过来说也同样是错误的。我们应该说,这两者其实是同一个基本理论的不同表述罢了,它们各自对在不同情形下的计算十分有用处。弦理论并没有任何无限大,因而使用它,我们就可以很方便地来计算一些高能粒子碰撞以及散射时会发生什么。可是在描述非常大量的粒子其能量是如何弯曲宇宙或者形成束缚态的时候,弦理论就没有多大的用处了。而这个时候,我们需要的是超引力。超引力基本上就是在爱因斯坦弯曲时空的理论中再在加上一些额外种类的物质。这正是下面主要使用的图像。

为了能够更好地去描述量子理论是怎样给予了时间和空间形状的,在这里引进虚时间的观念是非常有帮助的。听起来,虚时间这一概念会有点儿像是科学幻想,可是它其实是意义非常明确的数学概念:虚时间就是用虚数来度量的时间。我们可以把1、2、-3、5这样的实数想象成对应在一根水平线上的位置:零在正当中,正实数在右边,而负实数在左边,那么虚数就是对应于一根垂直线上的位置：零同样是在中点。而正虚数是画在上方的，负虚数则是被画在了下面，因此虚数也被认做是和实数所夹为直角的一种新型的数。因为虚数只是一种数学上的构造物罢了，所以并不需要实体来实现；我们不可能有虚数个橘子或者用虚数的信用卡账单。

经典（也就是非量子）广义相对论将实时间和三维空间合并成了新的四维时空，可是实时间方向和 3 个空间上的方向是可被识别开来的，而一位观察者的世界线或者是历史总是在实时间的方向上增加的（时间总是从过去运动到未来），可是它在三维空间的任何方向上都可以增加或者减少。换句话说，我们可以在空间中而不是时间中颠倒方向。

另一方面，虚时间和实时间是夹着一个直角的，其行为就好像空间的第四个方向。所以，虚时间比通常的实时间的铁轨要具有更多的可能性。铁轨要么是开端，要么是终结，要么是绕着圆圈，只能是这三者。而在这个虚的意义上，时间是具有形状的。

为了能够更好地领略一些可能性，我们来考虑一个虚时间的时空，那会是一个像极了地球表面的球面。我们假定虚时间是纬度，因此宇宙在虚时间当中的历史就是从南极来的。而这样，"在开端之前发生了什么"这个问题就变得毫无意义。那样的时间根本无法被我们所定义，就像在地球上并不存在着比南极更南的点一样。南极是地球表面上一个完全规则的点，而定律在南极就像是在其他点一样都会成立。而这就意味着，宇宙在虚时间当中的开端就可以是时空的正则点，同时，相同的定律在开端就好像是在宇宙中别的其他地方一样成立（宇宙的量子起源和演化将在下一章中讨论）。

我们还可以将虚时间作为地球上的经度来说明另外一种可能的行为，因为经线都会在北极和南极相遇。而这样，时间就会静止在那里，而下面就是从这样的意义上来说的，即虚时间的增加会让我们始终停留在同一点上，而这个点就和时间通常在一个黑洞视界上会显得静止十分的相像。而我们都已经知道了这种实和虚时间的静止（两者都静止或者都不静止）意味着时空具有温度，就好像霍金在黑洞情形下所发现的那样。黑洞不单单是具有温度这么简单，其行为方式还表明其似乎具有被我们称之为熵的量。熵可以被用来度量黑洞内部状态（可在其内部构造的方式）的数目，那是给定了质量、旋转和电荷这些要素的黑洞所允许的所有内部状态。而在黑洞外面的观察者只能观测到黑洞的这3种参数，于是这些内部状态在其看来并没什么实际意义上的差别。1974年，霍金发现的一个非常简单的公式给出了黑洞的熵，黑洞的熵等于黑洞视界的面积，黑洞视界面积的每一个基本单位上都记载了关于黑洞内部状态的一比特的信息。这就表明了，在量子引力和热力学之间是存在联系的。热力学就是热的科学（其中包括对熵的研究）。它同时还意味着量子引力能够展示出所谓的全息性①。

全息术基本上是波模式的干涉现象。当从单一激光来的光被分成分离的两束(a)和(b)时产生全息像，其中一束(b)从物体(c)反射到一个感光板(d)上，另一束(a)通过一个透镜(e)并且和(b)的反射光相遇，在板上产生干涉模式。

在一束激光透射过那些显影过的感光板时，一个原先物体的完整三维像就会出现，而一位观察者在这个全息像周围移动位置的话，他就能够看到从正常的照片所看不到的隐藏起来的表面。

左面的感光板的二维表面和正常的照片不同，其拥有着让人十分吃惊的一个性质：在其表面的任何微小的碎片中都包含有重建整个像所需要的全部信息。

---

①全息原理：当得知围绕在黑洞的视界表面就是黑洞的熵的测度后，有人又提出，在任何闭合的空间区域内，其最大的熵永远不能够超过其外接表面积的1/4，因为熵只不过是包含在一个系统中的总信息的测度，而这就暗示了所有和三维世界中的发生的现象相关联的信息都是能够存储在它的二维边界上的，就好像是一个全息像一样。从一定的意义上讲，我们的这个世界其实就是二维的。

第四章　量子理论与其他理论的和谐统一

不确定性原理

曾经有许多人都强烈地抵制这种科学决定论的教义,因为这让他们感到侵犯了上帝随意干涉世界的自由。可是一直到了 20 世纪初,这种观念依然被认定是科学的标准假定。这种信念一定要被抛弃的迹象,源自于英国科学家瑞利勋爵和詹姆斯·金斯爵士所做的一次计算。瑞利勋爵和詹姆斯·金斯爵士指出,一个热的物体,例如恒星,一定会以无限大的速率辐射出能量。而按照当时人们所相信的定律,一个热体必须要在所有的频率上相等地发出电磁波(诸如射电波、可见光或 X 射线)。举个例子来说明一下,这就表示一个热体在每秒 1 万亿次波动至 2 万亿次波动频率之间的波发出的能量和其在每秒 2 万亿次波动至 3 万亿次波动频率之间的波发出的能量是相同的。可是既然每秒的波动数是无限的话,那么辐射出来的总能量也就是无限的。

而为了避免这个显然很荒谬的结论,1900 年,德国的科学家马克斯·普朗克提出,光波、X 射线和其他波都不能以任意的速率辐射,而是只能够以某种被称为量子的波包发射。普朗克的量子假设可以成功地解释我们所观测到的热体的辐射发射率,然而一直到了 1926 年,另一位德国科学家威纳·海森伯提出著名的不确定性原理之后,我们才意识到量子假设对决定性论的含义。为了能够预言一个粒子在未来的位置和速度，我们就必须能够准确地测量出其现在的位置和速度。最简单的办法就是把光照到这个粒子上，而一部分光波就会被这个粒子散射开来，从而我们就知道了它的位置。不确定性原理对我们的世界观产生了非常深远的影响，甚至在70多年之后，许多哲学家还不能充分鉴赏它，其依旧是许多人争议的一个主题。而不确定性原理同时也使拉普拉斯的科学理论：一个完全决定性论的宇宙模型的梦想最终消亡。假如我们甚至都不能准确地测量宇宙现在的状态，那么我们又怎么能够同样准确地预言到将来发生的事件呢？虽然我们依旧可以想象，对于那些超自然的生物而言存在着一族完全的决定整个事件的定律，使这些生物不能够干扰宇宙的观测和状态，可是对于我们这些平凡的人来说，实在是缺乏对这样的宇宙模型的兴趣。看起来最好还是采用在经济学中被称为奥铿剃刀的经济原理，把那些理论里不能被我们观测到的所有特征都割弃好了。在20世纪20年代，海森伯、厄文·薛定谔和保罗·狄拉克在不确定性原理的基础上运用了这一手段将力学重新表述成了我们现在称之为量子力学的新理论。在量子力学的理论当中，粒子不再是分别具有位置和速度，而替代其的是：位置和速度的一个结合物——态。

　　一般来说，量子力学并不会对一次观测就预言出一个确定的结果。相反地，它预言的是一组都有可能发生的结果，同时还告诉了我们这每一个结果将会出现的概率。换句话说，就是假如我们对大量类似的系统做同样的测量的话，每一个系统都以同样的方式起始，我们将会找到测量的结果为A将出现一定的次数，而为B，又将会出现另一不同的次数，等等。我们可以预言出结果为A或B的出现的次数这一近似值，可是却不能够对个别测量的一个特定结果作出预言。因此，量子力学把随机性的不可避免这一因素引进了科学当中。虽然爱因斯坦本人在发展这些观念的时候起到了巨大的作用，可是他却依然强烈地反对这些东西，虽然其之所以能够得到诺贝尔奖就是因为对量子理论的贡献。

尽管光是由波组成的,可是普朗克的量子假设却告诉我们,在某些地方,光的行为好像显现出其是由粒子组成的——光只能以波包或量子的形式发射或吸收。而相似的,海森伯的不确定性原理则意味着粒子在某些方面的行为像波一样:没有确定的位置,而是成一定的几率分布。量子力学的理论源于一个崭新的数学基础,不再用粒子和波来描述这个实际的世界,而只是利用这些术语来描述我们对于世界的观测罢了。于是,在量子力学当中就存在着波和粒子的二重性,为了一些目的而单纯地将粒子考虑成波是非常有用的,而同时为了一些其他的目的,最好也将波考虑成粒子,而这就产生了一个很重要的结果,我们可以观察到两束波或粒子之间的干涉,而这也即一束波的波峰和另一束波的波谷可以相重合,同时两束波就相会相互抵消掉,而不是叠加在一起从而形成更强的新波(见下图)。被我们熟知的一个光干涉的例子就是肥皂泡上经常能看到颜色,而那就是因为从形成泡的水膜的两边的光反射而引起的。白光是由所有的不同波长或颜色的光波组成,当从水膜一边反射回来的具有一定波长的波的波峰和从另一边反射的波谷互相重合的时候,那些对应于这一波长的颜色就将不会在反射光中出现,于是我们看到的反射光就显得五彩缤纷。

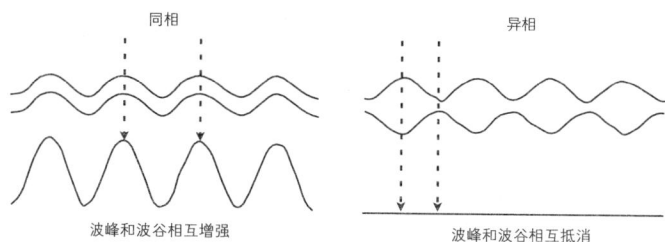

同相　　　　　　　　　　　　异相

波峰和波谷相互增强　　　　　　波峰和波谷相互抵消

在量子力学当中,由于引进了二重性,于是粒子也会发生干涉。双缝实验就是一个著名的例子,我们假定有一个有两个平行的狭缝的隔板,而在隔板的一边,我们放上一个特定颜色(即特定波长)的光源。大部分光都会射在隔板上,可是还是会有一小部分光通过这两条缝。我们再假定把一个屏幕放到隔板的另一边,而屏幕上的任何一点都能够接收到从两个缝之间传来的波。可是,从一般意义上来说的话,光从光源通过这两条狭缝再传到屏幕上的距离其实是并不相同的,这就表明了,从狭缝中来的光在到达屏幕的时候就已经不再是相互同相的,在有的地方,波相互抵消掉了,在一些地方则是相互加强,于是就形成了有亮暗条纹的花样。

然而,让人感到压抑的是,如果我们将光源换成粒子源的话,例如具有一定速度(这表明其对应的波有确定的波长)的电子束,我们将会得到和上述实验类型完全同样的条纹,而这就显得更加古怪了,因为假如只有一条裂缝,我们则得不到任何的条纹,其现象不过是电子通过这个屏幕均匀地分布罢了。我们因此可能会联想到,另外的那一条缝只不过是将打到屏幕上每一点的电子数目增加了而已。可是实际上,由于干涉,在一些地方,电子的数目反而减少了。假如在一个时间里,只有一个电子被发出通过狭缝,我们就会以为每个电子只是穿过这条或那条缝,这样它的行为就好像只存在于那条通过的缝一样——屏幕会给出一个均匀的分布。可是实际上,即便我们每次都只发出一个电子,条纹仍然会出现,于是,每个电子实际上都是在同一个时刻通过这两条小缝的。

对于我们理解原子的结构来说,粒子间的干涉现象是至为关键的。原子是构成化学和生物的基元,同时由之组成所有的一切的构件。在 20 世纪初,人们都认为原子的结构和行星围绕着太阳进行公转相当的相似,电子(带负电荷的粒子)围绕着带正电荷的原子核进行着公转,而正电荷和负电荷之间的吸引力则是在维持电子的轨道。可是麻烦的问题在于,在量子力学之前,力学和电学的定律预言了电子将会失去能量并且最后会以螺旋线的轨道落向并撞击到原子核上去,这就表明原子(实际上所有的物质)都会很快地变成一种密度非常高的状态。1913 年,丹麦的科学家尼尔斯·玻尔为这个问题找到了一部分的答案。玻尔提出,其实电子并不能够在离原子核任意远的地方,而是只能够在一些指定的距离内进行公转。假如我们再做出这样一个假设:只有一个或两个电子能够在这些距离上的任一轨道上进行公转,因为电子除了充满最小距离和最小能量的轨道外,并不能够进一步向原子核螺旋靠近,那么我们就解决了原了坍缩这一问题。

对于结构最简单的原子——氢原子来说,这个模型给出了相当好的解释,因为氢原子里面只有一个电子在围绕着原子核运动,可是人们并不知道应该怎样把其推广到更加复杂的原子中去。同时,能够允许轨道有限集合的这一思想好像看起来太过任意了,而量子力学的新理论完美地解决了这一个困难:一个围绕核运动的电子可以被认为是一个波,而其波长将依赖于其速度。而对于一定的轨道,轨道的长度将会对应于整数(而不是分数)倍电子的波长。对于这些轨道来讲,由于每绕一圈的波峰总是在同一个位置,因此波就会相互叠加起来,而这些轨道就对应于玻尔的可允许的轨道。可是,对于那些长度不为电子波长整数倍的轨道,当电子围绕着运动时,每个波峰都将会最终被波谷给抵消掉,于是这些轨道就是不允许的。

美国的一位科学家理查德·费恩曼所引入的对历史求和(即路径积分)的方法其实是一个摹写波粒二象性的很好的方法。在对历史求和的方法中,粒子不是像在经典,也就是非量子理论中的那样,在时空当中只存在着一个历史或者是一个路径。与之相反的是,假设粒子从 A 到 B 可以走的所有轨道,同时每个路径都相关存在着两个数:一个数表示波的幅度,而另一个数则是表示在周期循环中的位置(即相位),那么粒子从 A 走到 B 的几率就将会是所有路径的波相加。从一般的意义上来说,如果我们比较一族邻近的路径的话,相位,即周期循环中的位置的差别就会十分大,而这就意味着,对应于这些轨道的波几乎全部都被相互地抵消掉了。可是对于某些邻近路径的集合来说，其之间的相位变化并不大，因此这些路径的波就不会被抵消掉，而这种路径就对应着玻尔的允许轨道。

基本粒子和自然的力

　　亚里士多德相信我们所处的宇宙实际上是由 4 种基本元素：土、气、火和水所组成的。而在这些元素上又有两种力的作用：引力，即是土和水向下沉的那种趋势；浮力，即气和火向上升的那种倾向。而亚里士多德这种将宇宙分割成物质和力的方法直到至今依然还在沿袭。

　　同时，亚里士多德相信实际上物质是连续的，即我们可以把物质无限制地分割得越来越小。换句话说就是，我们找不到不可再分割下去的最小的颗粒。可是却有几个古希腊人，比如德谟克里特等人，他们的观点则和亚里士多德的相反，他们坚持物质是具有固有的颗粒性，同时每一件东西其实都是由数目巨大的、类型不同的原子所组成的（原子在希腊文中的意义是"不可分的"）。这两种争论一直延续了好几百年，可是却没有任何的一方能够拿出实际的证据出来。一直到了 1803 年，由英国的化学家兼物理学家约翰·道尔顿指出了化合物总是以一定的比例结合而成的，而道尔顿发现的这一事实，我们可以用由原子聚合在一起形成了分子来解释。可是一直到 20 世纪初，这两种学派的争论才得以最后告终，而获胜的就是原子论，而其中一个很重要的物理学证据是由爱因斯坦所提供的。在 1905 年，在爱因斯坦的关于狭义相对论的论文发表前的几周，其在发表的另一篇文章中说道，其实布朗运动——悬浮在液体中尘埃小颗粒的无规则随机运动是可以被解释成液体原子和灰尘粒子之间碰撞的产生的效应的。

　　在刚开始的时候，普遍都认为原子核是由电子和带正电的质子这两种粒子所组成的。而质子则是从希腊文中表达"第一"的词演变而来,因为在当时,质子被人们认为是组成物质的基本单位。可是在 1932 年,剑桥的詹姆斯·查德威克却发现,原子核中还包含另外的粒子——中子,而中子的质量几乎和质子的质量相同,可是它却不带任何电荷。因为这一个发现,查德威克获得了诺贝尔奖,并被选为剑桥龚维尔和基斯学院院长。一直到很久之后,人们还都以为质子和中子就是"基本"的粒子。可是在质子和另外的质子或电子高速碰撞的实验中却表明,实际上它们都是由更小的粒子构成的,这些粒子被加州理工学院的牟雷·盖尔曼命名为夸克。因为对夸克的研究,盖尔曼获得 1969 年的诺贝尔奖。夸克这一名字起源于詹姆斯·乔伊斯神秘的引语:"Three quarks for Muster Mark!"夸克这个字应发夸脱的音,可是最后的字母是"k"而不是"t",通常和拉克(云雀)相押韵。

事实上存在有 6 种不同类型的夸克,我们分别将之称为上、下、奇、粲、底和顶。在 20 世纪 60 年代,我们就知道了前面的 3 种夸克,而直到 1974 年我们才发现了粲夸克,之后在 1977 年、1995 年我们又分别发现了底夸克和顶夸克。每种夸克都带有 3 种"色"——红、绿和蓝。(必须要强调的是,这些术语仅仅只是一个标签,夸克比可见光的波长小得多,所以实际上它们是没有任何颜色的。这只不过是现代物理学家似乎更富有想象力地命名新粒子和新现象的方式而已——他们不再让自己受限制于希腊文。)而一个质子或中子则是由 3 个夸克组成的,同时每一个夸克都各具有一种颜色。一个质子里包含有两个上夸克和一个下夸克,而一个中子里则是包含着两个下夸克和一个上夸克。我们现在还可以创造出由别的种类的夸克(奇、粲、底和顶)所构成的粒子,可是那些粒子相对都具有大得多的质量,并且会非常快地衰变成质子和中子。

在 19 世纪的时候,当那时的人们知道了应该怎样去使用粒子能量,即只能够是由化学反应,比如燃烧来产生的几个电子伏特的低能量时,人们都以为原子就是世界上最小的单位。可是在卢瑟福的实验中，α 粒子却具有几百万电子伏特的能量。而到更晚的时候，当我们知道了怎样利用电磁场给粒子提供能量，那时的我们就知道，在 30 年之前的时候被我们认为是"基本"的粒子实际上是由更小的粒子所组成的。那么在我们利用更高的能量的时候，是不是还会发现这些粒子是由更小的粒子所组成的呢？答案是可能的。可是我们确实有一些理论可以表示，我们现在已经拥有，或者说是将要拥有自然的终极构件的知识。

借用波粒二象性，就可以得知宇宙中的一切都是能够以粒子来加以描述的。这些粒子拥有着被我们称之为自旋的性质，而我们考虑自旋的一个方法就是把粒子想象成围绕着一个轴自转的小陀螺，可是这样就可能会引起一些误会，在量子力学中，粒子其实没有任何轮廓分明的轴，于是粒子的自旋真正告诉我们的则是在不同的方向上看粒子会是什么样子的。自旋为 0 的粒子就像是一个点：我们在任何方向上看到的都一样。而自旋为 1 的粒子就像是一个箭头：在不同的方向上看都是不同的。只有在将其转过一整圈（360°）的时候，粒子看起来才会是一样的。那些自旋为 2 的粒子就是一个双向的箭头：我们只要将其转过半圈（180°），那么看起来它就会一样。相似的，具有更高自旋的粒子会在转了整圈的更小的部分之后看起来便是一样的。这一切都是这样的明显，可是却有一个惊人的事实是，有些粒子在转过一圈后，其依然显得和之前是不同的，我们要必须使其转上整整的两圈。那样的粒子我们就说其具有的自旋是 1/2。

而目前宇宙中所有的已知的粒子其实都可以被分成两组：自旋为 1/2 的粒子，其组成了宇宙当中的物质；自旋为 0、1 和 2 的粒子，就像我们将要看到的一样，物质粒子之间的力就是由它们产生的。物质粒子服从泡利不相容这一原理。那是由奥地利的物理学家沃尔夫冈·泡利于 1925 年所发现的，而泡利也因这一原理获得了 1945 年的诺贝尔奖。泡利是一位原型理论物理学家,曾今有人还这样说:泡利的存在会使和其在同一城市中的所有实验都出现错误。泡利不相容原理说的是,两个相像的粒子是不能够存在于相同的态中的,即在不确定性原理给出的限制下,这两个粒子不能够同时具有相同的位置和速度。不相容原理是十分关键的,这是因为这一原理很好地说明了为什么组成物质的粒子在那些自旋为 0、1 和 2 的粒子所产生的力的作用下却不会坍缩成密度十分巨大的状态的原因:假如物质粒子几乎都处在相同的位置,那么它们就必须有着不同的速度,而这相反地意味着它们不会在很长时间内都存在于相同的位置。假如世界是在没有不相容原理的情形下诞生的,那么夸克就不会形成分离的轮廓分明的质子和中子,再进一步讲,质子和中子也不可能和电子形成分离的轮廓分明的原子,这些全部都会坍缩形成从整体上大致均匀的稠密的"汤"。

　　一直到了 1928 年,由保罗·狄拉克提出了一个理论之后,我们才对电子和其他自旋为 1/2 的粒子有了一些对的了解,而狄拉克又在后来被选为剑桥的卢卡斯数学教授。狄拉克的这一理论是第一种能够同时和量子力学、狭义相对论相一致的理论,其在数学上解释了为什么电子会具有 1/2 的自旋,也就是为什么我们把它转了一整圈之后还不能使它显得一样,要转两圈才能。狄拉克的理论还预言了电子一定会存在着配偶——反电子或正电子。而在 1932 年的时候,正电子被发现,证实了狄拉克的理论,他也因此获得了 1933 年的诺贝尔奖。而现在,我们都知道了,所有的粒子其实都是会有能够和其湮灭的反粒子的(对于那些携带着力的粒子,其反粒子就是自己本身)。当然,也许也会存在纯粹的由反粒子所构成的整个反世界和反人。可是,如果当你能够遇到反自身的话,那么请注意,一定不要和他握手!不然的话,你们都会在一次巨大的闪光当中消失的。而至于为什么我们身边的粒子会比反粒子多得多的这个问题是个十分重要的问题,在本章的后面,我们将会回到这个问题上来。

在量子力学中,存在于全部物质粒子之间的力或者物质粒子的相互作用都被认为是由那些自旋为整数的粒子携带着的,而这些携带着力的粒子,我们按照它的强度和与它相互作用的粒子将其分成了 4 个种类。一定要强调指出的是,这个行为完完全全是人为的,这只是为了我们能够更方便地建立部分理论,并不是还具有什么深层次的含义。绝大部分的物理学家们其实都希望我们能够在最后找到一个统一的理论,这一理论能把 4 种力解释成为一个单独的力里面不同的 4 个方面。当然,有很多人都认为这将是当代物理学的最主要的目标。而在现在,我们已经有了成功的迹象:把这 4 种力其中的 3 种统一起来——在这一章中将会描述这些内容。而对于这统一所剩下的那种力——引力的问题,我们会将其留到以后进行讨论。

4 种力中的第一种力就是引力,而引力是万有的,即每一个粒子都会因其质量或者是能量从而感受到引力。引力比起那 3 种力要弱小得多,甚至于若不是引力还具有两个非常特别的性质:能作用到大距离去、总是吸引的,我们也许根本就不可能注意到它。这两个性质就说明了,在两个巨大的物体里面,虽然单独粒子之间只有很弱小的引力,可是这些引力却能够相互叠加起来,从而产生一股巨大的力量。而其他的 3 种力要不就是短程的,要不就是一会儿吸引,一会儿排斥,因此它们更倾向于互相抵消。

第二种力就是电磁力。电磁力作用于那些带电荷的粒子(例如电子和夸克)之间,并不会和那些不带电荷的粒子(例如引力子)发生相互的作用。电磁力比起引力来说则要强得多:两个电子之间产生的电磁力会比其之间的引力大约大 100 亿亿亿亿亿亿(在 1 后面跟 42 个 0)倍。可是世界上存在着两种不同的电荷——正电荷和负电荷。相同的电荷之间产生的电磁力是互相排斥的,而不同的电荷之间所产生的电磁力则是互相吸引的。而一个巨大的物体,就像地球或太阳,它们之中包含了几乎相等的正电荷和负电荷。于是,因为单独粒子之间的吸引力和排斥力几乎全部被相互地抵消掉了,所以两个物体之间剩下的电磁力是非常小的。不过电磁力在原子和分子这样的小尺度下是起主要作用的，就是由在带负电的电子和带正电的核中的质子二者之间所产生的电磁力才使得电子能够围绕着原子核进行公转，这就好像引力驱使着地球围绕着太阳公转一样。我们把电磁吸力描绘成是因为交换了大量的光子而引起的。

而第三种力就是弱核力。弱核力负责的是放射性现象，其只对那些自旋为 1/2 的物质粒子产生作用，而对于那些例如光子、引力子等自旋为整数的粒子则起不到任何作用。1967 年，伦敦帝国学院的阿伯达斯·萨拉姆和哈佛的史蒂芬·温伯格两人提出了弱作用和电磁作用的统一理论，此后，弱作用才能够被我们很好地理解。他们的这一举动在物理学界引发的震惊，是可以和麦克斯韦统一电学和磁学相提并论的。萨拉姆和温伯格提出，在光子之外还有其他的 3 个自旋为 1 的被统称作重矢量玻色子的粒子，这些粒子携带着弱力。这 3 个粒子分别被称作为 W+(W 正)、W–(W 负) 和 Z0(Z 零)，其每一个都拥有着大约 100 吉电子伏的质量(1 吉电子伏为 10 亿电子伏)。温伯格和萨拉姆的理论体现了被称作对称自发破缺的性质。而这就表示，在低能量下，那些看起来完全不同的粒子实际上都只是同一种粒子处于不同的状态罢了。而这些粒子在高能量下都具有相类似的行为。这个效应就和轮赌盘上的轮赌球有点儿类似：在高能量下(当这个轮子转得很快时)，这个球的行为几乎只有一个方式——就是不停地在滚动。可是一旦轮子变慢下来，那么球的能量就会减小，而其最后就陷到轮子上存在的 37 个槽中的一个里面去。也就是说，在低能量下，球是存在着 37 种不同的状态的，而假如由于某种原因，我们只能在低能下观察球的话，那么我们就会误以为是存在 37 种不同类型的球。

虽然在温伯格·萨拉姆理论当中，能量一旦远远地超过了 100 吉电子伏，那么这 3 种新粒子就会有和光子相似的方式行为，可是在大部分的情况下,粒子的能量都要比这一数值低,于是存在于粒子之间的对称就被破坏掉了,而 W+、W–和 Z0 就会得到大的质量,从而使其所携带的力作用的距离变得非常短。在萨拉姆和温伯格两人提出这个理论的时候,当时很少有人相信他们的结论,因为在那个时候,加速器还并没有能够产生将粒子加速到产生实的 W+、W–和 Z0 粒子所需的 100 吉电子伏的能量,可是在这之后的十几年里,这个理论在较低能量下的别的预言却和我们实验的结果相当符合,因此阿伯达斯·萨拉姆、史蒂芬·温伯格就和谢尔登·格拉肖一起分享了 1979 年的诺贝尔物理学奖。格拉肖曾提出过一个相似的统一电磁和弱作用的理论。因为 1983 年在 2ERN(欧洲核子研究中心)发现了拥有着被正确地预言了的质量与其他性质的光子的 3 个有质量的伴侣,于是诺贝尔奖的委员会就成功地避免了犯错的难堪,而带领着几百名物理学家发现这一事物的卡罗·鲁比亚和开发了被使用的反物质储藏系统的 CERN 工程师西蒙·范德·米尔也一起分享了 1984 年的诺贝尔奖。

第四种力是强核力。它将质子和中子中的夸克束缚在一起,并将原子核中的质子和中子束缚在一起。人们相信,被称为胶子的另一种自旋为 1 的粒子携带强作用力,它只能与自身以及夸克相互作用。强核力具有一种被称为禁闭的古怪性质,它总是把粒子束缚成不带颜色的结合体。由于夸克有颜色(红、绿或蓝),人们不能得到单独的夸克自身。相反,一个红夸克必须用一串胶子和一个绿夸克以及一个蓝夸克连接在一起(红+绿+蓝=白)。这样的三胞胎构成了一个质子或中子。其他的可能性是由一个夸克和一个反夸克组成的对(红+反红,或绿+反绿,或蓝+反蓝=白)。这样的结合体构成了被称为介子的粒子。介子是不稳定的,因为夸克和反夸克会相互湮灭,进而产生电子和其他粒子。类似地,由于胶子也有颜色,色禁闭使得人们不可能得到单独的胶子自身。相反,人们所能得到的胶子的团,其叠加起来的颜色必须是白的,这样的团形成了被称为胶球的不稳定粒子。

统一电磁力和弱核力的成功，使人们多次试图将这两种力和强核力合并在所谓的大统一理论(或 GUT)之中。这个名字相当夸张，但得到的理论并不那么辉煌，也没能将全部力都统一进去，因为它并不包含引力。它们也不是真正完整的理论，因为它们包含了许多不能从这个理论中预言而必须人为选择的适合实验的参数。尽管如此，它们仍可能是朝着完备的统一理论推进的一步。GUT 的基本思想是这样:正如前面提到的，在高能量下，强核力变弱了，而不是渐近自由的电磁力和弱力在高能量下变强了。在某个非常高的叫做大统一能量的能量下，这 3 种力都具有同样的强度，并因此可看成一个单独的力的不同方面。在这个能量下，GUT 还预言了自旋为 1/2 的不同物质粒子(如夸克和电子)也会从根本上都变得一样，这样就导致了另一种统一。

我们对于大统一能量的数值还知道得不太清楚，可能至少有 1000 万亿吉电子伏特。而目前粒子加速器只能使大致能量为 100 吉电子伏的粒子相碰撞，而计划制造的机器的能量可升到几千吉电子伏。要制造足以将粒子加速到大统一能量的机器——其体积必须和太阳系一样大，这在现代经济环境下不太可能做到。因此，不可能在实验室里直接检验大统一理论。然而，如同在弱电统一理论中那样，我们可以检验它在低能量下的推论。

尽管观测质子的自发衰变非常困难，但很可能正由于这相反的过程，即质子，或更简单地说，夸克的产生导致了我们的存在，它们是从宇宙开初的可以想象的最自然的方式——夸克并不比反夸克更多的状态下产生的。地球上的物质主要是由质子和中子，进而由夸克构成。除了少数由物理学家在大型粒子加速器中产生的以外，不存在由反夸克构成的反质子和反中子。我们从宇宙线中得到的证据表明，我们星系中的所有物质也是这样，除了少数当粒子和反粒子对进行高能碰撞时产生的以外，没有发现反质子和反中子。如果在我们星系中有很大区域的反物质，则可以预料，在正反物质的边界会观测到大量的辐射。许多粒子在那里和它们的反粒子相互碰撞、相互湮灭并释放出高能辐射。

1956 年,人们都相信,物理定律分别服从 3 个叫做 C、P 和 T 的对称。C(电荷)对称的意义是:定律对于粒子和反粒子是相同的;P(宇宙)对称的意义是:定律对于任何情景和它的镜像(右手方向自旋的粒子的镜像变成了左手方向自旋的粒子)是相同的;T(时间)对称的意义是:如果你颠倒所有粒子和反粒子的运动方向,系统应回到早先的那样,换言之,定律对于前进或后退的时间方向是一样的。

有一个数学定理说,任何服从量子力学和相对论的理论必须服从 CPT联合对称。换言之,如果同时用反粒子来置换粒子,取镜像还有时间反演,则宇宙的行为必须是一样的。但是,克罗宁和费兹指出,如果仅仅用反粒子来取代粒子,并且采用镜像,但不反演时间方向,则宇宙的行为不相同,所以,如果人们不反演时间方向,物理学定律必须改变——它们不服从 T 对称。

在早期,宇宙肯定是不服从 T 对称的,随着时间前进,宇宙膨胀;如果它往后倒退,则宇宙收缩。而且,由于存在着不服从 T 对称的力,因此当宇宙膨胀时,相对于将电子变成反夸克,这些力将更多的反电子变成夸克。然后,随着宇宙膨胀并冷却下来,反夸克就和夸克湮灭,但由于已有的夸克比反夸克多,少量过剩的夸克就留下来。正是它们构成了我们今天看到的物质,由这些物质构成了我们自身。这样,我们自身的存在可认为是对大统一理论的证实,哪怕仅仅是定性的而已;但此预言的不确定性到了这种程度,以致我们不能知道在湮灭之后余下的夸克数目,甚至不知余下的是夸克还是反夸克。(然而,如果是反夸克多余留下,我们可以简单地把反夸克称为夸克,夸克称为反夸克。)

大统一理论不包括引力。在我们处理基本粒子或原子问题时关系不大，因为引力是如此弱，通常可以忽略它的效应。然而，它的作用既是长程的，又总是吸引的事实，表明它的所有效应是叠加的。所以，对于足够大量的物质粒子，引力会比其他所有的力都更重要，这就是为什么正是引力决定了宇宙的演化的缘故。甚至对于恒星大小的物体，引力的吸引会超过所有其他的力，并使恒星坍缩。黑洞就是由这种恒星的坍缩和围绕它们的强大的引力场产生的。正是黑洞研究给出了量子力学和广义相对论如何相互影响的第一个暗示——亦即尚未成功的量子引力论形态的一瞥。

物理学的统一

正如前文所解释的，一蹴而就地建立一个包括宇宙中万物的完备统一理论是非常困难的。取而代之，我们在寻求描述有限范围事件的部分理论上取得了进步，这时我们忽略了其他效应，或者将它们用一定的数字来近似表示（例如，化学允许我们计算原子间的相互作用时，可以不管原子核内部的结构）。然而，人们希望最终找到一个完备的、协调的、将所有这些部分理论当做它的近似的统一理论。在这个理论中不需要为某些任意数选值去符合事实。寻找这样的一个理论被称为"物理学的统一"。爱因斯坦用他晚年的大部分时间寻求这个统一理论，但是没有成功。因为尽管已有了引力和电磁力的部分理论，但关于核力还知道得非常少，所以时机还没成熟。并且，尽管他本人对量子力学的发展起过重要的作用，但他拒绝相信它的真实性。但是，不确定性原理似乎还是我们生活于其中的宇宙的一个基本特征。因此，一个成功的统一理论必须将这个原理结合进去。

1928 年，物理学家诺贝尔奖获得者马克斯·玻恩告诉一群来格丁根大学的访问者："据我们所知，物理学将在 6 个月之内结束。"他的信心基于狄拉克新近发现的能够制约电子的方程。人们认为质子——这个当时仅知的另一种粒子——服从类似的方程，并且那将会是理论物理的终结。然而，中子和核力的发现对此又是当头一棒。尽管讲到这些，但仍然有理由谨慎地乐观，我们现在也许已经接近探索自然终极定律的尾声。

相当类似地，在其他部分理论中也发生似乎荒谬的无限大，但是，所有这些情形下的无限大都可用被称作重正化的过程消除掉，这牵涉到引入其他的无限大去消除这些无限大。虽然这个技巧在数学上颇令人怀疑，而在实际上似乎确实行得通，并用来和这些理论一起作出预言，这些预言极其精确地和观测一致。然而，从企图找到一个完备理论的观点看，由于不能从理论中预言，而相反地为了适合观测，必须选择质量和力的强度的实际值，因此重正化确实具有一个严重的缺陷。

在试图将不确定性原理结合到广义相对论时，人们只有两个可以调整的量：引力强度和宇宙常数的值，但是调整它们不足以消除所有的无限大。因此，人们得到一个理论，它似乎预言了诸如时空的曲率的某些量真的无限大，但是观察和测量表明它们是地地道道有限的。人们对这个结合广义相对论和不确定性原理的问题怀疑了许久，直到 1972 年才被仔细地计算最后确证。4 年之后，人们提出了一种叫做"超引力"的可能的解答，它的思想是将携带引力的自旋为 2 称为引力子的粒子和某些其他具有自旋为 3/2、1、1/2 和 0 的新粒子结合在一起。在某种意义上，所有这些粒子可认为是同一"超粒子"的不同侧面，这样就将自旋为 1/2 和 3/2 的物质粒子和自旋为 0、1 和 2 的携带力的粒子统一起来了。自旋为 1/2 和 3/2 的虚的粒子与反粒子对具有负能量，因此抵消了自旋为 2、1 和 0 的虚的粒子对的正能量，这就使得许多可能的无限大被抵消掉，但是人们怀疑，可能仍然保留了某些无限大，人们需要找出是否还遗存下未被抵消的无限大。然而，这计算是如此的冗长和困难，以致没人准备着手去进行。即使使用一台计算机，预计至少要用 4 年工夫，而且犯至少一个或更多错误的机会是非常大的。这样，只有其他人重复计算并得到同样的答案，人们才能判断已取得了正确的答案，但这似乎是不太可能的。

1984 年，人们的看法发生了显著的改变，他们更喜欢所谓的弦理论。在这些理论中，基本的对象不再是只占空间单独的点的粒子，而是只有长度而没有其他维，像是一根无限细的弦这样的东西。这些弦可以有端点（所谓的开弦），或它们可以自身首尾相接成闭合的圈子（闭弦）。一个粒子在每一时刻占据空间的一点，这样，它的历史可以在时空中用一根线代表（"世界线"）。另一方面，一根弦在每一时刻占据空间的一根线，这样，它在时空里的历史是一个叫做世界片的二维面。在这世界片上的任一点都可用两个数来描述：一个指明时间，另一个指明这一点在弦上的位置。一根开弦的世界片是一条带子，它的边缘代表弦的端点通过时空的路径（下图左）。一根闭弦的世界片是一个圆柱或一个管（下图右）：一个管的截面是一个圈，它代表在一特定时刻的弦的位置。

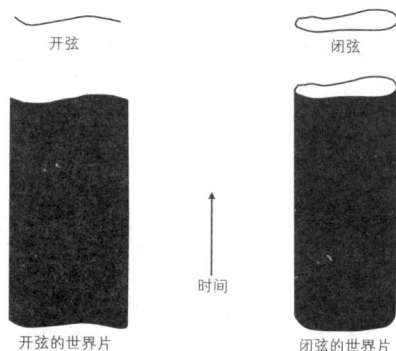

开弦　　　　　　闭弦

时间

开弦的世界片　　　　　闭弦的世界片

两根弦可以连接在一起，形成一根单独的弦。在开弦的情形下，只要将它们的端点连在一起即可（下图）。

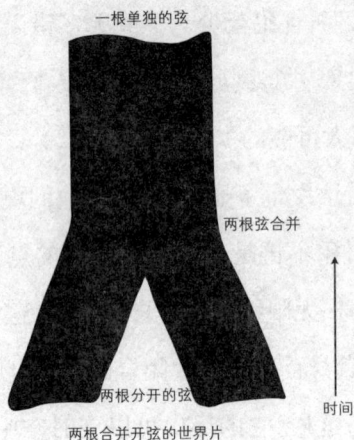

一根单独的弦

两根弦合并

时间

两根分开的弦

两根合并开弦的世界片

在闭弦的情形下,像是两条裤腿合并成一条裤子(下图)。

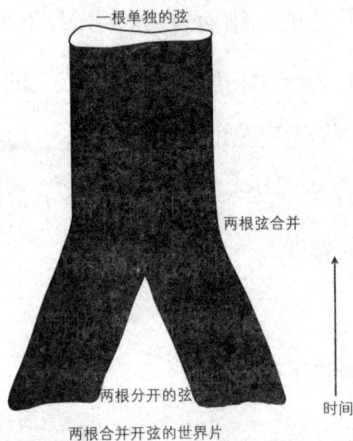

一根单独的弦

两根弦合并

时间

两根分开的弦

两根合并开弦的世界片

类似地,一根单独的弦可以分成两根弦。在弦理论中,原先以为是粒子的东西现在被描绘成在弦里旅行的波动, 如同振动着的风筝的弦上的波动。一个粒子从另一个粒子发射出来或者被吸收,对应于弦的分解和合并。例如,太阳作用到地球上的引力,在粒子理论中被描述成由太阳上的粒子发射出并被地球上的粒子吸收的引力子(213 页图左)。在弦理论中,这个过程对应于一个 H 形状的管(213 页图右)(在某种方面,弦理论有点儿像管道工程)。H 的两个垂直的边对应于太阳和地球上的粒子,而水平的横杠对应于在它们之间旅行的引力子。

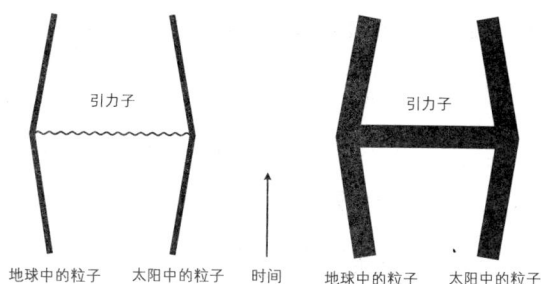

引力子　　　　　　　　　　　　　　　引力子

地球中的粒子　太阳中的粒子　时间　　地球中的粒子　太阳中的粒子

弦理论有一个古怪的历史，它原先是 60 年代后期被发明出来，以试图找到一个描述强力的理论。其思想是，诸如质子和中子这样的粒子可被认为是一根弦上的波动。这些粒子之间的强力对应于连接其他一些弦之间的弦的片段，正如在蜘蛛网中一样。这根弦必须像具有大约 10 吨拉力的橡皮带，才能使这个理论给出粒子之间强力的观察值。

1974 年，巴黎的朱勒·谢尔克和加州理工学院的约翰·施瓦兹发表了一篇论文，指出弦理论可以描述引力，只不过其张力要大得多，大约是 1000 万亿亿亿亿（1 后面跟 39 个 0）吨。在通常尺度下，弦理论和广义相对论的预言是相同的，但在非常小的尺度下，比十亿亿亿亿分之一厘米（1 厘米被 1 后面跟 33 个 0 除）更小时，它们就不一样了。然而，他们的工作并没有引起很大的注意，因为大约正是那时候，大多数人抛弃了原先的强作用力的弦理论，而倾心于基于夸克和胶子的理论，后者似乎和观测符合得更好。谢尔克死后，施瓦兹几乎成为弦理论的唯一支持者，只不过现在设想的弦张力要大得多而已。

1984 年，由于两个明显的原因，人们对弦理论的兴趣突然复活。一个原因是，在证明超引力是有限的以及解释我们观察到的粒子的种类方面，人们未能真正取得进展；另一个原因是，约翰·施瓦兹和伦敦玛丽皇后学院的迈克·格林发表的一篇论文指出，弦理论可以解释内禀的左手征性的粒子存在，正如我们观察到的一些粒子那样。于是，大量的人很快开始作弦理论的研究,而且发展了称之为杂化弦的新形式,这种形式似乎能够解释我们观测到的粒子类型。

弦理论也导致无限大,但是人们认为,它们在一些像杂化弦的形式中会被消除掉(虽然这一点还没被确认)。然而,弦理论有更大的问题:似乎时空是十维或二十六维,而不是通常的四维时它们才是协调的。当然,额外的时空维的确是科学幻想的老生常谈,它们提供了克服广义相对论的通常限制的理想方法,即人们不能行进得比光更快或者旅行到过去的限制(见第十章),其思想是穿过更高的维抄近路。你可用以下方法描绘这一点。想象我们生活的空间只有二维,并且弯曲成一个像锚圈或环的表面(下图)。如果你处在这个环的内侧的一边,而要跨过环到另一侧的一点去,你必须沿着环的内边缘上的圆圈走,直到目标点。然而,如果允许在第三维空间里旅行,你可以直接穿过去。

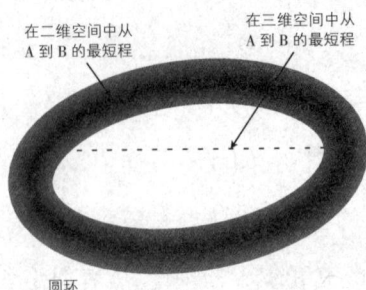

在二维空间中从
A 到 B 的最短程

在三维空间中从
A 到 B 的最短程

圆环

如果这些额外的维确实存在,为什么我们全然没有觉察到它们呢?为何我们只看到 3 个空间维和 1 个时间维呢?人们的看法是,其他的维被弯卷到非常小的尺度——大约为一百万亿亿亿(1 后面跟 30 个 0)分之一英寸的空间,人们根本无法觉察这么小的尺度:我们只能看到 1 个时间维和 3 个空间维,在这些维中,时空是相当平坦的。这正如一根麦秸的表面,如果你近看它,就会发现它是二维的(要用两个数来描述麦秸上的点,一个是沿着麦秸的长度,另一个是围绕着圆周方向的距离)。但是,当你远看它时,你分辨不出它的粗细,而它就显得是一维的(只用沿麦秸的长度来指明点的位置)。对于时空亦是如此:在非常小的尺度下,时空是十维的,并且是高度弯曲的,但是在更大的尺度下,你看不见曲率或者额外的维。如果这个图像是正确的,对于自愿的空间旅行者来讲可是个坏消息:额外的维实在是太小了,根本不允许航天飞船通过。然而,它引起了另一个重要的问题:为何只有一些而非所有的维都被卷曲成一个小球?也许在宇宙的极早期,所有的维都曾经非常弯曲过。为何一维时间和三维空间被平摊开来,而其他维仍然紧紧地卷曲着?

人存原理可能提供一个答案:二维空间似乎不足以允许像我们这样复杂的生命的发展。例如,在一维地球上生活的二维动物,为了相互通过,就必须一个爬到另一个之上。如果二维动物吃东西时不能将之完全消化,则它必须将残渣从吞下食物的同一通道吐出来,因为如果有一个贯通全身的通道,它就会将这个生物分割成两个部分,我们的二维动物就解体了(下图)。类似地,在二维动物身上实现任何血液循环都是非常困难的。

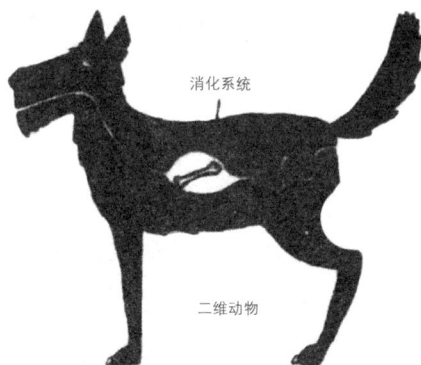

消化系统

二维动物

多于三个空间维也有问题。两个物体之间的引力将随距离衰减得比在三维空间中更快(在三维空间内,如果距离加倍,则引力减少到1/4;在四维空间减少到1/8;在五维空间减少到1/16;等等)。其意义在于使像地球这样围绕着太阳的行星的轨道变得不稳定:地球偏离圆周轨道的最小微扰(例如由于其他行星的引力吸引）都会使它以螺旋线的轨道向外离开或向内落到太阳上去，我们就会被冻死或者被烧死。事实上，在维数多于三维的空间中，引力随距离变化的同样行为意味着太阳不可能存在于压力和引力相平衡的稳定的状态下，它要么被四分五裂，要么坍缩形成一个黑洞。在任何一种情况下，对地球上的生命来说，它作为热和光的来源都没有多大用处。在小尺度下，原子里使电子围绕着原子核运动的电力行为正和引力一样，这样，电子要么全部从原子逃逸出去，要么沿螺旋线的轨道落到原子核上去。在任何一种情形下，都不存在我们知道的原子。

另一个问题是至少存在 4 种不同的弦理论（开弦和 3 种不同的闭弦理论），以及由弦理论预言的额外维的极其繁多的卷曲方式。为何自然只挑选一种弦理论和一种卷曲方式？这问题一度似乎没有答案，因而无法向前进展。后来，大约从 1994 年开始，人们开始发现所谓的对偶性：不同的弦理论以及额外维的不同卷曲方式会导致四维时空中的同样结果。不仅如此，正如在空间中占据单独一点的粒子，也像空间中线状的弦，还存在另外称作 p 膜的东西，它在空间中占据二维或更高维的体积。粒子可认为是 0 膜，而弦为 1 膜，但是还存在从 2 到 9 的 p 膜。这似乎表明，在超引力、弦以及 p 膜理论中存在某种民主：它们似乎和平相处，没有一种比另一种更基本。看起来，它们是对某种基本理论的不同近似，这些近似在不同的情形下成立。

但是，确实存在一个这样的统一理论吗？或者我们也许仅仅是在追求海市蜃楼。似乎存在 3 种可能性：

（1）确实存在一个完备的统一理论（或者一族交叠的表述），如果我们足够聪明的话，总有一天会找到它。

（2）并不存在宇宙的最终理论，仅仅存在一个越来越精确地描述宇宙的无限的理论序列。

（3）并不存在宇宙的理论，不可能在一定程度之外预言事件，事件仅以一种随机或任意的方式发生。

有些人基于以下理由赞同第三种可能：如果存在一族完备的定律，这将侵犯上帝改变其主意并对世界进行干涉的自由。这有点儿像古老的二律背反：上帝能制造一个重到连自己都不能将其举起的石块吗？但是上帝可能要改变主意的这一思想，正如圣·奥古斯丁指出的，是一个想象上帝存在在时间里的虚妄的例子：时间只是上帝创造的宇宙的一个性质。可以设想，当他创造宇宙时，他就知道了自己所有的企图。

在许多场合，我们增加了测量的灵敏度，或者进行了新的类型的观测，只是为了发现还没被现有理论预言的新现象，为了解释这些，我们必须发展更高级的理论。这一代的大统一理论预言：在大约 100 吉电子伏的弱电统一能量和大约 1000 万亿吉电子伏的大统一能量之间，没有什么本质上新的现象发生。因此，如果这个预言是错的话，人们并不会感到非常惊讶。我们的确可以预期发现一些新的比夸克和电子——我们目前以为这些是"基本"粒子——更基本的结构层次。

然而，引力似乎可以为这个"盒子套盒子"的序列设下极限。如果人们有一个具有比 1000 亿亿（1 后面跟 19 个 0）吉电子伏的所谓普朗克能量更高能量的粒子，它的质量就会集中到如此的程度，它就会脱离宇宙的其他部分而形成一个小黑洞。这样看来，当我们往越来越高的能量去的时候，越来越精密的理论序列确实应当有某一极限，所以必须有宇宙的终极理论。当然，普朗克能量离大约 100 吉电子伏——目前在实验室中所能产生的最大的能量——非常远，我们不可能在可见的未来用粒子加速器填补其间的差距。然而，宇宙的极早期阶段是这样大的能量必定发生的舞台。早期宇宙的研究和数学协调性的要求很有可能会导致当今我们周围的某些人在有生之年获得一个完备的统一理论。当然，这一切都是假定我们首先不使自身毁灭的前提下而言的。

70年前，如果爱丁顿的话是真的，那么只有两个人理解广义相对论。今天，成千上万的大学研究生能理解，并且几百万人至少熟悉这个思想。如果发现了一套完备的统一理论，以同样的方法将其消化并简化，以及在学校里至少讲授其梗概，这只是时间的迟早问题。我们在那时就都能够对制约宇宙并对我们的存在负责的定律有所理解。

　　即使我们发现了一个完备的统一理论，由于两个原因，也并不表明我们能够一般地预言事件。第一是量子力学不确定性原理给我们的预言能力设立的限制，对此我们无法克服。然而在实际上，更为严格的是第二个限制，它是由以下事实引起的，除了非常简单的情形，我们不能准确地解出这个理论的方程。（在牛顿引力论中，我们甚至连三体运动问题都不能准确地解出，而且随着物体的数目和理论复杂性的增加，困难愈来愈大。）除了在最极端条件下之外我们已经知道规范物体在所有条件下的行为的定律，特别是我们已经知道作为所有化学和生物基础的基本定律。我们肯定还没有将这些学科归结为可解问题的状态，到现在为止，我们在根据数学方程来预言人类行为上只取得了很少的成功，所以，即使我们确实找到了基本定律的完备集合，在未来的时间里，我们仍面临着在智慧上具有挑战性的任务，那就是发展更好的近似方法，使得在复杂而现实的情形下能作出对可能结果的有用预言。获得一个完备的协调的统一理论只是第一步，我们的目标是完全理解发生在我们周围的事件以及我们自身的存在。

第五章　存在之谜与定律规则

存在之谜

　　我们每一个人的生命都极为短暂，而短暂的时间只能够让我们探索到整个宇宙微不足道的小小的一部分，但好奇是根植于我们灵魂深处的本性，求知是我们的全部。在我们有限的时间里，我们从不曾停下探索的步伐，始终都在不停追寻着答案。生活在这样一片浩瀚的、不曾停止改变的世界里，每当我们抬头仰望浩渺的星空，不由得就会提出这样一连串的问题：我们应该怎样来理解这个我们所处的世界？这么广阔的宇宙究竟是在怎样运行着？什么才是最真实存在着的本性？而一切的一切又都是从何而来，去往何处？宇宙中真的存在着无所不能的造物主吗？相信所有的这些问题都曾在某些时候困扰过所有的人。

　　也许现在可以用许多种不一样的方式将量子论给表述出来，但毫无疑问，由理查德·费恩曼所做出的表述至今来说都还是最为直观的。在现代物理学还没有出现的年代里，人们曾普遍地认为一切有关于世界的知识都是可以通过直接观测的手段获得的。事物的本质就是它们看起来的那个样子，跟我们通过感官而觉察到的并没有什么不同。直到伴随着现代物理的出现和发展，人们才渐渐地了解到情况并非如此，我们肉眼看到的不一定就是真实的，我们的感官有时候也会欺骗我们。现代物理的基石是诸如费恩曼的那些与日常经验相抵触的概念,因此,那些实在性的、幼稚的观点和现代物理完全不相容。为了解决这种自相矛盾的情况,人们现在采用了一种被称为依赖模型的实在论方法。依赖模型的实在论是基于这样的一种观念:即在我们的头脑中构造出一个世界的模型用以解释那些来自真实世界中的感官输入。当依赖模型能够成功地解释某个事件,我们就将真实存在或绝对真理性的一些品格赋予它,使其成为组成它的元素和概念。在实际生活中,我们在为一些确定物理场景建造模型的时候往往会存在许多种不同的方法,每一种方法都会采用不一样的基本元素和概念。可是如果不同的两个物理理论或模型都能够精确地预言到同样的事件的话,我们就不能片面地评判说某个模型比另一个更加真实、符合实际;更直白一点儿来说,在选择模型的时候,哪个模型使用起来更加方便,我们就倾向于使用哪个。

纵观整个世界的科学发展史,从古希腊的柏拉图到近代英国科学家牛顿的经典物理学理论,再到如今的现代量子理论,在这个不断发展的过程中,人们也发现了许多越来越好的理论和模型序列。而在这其中,M理论并不是人们通常意义上所认知的那种理论,它是涵盖了整个一族不同的理论,有着许多不同的分支,虽然其中的每一种都只能在物理场景的某一些范围内进行描述和观测,但其效果却十分好。M理论有点儿像我们所熟知的地图。众所周知,单独的一张地图并不能够将整个地球的表面显示出来,普遍应用于世界地图中的麦卡脱投影使得遥远的北方和南方面积显得十分巨大,并且还没有完整覆盖南北两极,因此,为了能够如实地绘制整个地球的地图,我们必须利用多张地图,每一张单独的地图覆盖有限的范围,并且通过这些地图的相互叠加,同时在叠加处使这些地图展现出相同的风景,这样我们才能绘制出真实的世界地图。而M理论与上述制图的原理相似,在M理论族中,不同的理论相互之间也许会表现出十分悬殊的差异,但从整体上来看,它们都可以被认作是在同一基本理论之中的不同方面。它们都是基本的理论，但都只适用于一些有限的范围版本，诸如"能量的量"这样的范围。就像是在麦卡脱投影之中相互叠加的地图，在不同的版本之中的相交之处，M 理论族也要能够预言到相同的现象。当然，就像不存在只用一幅就能很好地描绘出整个地球表面的平坦地图一样，也不存在能够很好地描绘在所有情况下人们观测到结果的一个单独的理论。

接下来，我们将要描述的则是为什么运用了 M 理论，我们就能够为生命起源这一重要的问题寻求到答案。因为根据 M 理论表述，我们生存的宇宙并不是仅存的宇宙，在 M 理论中还预言了许多其他的宇宙，在 M 理论中，宇宙都是从无中诞生而来。在 M 理论看来，宇宙的诞生并不需要那些所谓超自然的存在，即我们常说的上帝的干预。

依照人类历史的大事记年表来看，科学探讨直到现在还都只是一个非常崭新的事物。早期的人类——智人，大约是于公元前的 20 万年左右起源于撒哈拉沙漠以南的非洲大陆，而书写语言则是农耕社会之下的产物，其历史仅仅可以追溯至公元前 7000 年。(目前发现的一些最早书写的碑铭上记载的是关于每位居民每日啤酒的定量。)在四大古文明之一的古希腊中，有关于书写的最早的记录仅可被追溯至公元前 9 世纪，而古希腊文明发展的高峰——"古典时代"还是在此之后的几个世纪才得以到来。古希腊的"古典时代"起始于公元前 5 世纪末至 4 世纪初。根据古希腊的哲学家亚里士多德的说法，大约在那个时期，首先是由泰勒斯提出了下面这样的观念：即世界是可以被我们所理解的，在我们身边所发生的复杂事件都可被简化成简单的原理，并不用诉诸神秘或借用神学的解释就能够得到阐明。

同时，泰勒斯还准确地预言到了公元前 385 年发生的日食，虽然在现在看来，他当时这一高度精确的预言也许只是碰巧走了大运的猜测。泰勒斯在历史上是一位非常模糊的人物，他没有为后世留下自己的任何著作。泰勒斯的家位于爱奥尼亚地区的知识者中心之一，爱奥尼亚曾被希腊殖民，但它的影响曾扩展到过土耳其、意大利那样遥远的西方。爱奥尼亚的科学是以借用强烈兴趣来揭示一些基本的定律，再运用这些基本的定律去解释自然现象为特征的，它是人类漫长的思想进化历史上的一座巨大里程碑。爱奥尼亚学者的方法是理性的，令人惊异的是，在当时如此简陋的条件下爱奥尼亚的学者们得到的结论竟然十分类似于我们现在的结论，不过现在的我们是运用了更加复杂的方法才使得自己相信那个结论。爱奥尼亚代表了一个伟大的开端，但令人遗憾的是，随着岁月漫长的更迭，爱奥尼亚科学中的多数都遗失了，于是现在的我们只好重新花费巨大的代价再去发现或发明先人曾经的遗惠，这种情况并不止一次发生着。

　　而直到今天，被我们称为自然定律的数学在历史中最早的表述也只可追溯至一位名叫毕达哥拉斯的爱奥尼亚人。毕达哥拉斯凭借着以他的名字命名的一条定理而闻名于世：即直角三角形的斜边的平方等于其他两边的平方和，同时据说还是由毕达哥拉斯最先发现了乐器中弦的长度和声音的谐波组合的数值关系，用我们今天的语言简洁来描述，就是在固定张力下弦振动的频率（每秒振动数）与弦长成反比。从实用性的观点来看，这个关系就能很好地解释为什么低音吉他的弦必须要比普通吉他的弦长这个让人困惑的问题。也许毕达哥拉斯并没有真的发现这个关系，因为甚至就连以他的名字命名的那条定理也并不是首先由他所发现的，但是依据现存的证据，我们至少可以证明，早在毕达哥拉斯的时代，那时的人们就获知了弦长和音调之间具有着某种联系。如果事实真的是如此的话，那么我们便可以将这个简单的数学公式作为现在理论物理的第一个事例了。

　　除了上面介绍过的毕达哥拉斯弦定律之外，被古代希腊人正确了解的物理定律还有其他3道，那3道物理定理都是由一个人——阿基米德所发现和详述的。阿基米德是古希腊最为杰出的物理学家，他在物理学上取得的成就远高过同时代的所有其他学者。现在我们用今天的话语来描述一下这 3 个定理:杠杆定律解释了因为杠杆能够按照离支点距离的比而将一个力放大，所以我们可以利用杠杆用较小的力气来举起质量较重的物体。而浮力定律则是在说任何浸入液体的物体都会受到一个向上的力,并且这个力的大小就等同它所排开的液体所受到的重力。反射定律则揭示,入射光和镜面所成的夹角等于反射光和镜面所成的夹角。奇怪的是阿基米德却没有将它们称作定律,也并没有做出具体的解释,他将这 3 个定理处理成仿佛是在一个公理系统中的一些纯粹的数学定理,提得一提的是,阿基米德的该系统很像另一位数学家欧几里得为几何所创立的系统。

几乎与此同时,出生于北希腊爱奥尼亚殖民地的德谟克里特正在思考着一个问题:当我们将一个物体切割成小块时会发生什么事情?德谟克里特论证道,人们应该不能将这个过程无限继续下去。德谟克里特假定所有的东西,包括生物都由一些不能被分开切割的基本粒子构成。他将这些基本的粒子命名为原子,而原了在希腊语中就是"不可分割的"的意思。德谟克里特还相信我们肉眼看到的种种物质现象都是由原子碰撞而产生的。德谟克里特将这一观点称为原子论,根据原子论,所有原子都在空间中不停运动着,除非受到外界的干扰,否则将无限地向前运动。今天的学者们将德谟克里特提出的这个思想称之为惯性定律。

古希腊的哲学学派往往拥有着和其他学派不同甚至相互矛盾的传统,而爱奥尼亚不过是古希腊学派中的一家。可惜的是,爱奥尼亚人所倡导的世界观,即自然是可通过一般定律得到解释的,并且能够归结为简单的一族原理,只在短短的几个世纪的时间里造成了深远影响。出现这种现象的一个重要的原因便是爱奥尼亚学者的理论并没有给自由意志或目的、神干涉世界运行等观念留下太多回转的余地。而这一惊人的遗漏是使当时希腊的许多思想家和现在的许多人都感到极度不安的。哲学家伊壁鸠鲁便是基于"与其成为自然哲学家天命的"奴隶",还不如追随神的神话"这样的原因而反对德谟克里特提出的原子论。亚里士多德也同样拒绝接受原子的概念，因为在他的心中不能认同人是由无灵魂、无生命的东西组成的这个想法。爱奥尼亚学者提出的宇宙并不是以人为中心的这一理念是人类在理解宇宙的道路上的一座意义重大的里程碑，但是这种思想几乎到了 20 世纪后的伽利略时代才再次复活，得以重见天日，而且没有再次被世俗所抛弃，而是开始普遍地被人们所接受。

13 世纪早期，基督教哲学家托马斯·阿奎那采纳了这个观点并加以利用，依靠它来论断上帝的存在，他在书中写道："很明显，没有生命的物体并非偶然地，而是有意地走到它的终点……因为有一位智慧的造物主命令自然的万物走向其终点。"晚至 16 世纪，伟大的德国天文学家约翰斯·开普勒还在相信行星是具有感觉的并且有意识地遵循着某种运动定律，这些定律存在于行星的"头脑"里并且能够被它们所理解。

自然定律必须被有意地服从，这样的观念反映了古人专注的问题是自然为什么要这样做，而并非是自然具体的行为。"所有的科学都必须首要以观察为基础"这样一个在今天看来毋庸置疑的思想方法在当时的古希腊却被大多数的人普遍拒绝，亚里士多德还是拒绝这个观点的主要倡议者之一。但不可否认的客观条件是，在古代，做到精确测量和数学计算确实是挺困难的。在如今，我们在算术中普遍使用的十进位记法一直到大约公元 700 年才出现。正是印度人踏出的第一步，才奠定了数学成为现在这样方便实用的工具的基础，而甚至直到 15 世纪才出现了加减的缩写。更有甚者，在 16 世纪之前，等号竟然和能计时到秒的钟一样都没能出现。

希腊基督教的继承者们拒绝接受这样的一个观念：宇宙是由中性的自然定律制约的，他们还反对人类在宇宙中不占有优势地位的这一观点。尽管在整个中世纪都并没有一个连贯的哲学体系，但总体的基调还是认为宇宙只是上帝的玩具小屋，同时宗教本身就是一个远比自然现象更有研究价值的对象。按照当时的教皇约翰 21 世的指示，1277 年，巴黎主教滕皮尔发表了应当予以谴责的 219 项错误和异端的清单，其中一项便是自然遵循定律的思想，因为那和基督教中上帝万能的观点相冲突。有趣的是，数月后，教皇约翰因为宫殿的屋顶坠落而被砸死，而这一现象便是由于引力定律的效应。

自然定律的概念

正式出现有关自然定律的现代概念是在 17 世纪的时候。而开普勒也许是第一个在现代科学意义上理解了这个术语的科学家，尽管正如我们之前说过的一样，开普勒在当时仍保留有物理对象的泛灵观点。而虽然伽利略在其大多数著作中都没有提到过"定律"这一术语（尽管这个词语出现在那些著作的译本之中）。但是不管伽利略是否用了这个词，他本人的确发现了大量的定律，并且提出了观测是科学的基础、科学的目标是研究存在于物理现象之间的定量关系的这样两个十分重要的原则。而真正意义上明确并严格地表述出和我们现在理解的自然定律概念相同的第一人却是勒内·笛卡儿。

笛卡儿相信，所有物理现象都一定要按照运动物体的碰撞来解释，他还提出，物体由 3 个定律来制约，这便是著名的牛顿三大运动定律的前身。笛卡尔同时还断言，那些定律在任何地方和任何时间中都会是有效的，并且明确地说明了服从那些定律并不意味着那些运动物体具有精神。笛卡儿还意识到了现如今我们称之为"初始条件"的条件的重要性。"初始条件"指的是在我们想作预言的时间间隔的开端一个系统的状态。在给定了一族的初始条件下，自然定律就能确定一个系统如何在时间中演化，而如果没有了特定的初始条件,系统的演化就不能被指定。举个例子来说明,如果在零时间处于正上空的鸽子释放某物,那么该落体的路径就由牛顿定理来决定。但是在零时间,若是不能确定鸽子是静立在电线上还是在以每小时 20 英里的速度飞行的话,相同事件的结果就有了不确定性。为了能够合理正确地应用物理定律,人们必须要知道系统是如何出发,或者至少在一确定时刻的系统状态。(因为现在人们可以通过定律在时间中将系统向过去演化。)

艾萨克·牛顿也采用了类似笛卡尔的观点。也正是牛顿发现了三大运动和引力的科学定律这些现代的概念,并使这些概念被人们广泛地接受。这些定律很好地解释了地球、月亮和行星的轨道乃至潮汐这类现象。牛顿创造的若干方程以及在他之后的学者以他为基础而推出的精巧的数学框架直到今天仍然是在课堂上被讲授的。无论是建筑师设计大楼,还是工程师设计轿车,抑或是物理学家计算着如何将准备登陆火星的火箭瞄准目标,都要使用到几百年前牛顿所发现的这些东西。

哲学家约翰·W.卡罗尔在将"所有金球的直径小于 1 英里"的这一陈述和诸如"所有铀 235 球直径小于 1 英里"的陈述进行着对比。我们从对世界的观察得知,没有金球的直径可以比 1 英里更大,并且我们现在仍然相当自信永远不可能发现直径比 1 英里更大的金球。但是,我们也同样没理由去相信不可能存在这样的金球,所以上述的那条陈述还不算是一条严格的定律。而在另一个方面,因为根据我们所知道的有关核物理的知识,一旦铀 235 球直径长到大约超过 6 英寸(1 英寸=2.54 厘米),它就会在一次核爆中自毁,因此我们确定,直径超过 6 英寸的铀 235 球不存在。(想要尝试去制造一个也并不是一个好的主意。)所以,"所有铀 235 球的直径小于 1 英里"这条陈述可以被认为是一条自然定律,因为这个比较形象地说明了并不是将我们所有的观察推广后都能够被认为是自然定律,而且大多数自然定律都是作为更大的一个定律系统中的相互连接的一部分而存在着的,所以能够正确区分这种关系,意义显得十分重大。

在现代科学中,我们常常用数学来形象化地对自然定律进行表述。那些数字既可以是精确的,也可以是近似的,但是它们必须无一例外要接受观察——如果不是普适的话,至少在约定的一族条件下必须如此。例如,我们现在知道如果物体以接近光速的速度运动,牛顿定律必须被修正。然而我们仍然认为牛顿定律是定律,因为对于日常世界的条件,即我们遭遇到的速度远低于光速时,至少在这样的条件下它们都普遍成立。

如果自然都由定律制约着,那么就产生了以下3个问题:

1.定律的起源是什么?

2.定律存在任何例外,即我们常说的奇迹吗?

3.是不是可能只存在一族定律?

科学家、哲学家和神学家都在以不同的方式讨论这3个重要问题,对第一个问题的传统答案,同时也是开普勒、伽利略、笛卡儿和牛顿等人的答案——定律是上帝的杰作。然而,这个答案只不过是将上帝定义为了自然定律的化身。除非人们将其他所有的上帝属性赋予上帝,否则的话,利用上帝来回应第一个问题只不过是用一个神秘来取代另一个而已。并且如果我们在回答第一个问题时涉及了上帝,借由上帝来解释的话,那么真正的要害就伴随着第二个问题而来:是否存在着奇迹?也就是对于定律有例外吗?

在关于第二个问题的答案上,众多学者的意见产生了明显的分歧。柏拉图和亚里士多德,这两位古希腊最有影响力的著作家认为,对于定律来说不存在例外。拉普拉斯通常被认为是第一个清楚地提出科学决定论的人,科学决定论指出,给出宇宙在一个时刻的状态,定律完全具备也能够完全地确定其未来和过去。科学决定论的观点摒除了奇迹和上帝的主动作用的这些可能性。现代科学对于第二个问题的普遍答案便是这条由拉普拉斯所表述出的科学决定论。事实上,科学决定论也是整个现代科学的基础,也

227

是贯穿于本书的一个重要原则。如果一个科学定律只有在某些超自然的存在确定不对其产生干扰的时候才能够成立的话，则其就不能够被我们称之为科学定律。我们都要意识到这一点。据说拿破仑曾问过拉普拉斯这样一个问题："如何才能够把上帝嵌入一个图像之中？"拉普拉斯的回答则是："阁下，我不需要这个假设。"

由于人在宇宙中生活并且也在和宇宙中的其他物体产生着互相作用，因此科学决定论也应该对人成立。然而，在许多人接受着科学的决定论制约物理过程这一理念的同时，由于他们还相信人是具有自由意志的，因此也同时认为人类的行为应该是个例外。

那么人真的拥有自由的意志吗？如果我们拥有的话，自由的意志是在进化之树的何处发展生成的？青绿藻或者细菌是否具有自由意志？抑或它们的行为也只是处在无意识并受科学定律制约的王国之中？那么是不是也只有多细胞的有机体抑或是哺乳动物才会具有自由意志？在我们认为黑猩猩大口咀嚼香蕉、一只猫撕碎沙发是在运用着自由意志的时候，那么只有959个细胞构成被称作秀丽隐杆线虫这样的简单生物又是如何的呢？也许它从未想过："那就是我应该去吃的可是味道极差的细菌。"可是它的确对食品也存在着明确的嗜好，是满足于乏味的饭？还是按照新近的经验去寻找更可口的食物？这也是自由意志在运用着吗？

而在承认人的行为的确是由自然定律确定的时候，得出下面的结论似乎也是很合理的，即以过于复杂的方式并加上拥有太多的变量能够确定结果，导致了在实际的生活中不可能做出预言，因为那样人们会需要人体的一千亿亿亿（1后面跟27个0）个分子中每一个初始态知识，并且还要去解差不多相同数量的方程，可是这要花费几十亿年的时间。

因为应用基础的物理定律去预言人的行为是如此的不切实际，我们就采用了一种所谓的有效理论。在物理学中，有效理论是创造来模仿某种被观察的现象，而不仔细地描述所有基本过程的框架。例如，我们不能准确地了解一个人体的每个原子和地球上的每个原子的引力相互作用的方程，但是我们却可以知道人受到地球的引力是多少。

第三个问题则是讨论既确定宇宙又确定人行为的定律是否是唯一的。如果你对第一个问题的回答是上帝创造定律，那么这个问题就变成上帝在定律的选择上有没有可以迂回的余地。不管是亚里士多德还是柏拉图，又或者是笛卡儿和后来的爱因斯坦，他们都相信，自然的原理应该是出于"必然性"而存在，也就是说，它们是仅有的逻辑和合理的规则。由于亚里士多德的自然定律的起源是逻辑的信条，他及他的信徒们觉得人们是可以把那些定律"导出"的，因而不必太关注自然实际上是如何行为的。也就是因为这个原因，再加上过于关注为什么物体遵循规则而不在乎指明这些规则是什么，亚里士多德将自己的思想导向了主要是定性的定律，而这些定律常常都是错误的，无论我们怎样去证明并没有多大的实际用处，哪怕这些定律都曾在许多世纪以来的科学思想中占据着统治的地位。直到很久以后，才有了如伽利略这样敢于藐视亚里士多德的权威，挑战他所提出的观点，并且能够去观察自然实际上的行为，绝非纯粹的"理性"去说自然应如何行为的人出现。

第六章　什么是实在?历史、宇宙是单一的吗

什么是实在

托勒密早在公元 150 年左右就提出描写星体运动的模型,这确实是一个不同凡响的著名例子。托勒密的研究发表在一部长达 13 册的众所周知的论文——《天文学大成》上,详细地解释了为什么会认为地球是一个球形并且静止的宇宙中心, 它的大小和星空的距离相比是小到可以忽略不计的。

后来的阿里斯塔克也提出了日心模型,从亚里士多德时代开始,大多数希腊有教养的人都信仰地球就是宇宙的中心。在托勒密模型中,地球是个静止的球体, 而其他的行星和恒星围绕着它进行着非常复杂的轨道运行,也就是周转圆来运行的。

由于人们从来没觉得脚下的地球是在运动着的(除了地震或者激情澎湃的时刻),所以托勒密的这个模型在当时看来无疑就是自然的、正确的。而由于后来发展起来的欧洲科学源于传承下来的古希腊科学,是以其为基础发展起来的,于是亚里士多德和托勒密的观念就成为了大多数西方思想的基础。而托勒密的宇宙模型更是被天主教会用来当做正式的教义长达 14 个世纪之久。而一直到 1543 年,才有了哥白尼在他的著作《天体运行论》中提出的另外一个模型。虽然哥白尼早已经花了几十年来彻底研究他的理

论,但该书还是在他逝世的那年才得以正式出版。

和大约早他 17 世纪的阿里斯塔克一样,在哥白尼的模型中,将太阳描写成了处于静止的状态,而行星则以圆周轨道围绕着它运转。尽管这个思想并不算是新颖的,但是这种思想的再次出现却依旧遭到了当时社会激烈的抵制。哥白尼的模型被认为和《圣经》相抵触,尽管《圣经》从未清楚地说明行星是围绕着地球运动的。

而自从柏拉图以来的哲学家们长期都在争议着实在的性质这一问题。经典科学便是基于这样的一个信念:存在一个真实的外部世界,其性质是确定的,并与感知它们的观察者无关。根据经典科学可以知道,物体存在并拥有着诸如速率和质量等物理性质,同时这些性质还具有明确定义的值。在经典科学的观点里,我们的理论是试图去描述那些物体和其具有的性质,并且将我们测量到的结果和我们的感觉与之对应。但因为无论是观察者还是观察的对象都是客观存在于世界上的部分,因此它们之间具有的任何区别都是毫无意义的。换言之,就是如果你看到一群斑马在停车场争夺一块地方,那是因为真的有一群斑马在停车场争夺那个地方。所有其他正在看的观察者都会测量到同样的性质,同时不管是不是有人在看着这群斑马,这群斑马都具有那些性质,这便是在哲学中被称为实在论的信仰。

或许实在论确实是一个十分诱人的观点,但正如我们将在下面看到的一样,一旦我们运用了有关现代物理的知识,那么就会使得所有为实在论而进行的辩护变得十分困难。例如,根据精确描述自然的量子物理原理,除非并且直到一个粒子的位置或速度被一位观察者测量,这个粒子还是既不拥有明确的位置也不拥有明确的速度。因此说测量之所以给出一定的结果,是因为被测量的量在测量的那个时刻具有那个值是错误的。事实上,在某种情形下,单独的物体甚至并没有独立地存在,而仅仅是作为众多系统中的部分而存在着。并且如果一旦一种被称为全息原理的理论被我们证明是正确的话,那我们以及我们所处的四维世界很可能只是一个更大的五维时空在边界上的影子。在那种情形下,我们在宇宙中的地位就有点儿类似于鱼缸中的金鱼。

制造模型不仅在科学中需要,在我们的日常生活中也往往需要。依赖模型的实在论不仅适用于科学模型,还适用于我们所有人为了解释并理解日常世界而创造的有意识或者下意识的心理模型。我们没办法将观察者,即我们自己从我们对于世界的认识中完全排除掉,而认识是通过感觉过程以及思维和推理方式产生的,因此在我们的理论中,以我们的认识为基础而展开的一系列观测并不是直接的,而是由一种类似透镜的事物塑造而成的。

我们感觉对象的方式对应着依赖模型的实在论。在视觉中,人们的大脑从视觉神经接收一系列信号,但那些信号并不会直接就构成我们从电视那里接收的那类图像。在视觉神经连接视网膜之处有一个盲点,还有人眼的视场具有高分辨率的部分仅处于视网膜中心周围大约 1 度的狭窄视角中,这个范围的角度就和我们伸出手臂时大拇指的宽度一样,因此送入我们头脑中的未加工的数据就是中间有个洞的模样古怪的图像。幸运的是,人脑可以很好地处理这样的数据,将两只眼睛的输入结合在一起,假定邻近位置的视觉性质类似,再填满缝隙并应用插入技术。此外,大脑从视网膜读到二维的数据排列并由它创生三维空间的印象。换言之,大脑建立心理图像或模型。

在建立模型方面,我们的大脑是如此称职,如果我们配上了一种能将眼睛之中的图像上下颠倒的眼镜,我们的大脑就会在短短的一小段时间后改变模型,让我们能够再次看到在正确方向上的东西,而之后摘下眼镜的话,虽然在一段时间内我们看到的世界会是上下颠倒的,但不久之后,我们的大脑就会再一次适应。这表明,当一个人说"我看到一把椅子"的时候,他的意思仅仅是他利用椅子散射出来的光建立了一个椅子的心理图像或模型。如果模型上下颠倒，那么在他坐到椅子上去之前，他的脑子就会改正那个模型。

依赖模型的实在论解决和避免的另一个重要的问题是存在的意义。假如我们走出了房间而看不见桌子，那么我们何以得知那张桌子仍然存在呢？这样说来，那些我们看不见的东西，例如电子或者是构成质子和中子的那种名叫夸克的粒子的存在是什么意思呢？人们可以拥有模型，在该模型中，当人离开的时候，桌子就消失了，而当人再返回的时候，桌子又会在同一个位置上出现，而这无疑是十分笨拙的。并且如果人在外面时，房间内发生了一些事情，比如说天花板落下怎么办呢？在人离开房间时桌子消失的模型下，能够解释下次进入的时候在天花板碎片之下损毁的桌子重现的事实吗？相比之下，桌子留在原地不动的模型显得要简单许多，并与观测相符，这就是人们能够接受的事情。

1897 年，英国物理学家 J.J.汤姆孙在剑桥大学的卡文迪许实验室发现了电子。他是利用在真空玻璃管中的电流来进行实验的，在现在，我们将他所做的这个实验称之为阴极射线现象。在实验里，他得出了一个大胆的结论：神秘的射线其实都是由更加微小的"微粒"构成，同时这种微粒还是构成原子的物质。在当时，原子还被认为是物质不可分割的最小单位。虽然汤姆孙并没有能够真正地看到"电子"，并且他的实验也没有直接、清晰地证明他的观测，但在所有的从基础科学到工程的应用中，汤姆孙证明的这个模型都是十分关键的，直到现在，世界上所有的物理学家都确信电子存在，即从来没有人能真正的见过它。

依赖模型的实在论还能够为讨论我们下面的这些问题提供一个框架：如果世界是在有限的过去诞生的，那么在世界诞生之前究竟发生了什么？一位早期的基督教哲学家圣·奥古斯丁说，这个问题的答案不是上帝正为问这个问题的人们准备地狱，而是时间本身就是上帝创造的世界的一个性质,时间在世界诞生之前并不存在,他还相信宇宙诞生发生于过去并没有那么久的时刻。这是一个可能的模型。尽管在世界上存在许多证据能够证明地球的年龄十分的古老,(它们被放在那里是用来愚弄我们的吗?)但那些坚持创世纪中的叙述是真实的人非常认同和喜欢圣·奥古斯丁提出的这个模型。此外,人们还拥有着一个不同的模型,在这个模型中,时间往回延续大约137亿年就到达了大爆炸时期。该模型解释了包括历史和地学的证据在内的大部分我们的现代观测,它是我们拥有的对过去的最好描绘。第二种模型能解释化石和放射性记录,以及我们接受来自距离我们几百万光年的星系来的光的事实。因此,第二个模型,大爆炸理论无疑比第一个显得更有用。尽管如此,却还是不能说哪一个模型比另一个更真实。

在20世纪20年代,绝大多数的科学家们都相信宇宙是静止的,或者在总的尺度上保持着不变。虽然后来的埃德温·哈勃于1929年发表了他的观测结果,显示出宇宙正在膨胀,但在当时,他的想法却并没有被人们接受。哈勃观察到的是由星系发射出的光,并没有直接观察到宇宙在膨胀。那些光携带特征记号,或基于每个星系成分的光谱。如果星系相对于我们运动,光谱就会改变一个已知的量。因此,哈勃由分析远处星系的光谱能够确定它们的速度。他预料会找到离开我们运动的星系数目与靠近我们运动的星系一样多,可是最后结果却和预料相反,他发现几乎所有的星系都离开我们运动,而且处在越远的地方,它们就越快地运动。于是哈勃得出一个结论:宇宙正在膨胀。因为当时的其他人都在坚持早先的模型,试图在稳态宇宙的这个框架中解释哈勃的观测结果。例如,加州理工学院的物理学家弗里茨·兹威基提到,也许因某些还未知的原因,当光线穿越巨大距离时慢慢地损失能量,这种能量减小会对应于光谱的改变。兹威基说到这种改变能够模拟哈勃的观测。因此,在哈勃之后的几十年间,许多科学家都还在继续坚持着稳态理论,但最自然的模型却仍然还是由哈勃提出的膨胀宇宙模型，而在现在，它已经被人们接受。

在探寻制约宇宙定律的这些过程中，我们表述过了许多经典的、具有重要意义的理论或模型，诸如四元素理论、托勒密模型、热素理论、大爆炸模型等。每个理论或模型都改变着我们对实在和宇宙的基本成分的概念。例如，考虑光的理论中，牛顿认为光是由小粒子或者微粒构成，这就解释了为什么光会沿直线旅行，同时牛顿利用这个观点来解释为什么当光从一个媒质进入另一个媒质时，比如从空气进入玻璃或者从空气进入水时会产生折射的现象。

在牛顿环中，亮环位于离开中心的距离为该处透镜和反射板之间的分离使得从透镜反射的波和板上反射的波相差整数（1，2，3，……）倍的波长（波长是一个波的波峰或波谷和下一个波峰或波谷之间的距离。），产生了相长干涉。另一方面，暗环位于离开中心的距离为该处的两个反射波之间相差半整数（1/2，3/2，5/2，……）倍的波长，引起相消干涉——从透镜反射的波抵消了从平板反射回来的波。

19 世纪，这个被用来确认光的波动论还证明了光的粒子论是错误的。然而，在 20 世纪早期，伟大的科学家爱因斯坦就证明，用光粒子或量子打到原子上并打出电子可解释光电效应（现在用于电视和数码相机中）。这样，光就同时具有了作为粒子的行为和作为波的行为。

我们将在第五章中进一步讨论对偶性和 M 理论，但在这之前，我们将要转向量子论，量子论作为我们现代自然观基础的基本原理，它的作用不可忽视。我们将要特别关注那被称作是可择历史的量子论方法。按照可择历史的观点，宇宙并非仅具有单独的存在或历史，而是每种可能的宇宙版本在所谓量子叠加中同时存在，这听起来就像只要你离开房间桌子就会消失的理论般疯狂，然而在现在的情形下，这一理论已经通过了它所经受的所有实验的验证。

可以选择的历史 __

1999年，一组物理学家正在奥地利向一个障碍射出一长串足球状的分子。这些每个由60个碳原子组成的分子有时被称作巴基球，这个名字是因为建筑学家巴克明斯特·富勒（Buckminster Fuller）曾做过那种形状的建筑物。富勒的短程线圆顶结构也许是目前世界上最大的足球状物体，但巴基球却是最小的。科学家瞄准的障碍实际上具有两道巴基球能通过的窄缝。在墙后面，物理学家放置了一个相当于屏幕的东西以检验和计数出现的分子。

如果我们用真的足球做一个类似的实验，我们就需要一位目标弥散但具有与我们选取的速率一致的发球能力的球手。我们将这个球手放在有两条窄缝的墙之前，在墙的另一边，我们平行地放张长网。球手射出的球多数都打到墙上被弹回，在墙的另一面出现两束高度平行的足球的流注。如果缝隙只比足球稍宽一些，每一束流注就会以扇形展开一些。

在科学思想诞生的最初2000年间，科学解释都是基于人们日常的经验和直觉之上。但随着我们的技术不断地在改善、可能观测的现象范围不断地在扩展，我们开始发现自然行为的方式和我们的日常经验，也包括我们的直觉越来越不一致，正如巴基球实验所显示的那样。那个实验不能被包括在经典科学框架中，而只能被囊括在我们称之为量子物理所描述的具有代表性的那一类现象之中。事实上，理查德·费恩曼曾在书中写道："双缝实验包含了量子力学的所有秘密。"

在发现牛顿理论不足以描述在原子或亚原子水平上的自然现象之后，

在 20 世纪的前期就发展和形成了量子物理的原理。经典物理的基本理论描述自然的力和物体对这些力如何反应,诸如牛顿的经典理论都是在反映在日常经验的框架这一基础上建立而成的。

而这些基于和日常经验完全陌生的框架上所建立的理论还能解释被经典物理如此精确地模仿的寻常经验吗?答案是能,因为我们以及我们周围都是复合结构,是由不能想象的大量的原子组成,原子的数量比我们所观察到的宇宙中的恒星数量还要多得多,而物体的组成部分——原子是服从量子物理原理的,人们可以证明,形成足球、大头菜和珍宝飞机,甚至构成我们的原子的确都能避免通过缝隙时绕射。但是,虽然日常物体的组成部分——原子服从量子物理,但牛顿定律还是依旧形成一个有效的理论,它还在非常精确地描述组成我们日常世界的组合结构如何的去行为。

1927 年,贝尔实验室的实验物理学家克林顿·达维孙和勒斯特·泽默首次实现了双缝实验,他们研究一束电子如何与镍晶体相互作用,这是比巴基球简单得多的物体,就像电子的物质粒子能够像水波那样的事实是启示量子物理的一类惊人的实验一样。由于在宏观的尺度下人们不能观察到这一类的行为,长期以来,科学家仍然对刚好能够显示这种类波性质的某物可以是多大并且能够多复杂都感到非常好奇。如果可以利用人或者河马来演示这个效应的话,定会引起轰动的,但就像我们曾在前面说过的一样,一个物体越大,则其量子效应就越微弱、越不明显。所以,被关在动物园笼子里的动物们都不太可能以类波形式通过它们笼子的栅栏。可是尽管如此,实验物理学家们仍观察到了不断增大尺度的粒子的波动现象。科学家希望有朝一日使用病毒重做巴基球实验,病毒不仅比巴基球要大得多,同时它还被某些人认为是具有生命的东西。

另一个量子物理的主要信条就是由威纳·海森伯在 1926 年提出的不确定性原理。不确定性原理告诉了我们,对于我们同时在测量的一定数据,比如一个粒子的位置和速度的能力存在着一定的限度。根据不确定性原理,如果你将一个粒子位置的不确定性乘以它的动量(质量乘速度)的不确定性,其结果决不能比某一个称为普朗克常数的固定的量更小。这是个绕口令,但可以将其要点叙述如下:你把速度测量得越精确,你就只能把位置测量得越不精确。例如,如果你将位置的不确定性减半,你必须将速度的不确定性加倍。诸如和米、千克和秒等日常测量单位相比较,普朗克常数是非常小的,注意到这一点也很重要。事实上,如果以这些为单位,它的值约为 6/10 000 000 000 000 000 000 000 000 000 000 000。由此,如果你将诸如质量为 1/3 千克的足球的宏观物体在任何方面都定位在 1 毫米之内,我们仍能将其速度测量到精度甚至远比每小时一千亿亿亿(1 后面跟 27 个 0)分之一千米高得多。那是因为,以这些单位测量,足球的质量为 1/3,而位置不确定性为 1/1000,两者都不足以负责普朗克常数的所有那些零,这样责任就落到速度的不确定性上了。但是电子在同样单位下具有质量 0.000 000 000 000 000 000 000 000 000 001,所以对于电子,情况完全不同。如果我们测量一个电子的位置,其精度大约对应于一个原子的尺度,不确定性原理要求我们知道电子的速度,精确度不可能比大约正负每秒 1000 千米更高,这一点也不精确。

根据量子物理,不管我们得到多少信息,也不管我们的计算能力有多强,因为物理过程的结果都不能够毫无疑问地被确定下来,所以我们总是不能确定地做出准确的预言。相反,在系统给定的初始状态下,自然可以通过一个根本不确定的过程来确定它的未来状态。换言之,即便在最简单的情形下,自然也不会要求存在任何确切的过程或者实验的结果。更确切地说,自然重视允许拥有几个不同的可能结果,每一种结果具有确定能够实现的可能性。解述爱因斯坦的话,仿佛上帝以投骰子来决定每一个物理过程的结果,这个思想使爱因斯坦苦恼,因此,尽管他本人就是量子物理的创始人之一,但后来却也成为其批评者之一。

看起来量子物理似乎会削弱自然受定律制约的观念,但事实却并非如此,量子物理反而引导着我们去接受决定论的新形式:给定系统在某一瞬间的态,自然定律确定各种将来和过去的概率,而非肯定地确定将来和过去。尽管这不符合某些人的口味,但科学家却必须接受和实验相符的理论,而并非是他们自己脑海中先入为主的观念。

量子理论中的概率都是不同的,它们反映了自然中的最基本的随机性。自然量子模型中不仅包含有和我们日常经验相关的原理,也有和我们实在性的直觉概念相矛盾的原理。觉得这些原理实在奇异并难以相信的人会有许多知音,其中更是有爱因斯坦甚至费恩曼这样伟大的物理学家,我们接下来很快就要介绍后者对量子论的描述。事实上,费恩曼有一次曾写道:"我以为我可以有把握地说,没人能理解量子力学。"但是量子物理和观测符合,它从未被检验失败过,需要说明的是,量子力学所受到的检验比科学中的任何其他理论都要多得多。

20世纪40年代,理查德·费恩曼令人惊讶地洞察出了微观量子世界和牛顿世界之间的差别。费恩曼对干涉条纹如何在双缝实验中产生的问题极为好奇。回忆当我们在双缝都打开射出分子时,发现的条纹不是我们对做两次实验所发现的模式之和,一次只让一道缝隙打开,另一次只让另一道缝隙打开。相反地,当双缝都打开时,我们找到了一系列亮暗条纹,后者是没有粒子打到的区域。那就意味着,如果比如只有缝隙1打开时,粒子就会打到黑条纹的地方,而当缝隙2也打开时,就不打到那里去。看来仿佛是粒子在从源到屏幕的旅途中的某处得到了两道缝隙的信息,这样的行为和在日常生活中事物所表现的行为方式彻底不相同,这就好像在日常生活中一个球穿过一道缝隙的路径不受另一道缝隙情形的影响一样。

根据牛顿物理,假设不用分子而用足球来进行实验运行的方式,每个粒子都独自遵循着一条从源到屏幕的明确定义的路径,在这个图像中就没有粒子在途中迂回访问每道缝隙邻近的余地。然而,根据量子模型,据说粒子在它处于始终两点之间的时刻都没有明确的位置。费恩曼意识到,人们不必将其解释为此意味着这个粒子在源和屏幕之间旅行时没有路径,它反而可能意味着粒子采用连接那两点的每一条可能的路径。费恩曼断言,这就是使量子物理有别于牛顿物理的缘由,因为粒子不仅遵循着单独的明确的路径,它取每一条路径,并且还同时取所有的这些路径,因此在两个缝隙的情形是无关紧要的。这听起来也有点儿像是科学幻想小说里的内容,但这确实是事实。同时,费恩曼还构想出了一个数学表述——费恩曼历史求和,这个表述反映了他的这一思想,并重现了量子物理的所有定律。数学和物理图像在费恩曼理论中和在量子物理原先的表述中不同,但两者的预言相同。

我们到现在已经讨论过了在双缝实验背景下的费恩曼观念。在上述的实验中,粒子被射向带有缝隙的墙,而我们在置于墙后的屏幕上测量粒子结束行程的位置。更简单地来说,费恩曼的理论允许我们预言的并不是仅仅的一个单独的粒子,而是一个"系统"的所有可能的结果,该系统可以是一个粒子、一组粒子,甚至是整个宇宙。在系统的初始态和我们对它的性质的后来的测量之间,那些性质以某种方式演化,物理学家将这种方式称之为系统的历史,例如,在双缝实验中,粒子的历史就是它的路径。正如对于双缝实验, 观察粒子到达任何给定的点的机会依赖于所有能把它弄到那里的所有路径,费恩曼指出,对于一个一般系统,任何观察的概率是由所有可能将其导致那个视察的历史构成。正因为如此,他的方法被人们称作是量子物理"历史求和",还有人将其称之为"另外历史",但它们的实质是相同的。

既然现在的我们已经了解了由费恩曼所提出的量子物理方法,那么接下来我们该来研究后面将要用到的另一个关键的量子原理——观测系统必然改变其过程的原理了。我们难道不能小心地看着而不去干预吗?正如当我们的导师的下颌上有点儿芥末时能只是看着而不出言提醒吗?答案显然是不能。根据量子物理,我们都不能"只"观察某物。也就是说,量子物理中承认,每进行一次观测,我们必须和我们正观测的对象发生相互作用。例如,从传统意义来说,如果我们要看一个物体,我们就得把光照在它上面。把光照在南瓜上当然对它只有微小的效应,但是将一道微弱的光照射到极小的量子粒子上,即把光子打到它上面,就的确会产生能够被觉察到的效应,而且实验表明它还正好以量子物理所描述的方式改变着实验结果。

在牛顿提出的理论中,过去都是被假定的,作为明确的事件系列而存在着的。如果你看到去年在意大利买的花瓶摔碎在地上,而你正在蹒跚学步的孩子羞怯地站立在一旁时,那么你就会很轻易地回溯到整个事件:孩子小小的指头松开,然后花瓶落下并落在地上变成了一地的碎片。事实上,一旦给定了关于此刻的完全数据,牛顿定律就允许我们计算出过去的完整图像。这个观点和我们最直观的理解显然是一致的,不论痛苦抑或是快乐,世界一直都有着明确的过去。也许从未有人看到过,但是过去存在的真实性就好像我们为它拍了一系列快照一样。但是,这样的观点并不是就能说明量子巴基球从源到屏幕的时候确实飞过了确定的路径。我们可以观测巴基球从而确定它真实的位置,但是在我们观测的间隙里,巴基球已经飞过了所有的路径。量子物理告诉我们一件事:不管我们现在多么彻底地来进行观测,那些不曾被我们观测过的过去就好像是将来一样,两者都是不确定的,只能够作为可能性的谱而存在着,因此从量子物理里面,我们可以知道,宇宙并没有一个单独的过去,也就是宇宙的历史并不是单一的。

关于万物的理论

　　爱因斯坦曾说，宇宙最不可理解之处是它是可理解的，这话听着拗口，可它确有其理。因为宇宙万象不可理解的秘密背后，到处都隐藏着深刻的道理。

　　电力和磁力是它们定律或模型被发现的宇宙的第二个方面。这些力的行为类似引力，但具有重大的差别，两个同类的电荷或同性的磁极互相排斥，而相异电荷或相异磁极相互吸引。电磁力比引力强烈得多，但因为宏观物体都拥有几乎等量的正负电荷，所以在我们的日常生活中通常觉察不到它们。这意味着两个宏观物体之间的电磁力几乎被完全相互抵消，并不像引力那样全部的叠加起来。

　　我们现在有关电学和磁学的观念是在 18 世纪中期到 19 世纪中期这中间大约 100 年间发展起来的，那时几个国家的物理学家对电磁力进行了仔细的实验研究，其中一个最重要的发现是电力和磁力是相互关联的：一个运动的电荷对磁铁施力，而一个运动的磁铁也对电荷施力，丹麦物理学家汉斯·克里斯蒂安·奥斯特首先意识到电力和磁力存在着某种关联。奥斯特在 1820 年在为大学讲演做准备时偶然注意到，从他正使用的电池释放出的电流使邻近的指南针指针产生了偏转。他很快意识到这个现象表明运动的电能够产生磁力，并创造了新词"电磁学"。几年之后，英国科学家迈克尔·法拉第做出了推断，用现代的术语来进行表达就是：如果电流能引起磁场，那么磁场也应该能够产生电流。他于 1831 年发现和展示了这个效应。

　　今天，我们用来描述电磁场的方程被称作麦克斯韦方程。也许很少有人听到过它们,但它们就是我们所知道的,在商业上最重要的方程。它们不仅制约从家电到电脑的一切运行,还描述除了光之外的波,诸如微波、射电波、红外光和 X 射线。所有这些和可见光只在一个方面有差别——波长。射电波的波长为 1 米或更长,而可见光的波长为千万分之几米,而 X 射线的波长比亿分之一米还短。我们的太阳在所有波长上辐射,但是其辐射强度在我们可见的波长上最大。我们用肉眼能看到的波长是太阳最强烈辐射的那些,这也许不是碰巧,很可能正是因为这恰好是肉眼获得最大的辐射范围,所以我们肉眼的进化程度达到了能够检测到该辐射范围的能力。如果我们遇到其他行星来的生物,它们也许也能够看到在它们自己的太阳散发的最强烈的辐射,这种辐射受到在它们行星大气中,诸如灰尘和气体的遮光特性的因素的调制。这样,在 X 射线存在下进化过的外星人从事机场安检可以说会是非常称职的。

麦克斯韦方程要求电磁波以大约每秒 30 万千米或者约每小时 6.7 亿英里的速度旅行。但是除非你能指明一个参考系,相对于这个参考系来测量这个速度,否则引述一个速度根本没有任何意义,那并不是你在平时所需要考虑到的问题。当速度限制标志写着每小时 60 英里时,那是指你的速度是相对于路,而非相对于银河系中心的黑洞来测量的。然而,即便在日常生活也存在你要考虑参考系的场合。例如,如果你手持一杯茶在飞行中的喷气式飞机的走道走动,你会说你的速度是每小时两英里,然而地面上的某人会说,你正在以每小时 572 英里的速度运动。为了避免你以为那些观察者中的一位或其他更有权拥有真理,记住,因为地球围绕着太阳公转,而某位从那个天体表面看着你的人会和你们两位的意见都不一致,并且说你大约以每秒 18 英里的速度运动,更不用说忌妒你的空调了。根据这种分歧,当麦克斯韦宣布发现从他的方程涌现出"光速"时,就自然地产生了问题:麦克斯韦方程中的光速是相对于什么而测量的?

如果你朝着声波穿越空气疾走,波就会较快地向你接近,而如果你疾走离开,波就会较慢地向你靠近。类似地,如果存在以太,光速就会以你相对于以太的运动而变化。事实上,如果光的行为和声一样,正如搭乘超音速喷气式飞机的人永远听不到从飞机后面传来的任何声音,因而足够快地穿越以太运动的旅客也能够跑得比光波更快。从这类考虑开始研究,麦克斯韦曾建议做出一个实验。如果存在以太,那么在地球围绕太阳公转时,它必须穿越以太运动,并且由于地球在 1 月份旅行的方向与 4 月或 7 月相比有所不同,人们应能观测到在一年的不同时期光速的微小差别。

　　迈克耳孙和莫雷实验的结果很显然与电磁波通过以太传播的模型相冲突,因而本应该将以太模型给抛弃掉,但是迈克耳孙的目的是测量地球相对于以太的速度,不是去证明或证伪以太假设,并且他的发现没有使他得出以太不存在的结论,也没有使其他人得出这个结论。事实上,1884 年,著名的物理学家威廉·汤姆孙爵士(开尔文勋爵)说:"以太是动力学中我们确信的仅有物质。有件事物我们确信无疑,那就是传光以太的实在性和本体性。"

　　当爱因斯坦在 1905 年发表他的那篇题为《论动体的电动力学》的论文时,他才 26 岁。在该论文中,爱因斯坦提出了狭义相对论和光学不变原理。结果,这个观念需要改变我们有关空间和时间的概念。为了知道原由,想象两个在喷气式飞机的相同地方但在不同时刻发生的事件,对一位在飞机上的观察者而言,这两个事件之间具有零距离,但是对于在地面上的另一位观察者而言,这两个事件被分开的距离是飞机在两个事件之间的时间里旅行的距离。这显示了两位相对运动的观察者在两个事件的距离上意见不同。

　　现在假定这两位观察者观察从机尾向机头行进的一个光脉冲。正如在上例中所说的,对于光从它的机尾被发射直至在机头被接收行进的距离,他们的意见不一致。由于速度是行进距离除以所用的时间,这意味着如果他们在脉冲行进的速度——光速上意见一致,他们就对在发射和吸收之间的时间间隔上意见不一致。

爱因斯坦的研究表明就好像运动和静止的概念一样,时间不可能是绝对的,不是像牛顿所以为的那样。换言之,不可以赋予每一个事件每位观察者都同意的时间,相反地,所有的观察者都有他们自己的时间测量,而两位相互运动的观察者测量的时间一定不一致。爱因斯坦提出的观念和我们的直觉背道而驰,因为这些在我们日常生活中发生的在正常的速度上的含义是不能被我们所觉察到的, 但是它们已再三地被科学家和实验所确认。例如,想象一台处于地球中心的静止的参考钟,另一台钟处于地球表面,而第三台钟搭乘飞机,或者顺着或者逆着地球旋转的方向飞行。参照处于地心的钟,搭着向东飞行的飞机,沿着地球旋转的方向上的钟比在地球表面上的钟运动得快,这样它应该走得较慢。类似地,参照处于地心的钟,搭着向西飞行的飞机,逆着地球旋转的方向上的钟比在地球表面上的钟运动得较慢,所以应走得较快。而这一结果也正是在 1971 年 10 月曾进行的一次实验中所观察到的现象一致,在该实验中,将一台非常精密的原子钟绕着地球飞行,这样你可以不断绕着地球往东飞行,由此可以延长你的生命。虽然你也许对所有那些航线上的电影感到厌烦。然而,这效应非常小,每一次循环大约为亿分之十八秒(而且这还要因为引力的差异效应而相应地有所减少,但在这里不必讨论这个)。

爱因斯坦的研究,使物理学家们意识到,由于要求光束在所有参考系中相同,麦克斯韦的电磁学理论就要求时间不能被视为与空间的三维分离。时空和时间反而是相互纠缠的,它有点儿像把将来(过去)的第四个方向加到通常的左(右)、前(后)和上(下)去。物理学家们将空间和时间的这种结合称之为"时空",而且时空包括了一个第四方向,他们把这个第四方向称之为第四维。在时空中,时间不再和空间的三维分离,而且,粗略地讲,正如左(右)、前(后)或上(下)的定义依赖于观察者的方向,时间的方向也随观察者的速度而变化。以不同速度运动的观察者会在时空中选择时间的不同方向,因此爱因斯坦的狭义相对论是一个全新的模型,它摆脱了绝对时间和绝对静止(也就是相对于固定的以太的静止)的概念。

而在发表了狭义相对论之后,爱因斯坦很快意识到,要使牛顿的引力论和相对论协调,还必须做出另一个改变。根据牛顿的引力论,在任何时刻,物体都以依赖于它们之间在那个时刻的距离的一个力相互吸引。可是,他提出的相对论已经废除了绝对时间的概念,这样就没办法来定义何时去测量物体之间的距离,这样就使得牛顿引力论和狭义相对论不协调,所以必须修正。这个冲突也许在我们听起来仅像是技术困难,甚至是不必太多改变理论就能被迁回解决的细节,但现实的结果表明,这样简单的想法完全错了。

其后的 11 年间,爱因斯坦发展了一套关于引力的新理论,他将其称为广义相对论。广义相对论中的引力概念和传统的牛顿引力论截然不同。相反地,广义相对论是基于一种革命性的设想:时空不像原来以为的那样是平坦的,而是被在其中的质量和能量弯曲了、变形了的。

考虑地球表面弯曲是一种想象曲率的好办法。尽管地球表面仅仅是二维的[因为沿着它只有两个方向,比如北(南)和东(西)],因为去想象弯曲的二维空间比弯曲的四维空间容易,所以我们要将它作为下面的例子,诸如地球表面的弯曲空间的几何不是我们熟悉的欧氏几何。例如,在地球表面上的两点之间最短的路径,我们都知道在欧氏几何中是条直线,但在这里就是沿着连接这两点所谓的大圆的路径。(一个大圆是地球表面上的一个以地球中心为中心的圆。赤道是大圆的一个例子,赤道沿着不同直径旋转得到的任何圆也是大圆。)

　　根据牛顿运动定律,诸如炮弹、新月形面包和行星,除了受外力,比如引力,其他的都沿着直线在运动,但是在爱因斯坦的广义相对论中,引力是一种不像其他力的力;毋宁说,它是质量变形时空产生曲率的事实的结果。在广义相对论中,物体沿测地线运动,这是在弯曲空间中最接近直线的东西。在平坦的面上,直线是测地线,在地球表面上,大圆是测地线。在没有物质时,四维时空中的测地线对应于三维空间中的直线。然而,当物质存在时,它变形成时空,物体在相应的三维空间中的路径以一种在牛顿理论中被解释成引力吸引的方式弯曲。

　　在没有引力时,爱因斯坦的广义相对论重现了狭义相对论,而在我们太阳系这样的弱引力环境中, 它也做出和牛顿引力论几乎相同的预言,虽然并不完全。事实上,如果在全球定位卫星导航系统中不考虑广义相对论,则全球位置的误差就会以大约每天 10 千米的速率积累下去。然而,广义相对论的真正重要性并非在于在这种能够引导你去新饭店的仪器中的使用,而在于它是宇宙的非常不同的模型,该模型能够预言诸如引力波和黑洞这些全新的效应,此外,有广义相对论就将物理转变成了几何。现代技术已经足够灵敏,允许我们进行许多广义相对论的微妙检验,而目前,它已经通过了所有的检验。

　　自然中,已知的力大概可分为 4 类:

　　1.引力。这是 4 种力中最弱的力,但它是长程力,并且作为吸引力作用于宇宙中的万物。这意味着,对于大物体引力都能够叠加起来,并且能够支配其他所有的力。

　　2.电磁力。这也是长程力,并且比引力要强得多,但是它只作用在带电荷的粒子上,它在同种电荷之间是排斥的,而在异种电荷之间是吸引的,这意味着大物体之间的电力相互抵消,但电磁力在原子、分子尺度中起支配作用。电磁力决定着全部化学和生物学过程。

3.弱核力。就是这个力引起的放射性,并在恒星中以及早期宇宙的元素形成中起着极其重要的作用。然而在日常生活中,我们并不接触到这个力。

4.强核力。这个力把原子核中的质子和中子束缚在一起,它还把质子和中子自身束缚住,因为它们是由更微小的粒子,即我们在第三章提到的夸克构成,所以这是必要的。强力是太阳和核动力的能源,但是,正如弱力一样,我们与它完全没有直接的接触。

电磁力的量子理论称作量子电动力学,或简称为 QED,是 20 世纪 40 年代由理查德·费恩曼和其他人发展的,已成为所有量子场论的一个模型。正如我们说过的,根据经典理论,力是由场来传递的。但在量子场论中,力场被描绘成由称作玻色子的各种基本粒子构成,玻色子是在物质粒子之间来回飞行,携带并传递力的粒子。物质粒子叫费米子,电子和夸克是费米子的粒子。光子或者光的粒子是玻色子的粒子。正是玻色子传送电磁力。所发生的是一个物质粒子,比如电子发射出一个玻色子或者力粒子,因而引起回弹,非常像发射炮弹时引起的大炮回弹一样。后来力粒子和另一个物质粒子碰撞并被吸收,从而改变了那个粒子的运动。按照 QED,在带电粒子,也就是感受到电磁力的粒子之间的所有相互作用都是按照光子的交换来进行相互作用的。

QED 的预言已被实验不断地检验,并且人们发现其精确地契合了实验的结果, 但是 QED 所需要进行的数学计算十分困难。正如我们下面看到的,问题在于当你对上面粒子交换框架加上量子论的要求,即人们包括相互作用能发生的所有历史,例如,所有力粒子能被交换的方式,其数学的关系就变得复杂了。幸运的是,费恩曼除了发现可择历史的概念,在前一章描述的考虑量子论的方法,还研究出解释不同历史的优雅的图解方法,该方法在今天不仅应用于 QED,更应用于所有的量子场论中。

费恩曼图解方法提供一种摹想历史求和中的每一项的方法。这些被称为费恩曼图的图画是现代物理中最重要的工具之一。

费恩曼图不仅是想象和分类相互作用如何发生的一种优雅的方法,该图还附有允许你从每个图的线和顶点得出数学表达式的规则。例如,具有某给定初始动量的入射电子形成具有某个特别的最终动量飞离的概率,那是由对每一幅费恩曼图的贡献求和得到的。但正如我们之前所说,因为这些图的数目是无限多,所以需要我们花费一些功夫,此外,尽管射入和射出的电子被赋予了确定的能量和动量,但在费恩曼图内部的闭圈的粒子可具有任意的能量和动量,这一点是很重要的,因为在进行费恩曼求和时,我们不单要对所有的图求和,而且还要对所有的那些能量和动量值进行求和。

费恩曼图为物理学家在想象和计算由 QED 描述的过程的概率提供了巨大的帮助。然而,费恩曼图不能治疗 QED 理论患上的重要毛病,当我们把无数不同历史上的贡献叠加起来,就能够得到无限的结果。(如果在一个无限求和中相继的项减小得足够快,和就可能是有限的,可惜,这里的情况并非如此。)特别是,当把费恩曼图加起来时,其答案似乎表明电子具有无限质量和电荷。这是十分荒谬的,因为我们能够测量到质量和电荷,而它们则是有限的。为了处理这些无限,人们发展了一个被称为重正化的步骤。

重正化的过程牵涉减掉一些量,这些量以这样的方式被定义成无限的负的,注意数学细节,使得负无限大的值与理论中产生的正无限大的值的和几乎完全对消,只留下一个小余量,即质量和电荷的有限的观察值。这些操作可能听起来有点儿像那使我们在中学的数学考试中不及格的东西,而重正化,就像我们听起来的那样,在数学上的确是可疑的。一个推论是这个方法得到的电子质量和电荷值可以是任意有限的值,其优点是物理学家可选择负无限给出正确的答案,但缺点是不能从理论上预测出电子质量和电荷。但是,一旦我们使用了这种方法固定了电子的质量和电荷,就可以利用QED 去做其他的许多非常精确的预言,所有这些预言都和观测极其接近地一致,因此,重正化可以说是 QED 的一个重要组成部分。例如 QED 早期的一个胜利是正确地预言了所谓的兰姆移动——这是在 1947 年发现的氢原子的一个态的能量的小小的改变。

QED 中重正化的成功鼓舞了正在寻找描述其他 3 种自然力的量子场论的方法的人。然而,将自然力分成 4 种也许是人为的,并且是由于我们缺乏正确的理解所造成的,因此人们一直都在寻找一种万物理论,它能够将 4 类力统一到一种和量子论和谐的单独的定律中。毫无疑问,这个命题将是物理学中的圣杯。

从弱力理论中得到统一是我们找寻到正确方法的一个线索。只描述弱力自身的量子场论是不能重正化的,也就是说,它具有不能由减去有限个如质量和电荷的量来对消的无限。但是,阿伯达斯·萨拉姆和史蒂芬·温伯格于 1967 年各自独立地提出了一个相同理论,在该理论中把电磁力与弱力相统一,而且发现这个统一能解决无限的困难,这个统一的力被称作弱电力,并且其理论可被重正化,而且它预言了分别叫做 W+、W- 和 Z0 的 3 个新粒子。早在 1973 年,在日内瓦的 CERN 中就发现了 Z0 的证据,而萨拉姆和温伯格也因此在 1979 年获得诺贝尔奖,尽管直到 1983 年的时候,W 和 Z 粒子才被直接观察到。

在被称为 QCD 或者量子色动力学的理论中,强力自身可被重正化。按照 QCD,质子、中子以及其他很多物质基本粒子是由夸克构成的。夸克具有物理学家同意称之为颜色的奇妙性质(术语"色动力学"由此而来,尽管夸克的色仅仅为有用的标签——和可见的颜色没什么关联)。夸克以 3 种所谓的颜色——红、绿和蓝存在,此外,每一种夸克都存在着一个反粒子的伙伴,而那些粒子的颜色相应地就被叫做反红、反绿和反蓝,其思想是只有不具有净颜色的组合才能作为自由粒子存在。存在两种得到这种中性夸克组合的方法。一种颜色和其反颜色抵消,因而夸克和反夸克形成一个无色的对,这是一种被称为介子的不稳定粒子。此外,当所有 3 种颜色(或反颜色)混合,其结果就没有净颜色。3 个夸克,每种颜色一个,形成叫做重子的稳定粒子,质子和中子是其中的粒子(而 3 个反夸克形成重子的反粒子)。质子和中子是构成原子核的重子,而且是宇宙中所有正常物质的基础。

QCD 中还有一个叫做渐近自由的性质,我们在第三章提到了它但没有介绍它的名称。渐近自由指的是当夸克们靠近在一起时,它们之间的强力就很小,但是如果它们离开很远的话,强力则会增大,仿佛是用橡皮筋将它们连在一起似的。渐近自由可以很好地解释为什么我们在自然中从来没有看到有孤立的夸克存在,同时也未能在实验室中制造出它们。尽管我们不能观察到单独夸克,但因为它能如此成功地解释质子、中子和其他物质的粒子,所以我们接受渐进自由这个模型。

在统一了弱力和电磁力之后,20 世纪 70 年代的科学家们都寻找着一种将强力融入到这一个理论当中去的方法。存在一些将强力和弱力以及电磁力统一的所谓大统一理论,我们也将其说成 GUT,但是这些理论中大多数都预言到,质子——构成原子的一种粒子应在平均 10 的 32 次方年后衰变,而现在的宇宙只有 10 的 10 次方年那么老,因此质子的寿命是非常长的。在量子物理学中,当我们说到一个粒子的平均寿命为 1032 年,我们不是指大多数的粒子的寿命都近似 1032 年,只是有些粒子更长一些,有些粒子更短一些。相反地,我们的真正意思是,每年,每个粒子都有 10~32 的衰变可能性。因此只要我们能够一直盯着一个容纳着 1032 个质子的大容器几年的话,那么我们就应当能够看到一些质子的衰变。由于 1000 吨的水中就包含 1032 个质子,所以建造出这样的大容器其实并不是很困难。有的科学家进行过这样实验,但在实验中途才发现、检测出衰减,并将它和持续地从太空向我们撒来的宇宙线引起的其他事件区分开来,以我们现在的水准来说决不是一件简单的事情。因此为了尽可能减小外界的干扰,这种实验必须要在地下深处进行，例如在日本的一座山下深 3281 英尺的神冈庄开炼矿公司的矿中进行，它可以有效防御一些宇宙线。研究者根据于 2009 年得到的观测结果得出结论，如果质子真的衰变的话，其寿命比 1034 年还长，这对于大统一理论来说显然是个坏消息。

由于更早的观测证据也都不能支持 GUT，大多数物理学家采纳了一种被称为标准模型的特别的理论，它包含着弱电力的统一理论和作为强力理论的 QCD。然而在标准模型中，弱电力和强力是分别在产生作用，而并没有真正意义上的统一起来。标准模型虽然非常成功，并且也能和所有现在的观测证据相符合，但是除了没有将弱电力和强力真正统一外，它也没有纳入引力的概念，所以终究也是不能让人满意的。

将强力和电磁力以及弱力融合在一起或许已经被无数的人证明是困难的，但同样地，将引力与其他 3 种力合并，甚至说同创立一个独立的量子引力论相比，那可谓是真正的小菜一碟。创立量子引力论被证明如此困难的原因与我们曾在第四章讨论过的海森伯原理有关。考虑到这个原理，结果是场的值与它的变化率起着和粒子位置与速度同样的作用，这点是不明显的。也就是说，其中一个越精确，则另一个只能是越不精确。而海森伯原理重要的推论之一是，不存在像空虚的空间这类东西，那是因为空虚的空间意味着无论是场值还是它的变化率都精确地为零。（如果场的变化率不为零，则空间不会保持空虚。）由于不确定性原理不允许场和变化率都是准确的，因此空间永远不可能真正的空虚，但是它可以拥有一个最低能量的状态，我们称之为真空，当然，这个态遭受着所谓的量子颤抖，换句话说，即真空涨落——粒子和场不停出现和消失。

我们可以将真空涨落认为是许多的粒子对在某一时间一起出现，相互离开，然而又重新回到一起，并且最终相互湮没。按照费恩曼图，它们对应于闭合的圈，这些粒子被称为虚粒子。和实粒子不同，不能用粒子探测器直接观察到虚粒子。然而,它们的间接效应,诸如在电子轨道上的能量的小改变可被测量到,并和理论预言一致到惊人的准确程度,问题是虚粒子具有能量,而且因为存在无限数目的虚粒子对,它们就会拥有无限的能量。根据广义相对论,这意味着它们会将宇宙弯曲到无限小的尺度,但是这显然并没有发生。

这个无限的困难类似于强力、弱力和电磁力理论中产生的问题,在引力的费恩曼图中的闭圈不能被重正化吸收掉,因为在广义相对论中没有足够多的重正化参数(诸如质量和电荷的值)去消除从理论来的所有量子无限。因此,我们留下了一个引力理论,它预言某些量,诸如时空曲率是无限的,这个理论无法开动一个可居住的宇宙,那意味着,获得一个切合实际的理论的仅有可能性是不求助于重正化,所有的无限就被某种办法对消掉了。

1976 年,人们对这个问题找到了一个可能的解决办法,它被称作超引力。加上这个前缀"超",不是因为物理学家认为这个量子引力论可能真的行得通,这一点是"超级的"。超"仅仅是指理论拥有的称为超对称的一种对称。

在物理学中,如果一个系统的性质在例如空间中旋转或取其镜像的某种变换下能够不受到影响,则称它拥有着对称。例如,如果你把一个甜面包圈翻过来,它显得完全不同(除非它上部拥有着足够多的巧克力,当然,在这种情景下,最好的选择就是吃掉它)。超对称是一种更微妙的对称,与通常空间的变换无关联。超对称的一个重要含义是力粒子和物质粒子,因为力和物质在事实上只是同样东西的不同的两面罢了。实际地讲,那意味着每个物质粒子,例如夸克应该具有一个力粒子的伙伴粒子,而每个力粒子,例如光子应该具有一个物质粒子的伙伴粒子,因为人们发现从力粒子闭圈引起的无限是正的,而从物质粒子闭圈引起的无限是负的,这样在理论中致使从力粒子和它们伙伴物质粒子引起的无限抵消掉,所以超对称具有解决无限的问题的可能性。可惜的是,需要找出在超引力中是否存在任何留下的未被对消的无限的计算实在是冗长和困难,并且可能发生种种不可预知的错误,进而使得没人准备着手进行这项计算。但尽管缺乏实际的支撑,绝大多数的物理学家仍然相信超引力可能就是把引力和其他力统一的问题的正确答案。

也许会有人认为检查超对称的成立是件挺容易的事——无非就是检查存在粒子的性质,并且看它们是否能够配对。这样的伙伴粒子至今没有被观察到。但是,物理学家做过的各种计算表明,对应于我们观察到的粒子的伙伴粒子的质量至少应该是质子的 1000 倍那么重,因为这种粒子太重了,以至于迄今我们在任何实验中都没有看到它们的身影,但位于日内瓦的大型强子碰撞机中有望最终创生出这样的粒子。

超对称的思想是创造超引力的关键,但此概念实际起源于多年前研究所谓弦论的理论雏形的理论家们。根据弦论,粒子不是点,而是只具有长度,没有高度或宽度的像无限细的一段弦的振动模式。弦论也导致无限,但人们相信,在合适的版本中,这种无限将被对消掉。它们还有另外不寻常的特征:只有在时空为十维而不是通常的四维时,它们才是协调的。十维也许听起来激动人心,但是你若忘记在何处泊车,它们就会引起真正的问题。如果这些额外的维度真实存在的话,为什么我们都没有觉察到呢?根据弦论,它们被蜷缩成非常小尺度的空间。为了描述这个,想象一个二维的平面,因为我们需要两个数(例如水平坐标和垂直坐标)去定位平面上的任何点,所以称平面是两维的。另一个两维的空间是麦秸的表面,为了在这个空间中给一点定位,你要知道这一点位于沿着麦秸长度的何处,还需要知道它位于圆周维度的何处。但是如果麦秸非常细的话,那么我们只要用沿着麦秸长度的坐标就能够得到近似得非常好的位置,这样我们就可以不考虑圆周的维度。而如果麦秸在直径是一亿亿亿亿亿(1 后加 40 个 0)分之一百英寸，我们也就根本不会觉察到圆周的维度，这就是弦理论家所拥有的额外维的图像——这些额外维在小至我们看不见的尺度上都是高度弯曲或蜷曲的。在弦论中，额外维被卷曲成所谓的内空间，这是相对于我们日常生活中所经验到的三维空间。就如我们将要看到的，这些内部状态不只是毫无声息的隐藏的维度，它们还具有重要的物理意义。

弦论除了维数的问题，还受另一个令人困惑的问题的折磨：似乎至少存在 5 种理论以及几百万种额外维蜷缩的方式，对于那些提倡弦论是万物的唯一理论的人而言，这是一个非常令人感到困窘的可能性。所以在后来，大约是 1994 年的时候，人们开始发现了对偶性——不同的弦论以及不同的蜷缩额外维的方式是描写四维中的同样现象的全然不同的方式。除此之外，人们还发现超引力也以这种方式和其他理论相互关联。弦理论家们现在都坚信，5 种弦理论和超引力只是一个更基本理论的不同近似，各自在不同的情形下成立。

正如我们早先提到的，那个更基本的理论被称为 M 理论。似乎无人知道"M"代表什么，可能代表的有"主要"、"奇迹"或者"神秘"，它似乎是所有这三者的和。现在人们仍然在努力去释明 M 理论的性质，但那也许是不可能实现的。在传统上，物理学家期望自然有一个单独理论，这难以获得支持，同时也不会存在一个单独的表述。我们想要描述宇宙的话，也许只能在不同的情形下应用着不同的理论，每一种理论都会拥有它自己的关于实在的版本，但是根据依赖模型的实在论，每逢这些理论交叠，也就是它们都能适用之处，只要它们的预言一致，那就可以被人们接受。

不管 M 理论是作为一个单独的表述，还是只当做一个网络而存在着，我们的确知道关于它的一些性质。首先，M 理论具有十一维时空，而不是传统十维时空。弦理论家早就怀疑，十维的预言也许必须调整，而根据最近的研究结果也显示，一维的确被人们所忽略了。此外，M 理论不仅包含有振动的弦,还包含着点粒子、二维膜、三维块,以及其他的我们更难想象的占据直至九维的更多空间维度的其他物体,这些物体被称为 p 膜(这儿 p 从 0到 9)。

　　那么那些蜷缩成极小维度的大量方式又是怎么一回事呢?在 M 理论中,那些额外的空间维度都不能以任意方式蜷缩。该理论的数学性质限制内空间维度能被蜷缩的方式。内空间的准确形状不仅确定物理常数的值,比如电子的电荷,还确定了基本粒子之间的相互作用。换句话说,它确定着自然的表观定律。我们说"表观"是因为我们说的定律是指在我们的宇宙中观测到的 4 种力的定律以及诸如那些表征基本粒子的质量和电荷之类的参数,但是更为基本的定律则是 M 理论中的那些定律。

　　因此,M 理论的定律允许拥有不同表观定律的不同宇宙,表观定律按照内空间如何蜷缩而确定。M 理论具有允许许多,也许多达 10500 的不同内空间的解,这意味着它允许 10500 个不同宇宙各自具有自己的定律。为了体会这个数字有多大,可以这样考虑:如果某种生物只用 1 毫秒就能分析那些宇宙中的每一个预言的定律,并且从大爆炸时就开始进行,至今那个生物才研究了其中的 1020 个,而这还是在连喝咖啡的时间都不曾有的情形之下。

　　早在几个世纪之前,牛顿就已经证明了,数学方程能够对物体相互作用做出令人惊讶的准确描述,无论是在地球之中还是在天穹之外。科学家们由此而相信,如果我们知道正确的理论并拥有足够的计算能力,那么我们便能够预见整个宇宙。由于后来出现了量子不确定性、弯曲空间、夸克、弦以及额外维等理论,他们工作的最后结果是 10500 个宇宙,都各自拥有不同的定律,其中只有一个对应于我们所知道的宇宙。物理学家原先是希望能够创造出一个单独的理论,把我们宇宙的表观定律解释成一些简单的假设的唯一可能的结果,现在这种希望也许必须被抛弃。那我们应该怎么办?如果 M 理论允许 10500 族的表观定律,那我们为何会落到现在这个宇宙并拥有如此之多我们可见到的定律?而其他的那些可能的世界又会是怎样的呢?

第七章　未来是什么样的

对未来的勾画

　　有时候,人类真的很奇怪,总想着要控制一些他们控制不了的东西,比如说未来,这是我们谁也无法预测、无法控制的,在很久以前,人们通常用占星术来预测自己的未来,这就是为什么那时候那么流行占星术的原因。他们总说占星术是和地球上的事件和某个行星划过天穹的运动有着直接的联系,但那些占星家们却不敢明确地说出确定的预言的话来,如果真是这样,将会是科学上可以检验的假设。他们总把自己假设的话说得很模糊,对任何结果都模棱两可、无关紧要,比如"你最近将会晋升、你将会出现个人的资金紧张"等等诸多这样的话,但是有很多的科学家不信他们口中所言的占星术的真正原因却不是因为缺乏科学证据,而是他们实验过的检验的理论相互不协调,在哥白尼和伽利略以及牛顿发现他们发现的运动定律是受制约的,行星围绕太阳而非地球公转。占星术变得让人不能自圆其说了,那么我们从地球上看到的其他的行星相对于天空背景位置和较小行星上的自称为智慧生命的巨分子有何关联呢?在这本书里所有描述的这些理论并不比占星术拥有更多的科学家的实验证据,但是因为这些理论和迄今经受住检验的理论相协调,所以我们才对它深信不疑。

　　在玩棒球的时候,如果我们能知道棒球在何处以什么速度抛出,你便能预言它会落到何处。就像我们在行走的时候看到车会根据它的车速来判断它什么时候能到自己的身边，而牛顿定律和其他科学家的所有理论是科学决定论的观念，它是在19世纪初由法国科学家拉普拉斯侯爵首次表述的。拉普拉斯还提出，如果我们人类能知道在某一个时刻在宇宙中的粒子将有什么样的速度和位置，我们就能按照物理定律来预言我们浩瀚的宇宙的过去和将来是什么样子的。

换句话说，我们在科学决定论成立的基础上便能够预言将来，从而就不用再借助于占星术。实际上，即使像牛顿引力论那样的理论性的东西也可能会导出对于多于两个粒子的情形都不能得到准确解的方程。何况这种方程经常是具有一定的混沌的性质，这样的话，那些微小的粒子的一点点微小的变化都会让我们预测出它的不同的现象，欧美的史前大片《侏罗纪公园》想必我们都不陌生，就是那么一处很小的扰动会在另一处引起一场我们无法预测的巨变。一只蝴蝶在东京挥动它的翅膀会在纽约中央公园引起大雨。对于这样的事件的序列是不可重复的。蝴蝶挥动一下翅膀时，一些我们不能预知的因素将会不同并且也影响天气。这就是所谓的蝴蝶效应，我们常说天气预告不准确，而这就是其中的真正原因。

虽然在原则上，我们所研究的量子电动力学定律允许我们去计算化学和生物学中的一切可能性，但我们在数学方程预言人类行为这一方面却没有一点点的进步。尽管这些是我们现实生活中的困难，大多数科学家仍然自我安慰地认为在某种原则上，将来是我们可以预言的。

现在乍一看起来，决定论似乎还受到了一些我们没有确定下来的原理的威胁。我们不能在同一时间里准确地测量一个粒子的位置和速度。我们把位置测定得越准确，就把速度测定得越不准确，而相反地，拉普拉斯在他的科学决定论里坚持，如果人类知道在宇宙里的某一粒子位置和速度，就能确定它在过去或者将来任何时候的位置和速度。但是，如果不确定性原理阻止我们同时准确知悉该粒子在一个时刻的位置和速度,我们甚至就不能再进行其他的研究。无论我们有多么先进的计算机,如果我们输入一些我们无法证实的数据,我们将得到一些最无科学依据的预言。

可是,在新的理论中,某些合并了的不确定性原理的称作量子力学的理论以一种修改的方式存在着, 它的任务就是把这些决定论进行恢复。一般来讲, 我们可以在量子力学中预言科学家拉普拉斯的观点只说对了一半,一个粒子在量子力学中不具有意义明确的位置或速度,然而它的状态是由我们称之为波函数的函数来代表的。

在空间的每一点上的一个数就叫做波函数,是它把这些处在不同位置的粒子找到了属于它们的位置,波函数从粒子的变化率就可以告诉我们粒子是有着不同的速度的。这些固定的高点也就是有些波函数在空间的特定点。在这样的情形之下,粒子在属于它的位置上只有一些微小的不确定性,于是我们在图中可以清楚地看到,波函数在这点发生了我们想象不到的变化,只见它一边上升一边下降,这就意味着速度的概率在大范围驱散开来,这就说明它的速度有着很大的不确定性。另一方面,考虑到这一连续的波段。现在就是在位置上也同样存在很大的不确定性,但是在速度上,我们却看到它只存在小的不确定性。这样,由波函数描述的粒子不具有意义明确的位置或速度,它满足不确定性原理。现在我们意识到波函数就是我们能够清楚定义的一切。现在我们甚至不必去设想粒子只能在上帝知晓的位置和速度之上了,我们再不必这样的迷信于其中了。这种"隐变量"理论预言的结果和观察不相符。甚至上帝都不能判断这个不确定性原理,他也受这种不确定性原理的限制,而不能知悉位置和速度,他只能知道波函数。

薛定谔方程给出我们这样一个结论,那就是波函数随时间的变化而改变。如果我们知道某一时刻的波函数,我们就能利用薛定谔给我们的方程去计算在过去和将来任何一段时间的波函数。我们既然能预言波函数,那么就意味着它将允许我们准确地预言粒子的位置和相关的速度,可是这两样却是不能同时进行的。这样,科学家拉普拉斯的世界观对于在量子理论中进行准确预言的能力只说对了一半。尽管如此,在这种限制的意义上来讲依然存在决定论。

然而,在时间不断向前移动的今天利用薛定谔方程去演化波函数,无论我们预测到未来将发生什么,在假定的时间里,所有的一切都将会永远地从我们身边流逝掉,时间被假定之后就意味着我们在历史中发生的任何一件事都会被时间锁定,这种时间上的标识是从我们未知的过去自然而然地过渡到我们的将来,它可以被称为时间的常识观,这就是大多数科学家所说的下意识时间观,这是绝对的也是有标志的。然而今天,我们看到的,在 1905 年的狭义相对论里,他不但废弃了时间也废弃了绝对的时间概念,在这种定义里,时间观是不能自己单独地存在的,它没有自身能独立的量,而只能被称为时空中的一个连续的方向而已,在这个定义中,每一个观察者以不同的速度、不同的途径来穿越这样的时空,他只要遵循自己的途径、自己的时间,测度所得到的时间间隔肯定是不同的。

而这样的话,我们所说的这样的在狭义相对论中就不存在可用以把某个历史事件加上它的标签来作为它的唯一绝对时间。因为在狭义相对论里的时空是平坦的,在观察者测量的时间和时空里,这些都是可以无限地流逝掉的,我们可以在薛定谔方程中使用它来做任何时间的测度或者去演化波函数。这就是我们所说的,我们仍然拥有决定论的量子版本。

可是在广义相对论中,情形却恰恰相反,在这里,时空是弯曲的,不是狭义里所说的非常的平坦,并且这种弯曲是因为在宇宙中一些小小的物质和能量都可以使它发生变化。时空的曲率在浩瀚的太阳系中非常微小,至少在宏观的角度上是这样的,因此它和我们的时间观念并不发生任何的冲突。因此在这种情形下,我们仍然可用这种时间在薛定谔方程中去得到波函数的决定性的演算。就像上面所说，我们一旦允许了时空是可以弯曲的，那么另外一种可能性就会随之而发生，那就是时空具有一种不允许对于每一个观察者都光滑增长的时间结构，而这一切正是我们所希望的，因为这些合理的时间测量才是我们所期望的性质。例如，假设时空像一个垂直的圆柱面，时间测度是圆柱面的垂直往上的方向，对于一个观察者来说，他就是从一个负的无限流逝到了一个正的无限流逝，可是当我们把这个时空想象成一个圆柱面是个带把手的，那么这个把手从主圆柱面分开之后再把它合并起来，那么这个主圆柱面接合处有一停滞点就是时间测量，因为时间因它而静止不前了，这就是所谓的时间静止点。对于任何观察者来说，这个点的时间是不能流逝的，因此在这样的一个静止的时空中，我们不能单纯用薛定谔方程去得到波函数的决定性的演化，因为我们永远不知道哪个带把手的"虫洞"什么时候就会从哪里冒出来了。

这就是我们所认为的时间对任何的观察者都并非是总是增加的一个很重要的原因，1783 年，人们还是第一次来公开地讨论黑洞。一位剑桥的学监约翰·米歇尔进行了一些相关的论证。如果我们垂直向上发射出一个粒子，比如炮弹，它的上升将会因地球的引力而有所减缓，直到这个粒子最后在上方某个点停住并返回到地面。但是，如果一开始粒子往上行走的速度比逃逸速度要快很多，这就是一个临界值，这时候的地球引力就没有那么强大了，它将再也不能阻止粒子向上飞离，因为对于地球来说，它能控制的逃逸速度只有大约为每秒 12 千米，而太阳则大约为每秒 100 千米。这两个都要比我们所发射的粒子速度高出很多倍，虽然它和光速相差不是一点半点，一般来说，光的速度是每秒 300000 千米。因此我们可以肯定地说，如果光想逃逸出地球或者太阳，那将是轻而易举的事了。可是，米歇尔理论断言说，恒星比太阳质量更大，它的逃逸速度要比光速快很多。因为恒星可以把任何时间内所发出的光用它的引力给拖曳回去，所以我们是看不到它们的。正是因为这样,它们也就被米歇尔叫做暗星,被我们现在叫做黑洞的东西。

牛顿的物理学让米歇尔有了暗星的思想,在牛顿理论中说时间是完全绝对的,不管它发生了什么,它都会正常地流逝掉,而这一定论是影响不了我们预言将来的能力的,可是在广义相对论中,这种情况却恰恰相反,他说时空的弯曲是因为有了大质量的物体存在。

1916 年,在爱因斯坦提出广义相对论之后不久,卡尔·施瓦兹席尔德找到广义相对论中场方程的代表——黑洞的一个解,可是施瓦兹·席尔德找到的这些东西却不被人们所理解和认可,甚至是很多年都不能理解,就是爱因斯坦也从来不相信他所说的黑洞,他的意见是被很多的广义相对论的元老都认可的。在之前,在巴黎没有几个人相信黑洞是存在的。它不完全是黑的,甚至是法国人所翻译的 trounoir 都具有一定的怀疑性,它应该被取而代之为 astreocclu 或"隐星"这一类的说辞。可是,无论是哪一种名字都没有办法像黑洞这个名词这样深入人心,能抓住公众的想象力,这激发了美国物理学家约翰·阿契巴尔德·惠勒激发了对黑洞这个领域做的大量的研究热情。

1963 年,有关黑洞的理论研究发现大量类星体以及引起检测它们的观察尝试。我们开始慢慢地相信那些具有 20 倍太阳质量的恒星的历史,就像猎户座星云中的那些气体云形成是类恒星的组成部分。而当这部分气体在它自身的引力的作用下收缩的时候,那么气体就会加热,最终达到一定的热点时,就把氢转化成氦,这就是热量产生了压力使恒星用于对抗自己的引力,这样可以阻止它进一步的收缩,当恒星以这种状态在此停留一段时间的时候,它所燃烧的氢就会把光辐射到太空中去了。

从它发发的光线的途径来说,恒星引力是受它的影响的,我们可以先画一张图,在上面的方向,我们可以用来表示时间,而水平方向代表离开恒星中心的距离。在这张图上，有两根垂直线代表这个恒星的表面，而中间的两边也各有一个，我们可以用秒来做时间的单位，而距离的单位我们可以用光秒，也就是光在一秒钟内行进的距离来表示。当我们使用这些单位时，光速为1，也就是光速为每秒一光秒，这就是远离了恒星的引力场，图上光线的轨迹是一根和垂直方向成45°角的直线。恒星量所产生的时空曲率改变了邻近恒星光线的轨迹，使它们和垂直方向夹更小的角。

由于大质量的恒星把它们的氢都燃烧成了氦，它将要比太阳燃烧得快速，几亿年之后，大质量的恒星就可以完全把氢燃烧殆尽，从此之后，这种类恒星就将面临着很大的危机，它们可以把大量的碳和氧等对于我们很重要的东西给——耗尽，况且它不能释放出更多的大量的能量，它就失去了能支持它自身对抗引力所发出的热量和热的压力，那么它就只能是越变越小，就算它比太阳的质量还大也将永远无法停止收缩，它们将坍缩成零尺度和无限密度，从而形成所谓的奇点。这张图随着恒星越来越小，它的表面出发的光线轨迹也在起始的时候呈越来越小的垂直角度，恒星达到了它一定的临界的半径之后，它的运行轨迹就变成了垂线，这就说明了光线将会永远不离开恒星。光线的临界轨迹掠过的表面被称作事件视界，于是它把时空里的光线所有的能逃逸的和不能逃逸的区域都分割开了，当恒星要通过这一事件视界的时候，它所发射的所有光线都将被时空里的曲率所弯折，这样的恒星就成了我们现在所说的黑洞，也就是米歇尔口中的那个所谓的暗星。

那么我们是如何检测出光线是不能从黑洞里跑出去的呢？答案就是：黑洞在它即将坍塌之前它和其他的物体一样把它自身的引力、拉力给他周围它可以给的任何对象身上，如果这个黑洞在没有变成黑洞之前，它没有损失掉自己身上的质量，那么它也可以和其他行星一样围绕着太阳公转了，因此围绕致密的大质量物体公转的物体是我们搜索黑洞的一种方法，而这种围绕是我们看不见的。很多这样的系统已被观测到。发生在星系和类星体中心的巨大黑洞也许是最令人印象深刻的。

迄今为止，人们讨论到的黑洞的性质还未触犯决定论。航天员的时间落进黑洞并撞到奇点上便会终结。而爱因斯坦的广义相对论可以让人们随意用不同速率来测量不同地方的时间，航天员接近奇点时加快他的手表，仍能够记下无限的时间间隔。新的时间常数值表面与中心拥挤在一起，出现在奇性的点的下面，而它们在远离黑洞的几乎平坦的时空中便会和通常的时间测度一致。

人们可以在薛定谔方程中使用这个时间，如果他们知道初始的波函数，便能计算后来的波函数。这样，人们仍然拥有决定论。然而，值得注意的是，在后期波函数的一部分处于黑洞之内，它不能被外界的人观察到。这样，一位明智到避免落入黑洞的观察者不能往过去方向演化薛定谔方程而计算出早先时刻的波函数。为了做到这一点，他或她就需要知道黑洞之内的那一部分波函数，这包含有落进黑洞的物体的信息，因为一个给定质量和旋转速度的黑洞可以由非常大量的不同的粒子集合形成，所以这可能是非常大量的信息；一个黑洞与坍缩形成它的物体的性质无关。约翰·惠勒把这个结果称为"黑洞无毛"，对于法国人而言，这正好证实了他们的猜疑。

当霍金发现了黑洞不是完全黑的时候，就引起了和决定论的冲突。正如我们在第二章中看到的，量子理论意味着，甚至在所谓的真空中，场也不能够精确地为零，如果它们为零，则它们不但有精确的值或位置为零，而且有精确的变化率或速度亦为零。这就违反了不确定性原理。该原理讲，不能同时很好地定义位置和速度。相反，所有的场必须具有一定量的所谓的真空起伏（和在第二章中的单摆必须具有零点起伏的方式一样）。可以用几种似乎不同的方式来解释真空起伏，但是这几种方式事实上在数学中是等效的。根据实证主义观点，人们可以随意选取任何对该问题最有用的图像。对在时空的某处同时出现的虚粒子对相互分离，再回到一块而且相互湮灭。"虚的"表明这些粒子不能被直接观测到，但是它们的间接效应能被测量到，而且它们和理论预言相符合的精度令人印象深刻。

如果一个黑洞在场的话，则粒子对中的一个成员可以落入黑洞，让另一个成员自由地逃往无限远处。从远离黑洞的某人的观点来看，逃逸粒子就显得像是被黑洞辐射出来。黑洞的谱刚好是我们从一个热体所预期到的谱，其温度和视界——黑洞边界——上的引力场成正比。换言之，黑洞的温度依赖于它的大小。

黑洞的辐射

一个具有几倍太阳质量的黑洞的温度大约为百万分之一度的绝对温度，而一个更大的黑洞的温度甚至更低。这样，从这类黑洞出来的任何量子辐射完全被淹没在热大爆炸遗留下的 2.7 度的辐射。人们也许可能检测到从小很多即热很多的黑洞来的辐射，但是似乎它们在附近也不很多。然而，我们拥有这种辐射的间接观测证据，它来自于早期宇宙的暴胀时期。宇宙在这一时期以不断增加的速率膨胀。这个时期的膨胀如此之快速，以至于有些物体离开我们太远，它们的光线从未抵达我们这里；在光线向我们传来时，宇宙已膨胀得太多太快了。这样，在宇宙中存在一个视界，正如黑洞的视界那样，把光线能抵达我们的区域和不能抵达的区域分隔开来。

非常类似的论证表明，如同存在从黑洞视界来的辐射那样，也应该存在从这个视界来的热辐射。我们已经知道如何在热辐射中预期密度起伏的特征谱。在这种情形下，这些密度起伏会随着宇宙膨胀而膨胀。当它们的尺度超出事件视界的尺度时,它们就被凝固了,这样它们作为从早期宇宙残存下来的宇宙背景辐射的温度中的小变化,今天可以被我们观察到。这些变化的观测和热起伏的预言相互一致的程度令人印象深刻。

尽管黑洞辐射的观测证据有些间接,所以研究过这一问题的人都一致认为,为了和我们其他观测上检验过的理论相一致,它必然发生,这对于决定论具有重要的含义。从黑洞来的辐射会带走能量,这表明黑洞将失去质量而变得更小。这意味着接下去它的温度会上升,而且辐射率会增大。黑洞最终将到达零质量。我们不知如何计算在这一点所要发生的事情,但是仅有的自然而又合理的结果似乎应是黑洞完全消失。那么,波函数在黑洞里的部分以及它挟持的有关落入黑洞物体的信息的下场如何呢?第一种猜测是,当黑洞最后消失时,这一部分波函数以及它携带的信息将会出现。然而,携带信息不能不消费,正如人们收到电话账单时意识到的那样。

信息需要能量去负载它,而在黑洞的最后阶段,只有很小的能量留下。内部信息逃逸的仅有的似乎可行的方式是,它连续地伴随着辐射出现,而不必等待到这个最后阶段。然而,根据虚粒子对的一个成员落进,另一个成员逃离的图像,人们预料逃离粒子与落入粒子不相关,或者前者不携带走有关后者的信息,这样,仅有的答案似乎是,在黑洞内的波函数中的信息丢失了。

可是对我们人类而言,占星家的那些预言将来和追溯过去之类的话更能让我们感觉到有兴趣一些,这样看来,落在黑洞里的波函数部分即使丧失了也不应该对我们预言黑洞之外的波函数造成什么影响,可事实是它的确在某种程度上影响了我们的这种预言,正好像我们一直在考虑爱因斯坦、玻里斯·帕多尔斯基和纳珍·罗森在 20 世纪 30 年代提出的一个理想实验时能够看到的。

我们可以想象一下,当一个放射性的衰变后在不同的方向发出了两个正好相反的自旋的粒子，其观察者却不能判断出它是往左还是往右自旋，如果观察者能确定出一个粒子的方向，那么就能肯定另外一个粒子的方向了，相反的也是这样的情况，可爱因斯坦认为这证明了量子理论是非常可笑的事情，当一个粒子现在在一个星系上自旋，怎么就知道另一个自旋的方向呢？可是在很多科学家的眼里，他们都相信这样的说法，这是因为爱因斯坦把量子理论给弄混淆了。爱因斯坦—帕多尔斯基—罗森理想实验并不能证明人们发送信息比光还要快，那正是荒谬的部分。人们不可能知道他们自己的粒子将被测量为向右自旋，而指定的远方观察者所测量的粒子它的方向是向左自旋。

事实上，这个实验正好是在黑洞辐射中发生的，是一个理想的实验。每一对虚粒子都有一个波函数，它表明这一对虚粒子肯定具有相反的自旋。我们想要证实的是飞离粒子的自旋和波函数。假如我们能够观察到落入黑洞的粒子，那么我们就能够预言，但是飞离的粒子落入了黑洞的背部，我们无法测量从而得到它的自旋和波函数。正是因为如此，人类无法预言到飞离粒子的自旋和波函数，它可以具有不同的自旋和不同的波函数，概率不同，但是它不能具有唯一的自旋和波函数。由此看来，我们预言将来的能力被进一步的阻挡了。拉普拉斯的经典思想是：人们能同时预言粒子的位置和速度，因为不确定性原理指出人们不能同时准确地测量位置和速度，必须被修正。然而，人们仍然能够准确测量波函数，并且利用薛定谔方程去预言未来应发生的事。这样就允许人们确定预言位置和速度的结合物，这就是人们根据拉普拉斯思想所能预言的一半。从而，我们能够确定预言粒子具有相反的自旋。但是，如果一个粒子落进黑洞，那么我们就不能对剩下的一个粒子做确定的预言。这样就意味着，不能确定地预言在黑洞以外的任何测量。从而我们确定预言的能力被降低为零，这样，也许就预言将来来说，占星家和科学定律是半斤八两。

黑洞如何发射一个粒子呢?当一个粒子落入黑洞,我们可以认为是粒子打到了 p 膜的其中一个闭合圈环上,这个粒子会在 p 膜上激起波。这些波会相撞,而它们的相撞会使 p 膜的一部分变成一个闭合的弦而断裂开去,这样黑洞就发射了一个粒子。

一些物理学家曾经建议可以采用某些方式从黑洞的内部将信息取出,因为他们不喜欢这种决定论的降低。多少年以来,人们始终相信可以找到取出此信息的方法,但始终是一种希望。直到 1996 年,安德鲁·斯特罗明格和库姆朗·瓦法认为可以把黑洞考虑成由许多称为 p 膜的建筑构件组成,这是一个重大的进展。

让我们来想一想,假设我们把 p 膜当做是一张通过三维空间和我们没注意到的额外七维的运动的薄片。那么,科学家们就可以在某些情形下证明在 p 膜上波的数目等于人们所包含的信息量。在 p 膜上,如果不同方向的波在某一点相遇,那么它们会产生一个非常大的尖峰,这个尖峰会使 p 膜的一小片破裂作为粒子离开。就像当粒子打到 p 膜上时会使膜上激起额外的波一样。如此来说,p 膜既能够吸收粒子,也能够发射粒子,像黑洞一样。

在平坦时空中运动的薄片实际上是存在的,黑洞可以就像它们是由这种薄片组成的那样行为,这不需要我们去相信,人们可以将 p 膜当做有效理论。就像水一样,是由无数个 H_2O 分子构成,它们之间具有复杂的相互作用,但是光滑的液体却是非常好的有效模型。从实证主义的观点来说,对于一定种类的黑洞来说,它是一个同样好的模型,因为由 p 膜构成黑洞的数学模型给出的结果与早先描述的虚粒子对图像很相似。对于一定种类的黑洞,p 膜模型和虚粒子对于模型和发射率的预言是完全一样的。它是一个同样好的模型。然而,时间会平滑地向前流逝,光线的轨迹不会被弯折,而且波里的信息不会丧失。这是什么原因呢?这是因为其中存在着一个重要的差别：在 p 膜模型中，与落入黑洞物体相关的信息将被储存在 p 膜上的波的波函数中。此时，p 膜会被认为是平坦时空中的薄片，正是因为这个原因才会有此现象。相反，来自于黑洞的信息在辐射中终于出现。如此，我们就可以根据 p 膜模型利用薛定谔方程去计算将来的波函数。从量子的意义上看，我们具有了完整的决定论。时间将会光滑地推移，也不会有任何的东西丧失。

上帝粒子发现，霍金愿赌服输

所谓的"上帝粒子"，又叫"希格斯玻色子"，或简称希格斯粒子，它是以英国物理学家彼得·希格斯的名字命名的一种粒子。要解释希格斯玻色子，首先要从粒子物理学的标准模型说起。

早在 1967 年，美国物理学家史蒂文·温伯格发表论文，指出一切物体都是由轻子和夸克这两大类基本而不可再分的粒子构成的，并尝试将电磁相互作用力、强相互作用力和弱相互作用力统一起来。到目前为止，几乎所有对以上 3 种力的实验的结果都合乎他的这套理论的预测。用英国理论物理学家佛尔莎的话说，标准模型就像它的名字一样雄心勃勃，它若成立就意味着"我们肉眼可见的一切，无论多么复杂而多元，都是由一小撮基本的粒子根据同样简单的规律相互作用而构建起来的"。也就是说，这几乎是一个可以解释一切的理论。但是他的这一理论并不是万能的，因为它剔除了自然界的引力。

在标准模型的论文发表后，一开始根本没人相信这个，直到 20 世纪 70 年代初期，其预言的"中性流"首次被实验证实，该模型理论才为学界重视。

在随后的 20 多年里，这个模型经受了各种挑战，终于在 1979 年荣获诺贝尔奖。直到今天，它所预言的 62 种基本粒子已有 61 种被成功发现，剩下的一个，便是希格斯粒子。虽说这个粒子只是 1/62，但偏偏是这个漏网之鱼，恰恰是"标准模型"这幢摩天大楼的根基所在。

希格斯粒子被认为是整个标准模型的基石。在它被预言之前，标准模型有一个致命缺陷——因为它剔除了自然界的引力，所以它所演绎出的世界里没有质量。直到 1964 年，英国科学家彼得·希格斯提出了希格斯场的存在，并假设希格斯玻色子是物质的质量之源，标准模型这才得以自圆其说。正因为该粒子的重要性，希格斯玻色子又被称作"上帝粒子"。

自此之后，一场前仆后继的寻找征途开始了。为了找到这个"上帝粒子"，科学界可谓是出动了最强阵容。大型强子对撞机（LHC）就是物理学家为寻找"上帝粒子"所作的最新尝试。

在大型强子对撞机启动前，霍金公开表示自己认为大型强子对撞机不会证实"上帝粒子"的存在。他表示："如果我们没有在试验中发现希格斯玻色子的存在，那么这将是一件更令人激动的事情，因为这表明我们在某方面做错了，我们需要重新来考虑这件事情。我已经打赌 100 美元，他们不会找到'上帝粒子'。"霍金虽然下此赌注，但他仍旧认为，无论大型强子对撞机能发现什么，都将会更进一步地告诉人类许多关于宇宙形成的信息。

霍金的赌注刚下，物理学界就为此沸腾了，希格斯本人悲痛地回应说，霍金的挑战"就像是在批评已经去世的戴安娜王妃"。该争论在媒体的报道中持续升温，而对希格斯粒子抱怀疑态度的也确实大有人在。一个德国的年轻物理学家 Unzicker 精心打造了"赌一赌希格斯"的网站，公开宣称他不相信希格斯粒子的存在。Unzicker 在其网站宣传栏的位置上写道："这是一个可以花上好几个月来讨论的争议性话题，在这种情况下，德国哲学家康德会建议我们打个赌，他说，打赌是区分笃信和随意观点的最好方法。"

Unzicker 像霍金一样押下 100 美元的赌注,邀请各方网友与他打赌。

要想揭开赌局的结果,就要去寻找这个微乎其微却又构成一切的"上帝粒子"。但是即便是派上了全世界最顶尖的技术和最优秀的物理学家,要逮捕支撑宇宙根基的这一个粒子,依然比大海捞针还难。虽然有这么多人质疑,但是物理学界一众科学家们还是坚定不移地进行着对"上帝粒子"的寻找。大型强子对撞机也在众多国家的支持下,开始运行了。

在法国和瑞士边境之处的大地之下, 一条长 27 公里的圆形隧道里大型强子对撞机开始运行了——这个空旷的地下世界相当于 4 个梵蒂冈那么大。

自 2010 年 3 月正式启动以来, 大型强子对撞机在每秒钟都会进行千万次爆炸。在一条环形加速管道中,方向相反,各具有 3.5 TeV(兆兆电子伏特)能量的质子团在 4 个对撞点不断碰撞。几百电子伏特的 X 光就足以把人类"穿透",兆兆级别的能量会使质子在对撞时完全被打碎,无数粒子瞬间喷发,仿佛一次"宇宙小爆炸"。在每一个对撞点上都架着一个上万吨重的粒子探测器,它们将对撞点严实地包裹起来,并承载着不同的实验功能。其中,它们的使命之一就是探索可能出现的希格斯粒子的信号。

在每一次爆炸的瞬间,各种产生的数据会通过计算机网络系统传送到位于日内瓦的欧洲核子研究中心,随后数据会被分别送到分布在 5 个地区的计算机站点, 再之后数据最终分别抵达全球 80 多个国家的科学家电脑中,他们中有 3000 多名专门负责分析可能出现的希格斯粒子。

希格斯粒子产生的几率非常低,大约在 0.1%左右,也就是说,每 1000 次的质子对撞才可能产生一次;1000 次的质子对撞很容易, 但是每次产生一个希格斯粒子,它都会在在 10 亿分之一秒后,通过不同渠道衰变成光子和轻子等其他粒子。

自运行以来, 大型强子对撞机内每一秒钟发生着大约 4000 万次的质子对撞。初步排除一些"没有意义的事件"之后,这些极其庞大的数据便逐步分流到在全球不同角落工作的物理学家手里。物理学家们通过不同的分工,分别监控着希格斯粒子的衰变渠道,分析研究数据,以此捕捉它的痕迹。而每一次从提取原始数据到最后得出分析结果,都要经过半年时间。

一度,大型强子对撞机的实验结果让人沮丧。在运行了 20 个月之后,科学家们发现在不同衰变渠道上没有看到任何希格斯粒子可能会出现的迹象。许多国家都在大型强子对撞机上投了钱,光在筹建阶段,大型强子对撞机就使用了来自 40 个国家的 60 亿欧元,此后,对撞机每运行一个小时,都需花费大约 20 万瑞士法郎,这些费用同样由参与实验的国家分摊。而这结果,不能不说是让人失望的。

不仅如此,追溯以往,在大型强子对撞机运行以前,它的前身——正负电子对撞机的实验工作就已经开始。

早自 1989 年起,就在大型强子对撞机如今安身的那条隧道里,正负电子对撞机运行了 11 年,一直没有发现希格斯粒子。2000 年,为了腾出空间打造能量更大的大型强子对撞机,正负电子对撞机停工。

同样地,在大洋彼岸的美国,费米实验室的 Tevatron 加速器更是在1985 年便开始对撞,在长达 26 年的运行时间里始终没有发现希格斯粒子的身影,后来该加速器也因预算问题而关闭。

事实上,这些加速器不是没立下功劳:正负电子对撞机的实验告诉我们,在它们能够达到的能量范围内,希格斯粒子不在那里,即是说,在114GeV(10 亿电子伏特)以下的能区不会存在希格斯粒子了。根据爱因斯坦的相对论,一个粒子质量越大,就需要越大的能量才能把它撞击出来。在此之后的,也就是现在的大型强子对撞机则不断排除着更高的能区,一度把 145GeV 到 480GeV 的能区搜了一遍,也基本确定希格斯粒子不会在该区间内出现。在这些努力下,希格斯粒子可以藏身的地方已经越来越小。参与实验的科学家已经进一步把窗口缩小到 115 GeV 到 130 GeV 之间，这个结论让全球物理界屏住了呼吸，一些媒体甚至开始炒作"希格斯粒子可能并不存在"，《科学美国人》杂志也发表文章，讨论霍金是不是"刚刚赢了那场物理史上最狂妄的打赌"。

爱打赌的霍金曾经跟物理学家基普·索恩"豪赌"过 3 回，第一回是赌天鹅座 X-1 双星是否包含黑洞；第二回是赌宇宙中有没有裸奇点；第三回赌的则是黑洞会不会彻底抹杀信息。结果是霍金三局全输，这几乎与球王贝利预测世界杯冠军的战绩不相上下！难道，这回霍金要漂亮地扳回一局？

2012 年 7 月 4 日，欧洲核子中心举行新闻发布会，该中心总主任罗夫·赫尔博士伴着泣声，眼含泪花，激动地宣布已经观测到"类似'上帝粒子'特性的一颗新粒子"。他激动地宣称，人类在理解自然世界上跨越了里程碑式的一步。

这一重大新闻的宣布赢得现场热烈的掌声。对"上帝粒子"作出预言的英国著名物理学家彼得·希格斯也参加了现场的新闻发布活动。据英国《每日电讯报》报道，在欧洲核研究中心宣布这一发现结果之后，霍金略带愉快地表示，希格斯应该就此理论获得诺贝尔奖，"我曾经打赌说不会发现希格斯玻色子，现在看来我输了 100 美元。"